●収録内容一覧

■2025年度中学受験用

埼玉大学教育学部附属中学校

7年間スーパー過去問

入試問題と解説・解答の収録内容

2023年度	算数・国語
2022年度	算数・社会・理科・国語
2021年度	算数・社会・理科・国語
2020年度	算数・社会・理科・国語
2019年度	算数・社会・理科・国語・ 音楽・図工・家庭
2018年度	算数・社会・理科・国語・ 音楽・図工・家庭
2017年度	算数・社会・理科・国語・ 音楽・図工・家庭

2024年度の入試問題は秋ごろに公表される予定です。
詳細は学校のホームページなどでご確認ください。

～本書ご利用上の注意～　以下の点について，あらかじめご了承ください。

★別冊解答用紙は巻末にございます。
★編集の都合上，学校実施のすべての試験を掲載していない場合がございます。
★当問題集のバックナンバーは，弊社には在庫がございません（ネット書店などに一部在庫あり）。

JN008061

合格を勝ち取るための『スーパー過去問』の使い方

本書に掲載されている過去問をご覧になって，「難しそう」と感じたかもしれません。でも，多くの受験生が同じように感じているはずです。なぜなら，中学入試で出題される問題は，小学校で習う内容よりも高度なものが多く，たくさんの知識や解き方のコツを身につけることも必要だからです。ですから，初めて本書に取り組むさいには，点数を気にしすぎないようにしましょう。本番でしっかり点数を取れることが大事なのです。

過去問で重要なのは「まちがえること」です。自分の弱点を知るために，過去問に取り組むのです。当然，まちがえた問題をそのままにしておいては意味がありません。

本書には，長年にわたって中学入試にたずさわっているスタッフによるていねいな解説がついています。まちがえた問題はしっかりと解説を読み，できるようになるまで何度も解き直しをしてください。理解できていないと感じた分野については，参考書や資料集などを活用し，改めて整理しておきましょう。

このページも参考にしてみましょう！

◆どの年度から解こうかな　「入試問題と解説・解答の収録内容一覧」

本書のはじめには収録内容が掲載されていますので，収録年度や収録されている入試回などを確認できます。

※著作権上の都合によって掲載できない問題が収録されている場合は，最新年度の問題の前に，ピンク色の紙を差しこんでご案内しています。

◆学校の情報を知ろう‼「学校紹介ページ」

このページのあとに，各学校の基本情報などを掲載しています。問題を解くのに疲れたら息ぬきに読んで，志望校合格への気持ちを新たにし，再び過去問に挑戦してみるのもよいでしょう。なお，最新の情報につきましては，学校のホームページなどでご確認ください。

◆入試に向けてどんな対策をしよう？「出題傾向＆対策」

「学校紹介ページ」に続いて，「出題傾向＆対策」ページがあります。過去にどのような分野の問題が出題され，どのように対策すればよいかをアドバイスしていますので，参考にしてください。

◇別冊「入試問題解答用紙編」

本書の巻末には，ぬき取って使える別冊の解答用紙が収録してあります。解答用紙が非公表の場合などを除き，（注）が記載されたページの指定倍率にしたがって拡大コピーをとれば，実際の入試問題とほぼ同じ解答欄の大きさで，何度でも過去問に取り組むことができます。このように，入試本番に近い条件で練習できるのも，本書の強みです。また，データが公表されている学校は別冊の１ページ目に過去の「入試結果表」を掲載しています。合格に必要な得点の目安として活用してください。

本書がみなさんの志望校合格の助けとなることを，心より願っています。

株式会社　声の教育社　編集部

埼玉大学教育学部附属中学校

所在地	〒336-0021 埼玉県さいたま市南区別所4-2-5
電　話	048-862-2214
ホームページ	http://www.jhs.saitama-u.ac.jp/
交通案内	JR宇都宮線/高崎線/京浜東北線「浦和駅」西口より徒歩20分 JR埼京線「中浦和駅」より徒歩10分

くわしい情報は
ホームページへ

トピックス

★併設高校がないので，高校受験をしなければならない。
★2024年度入試では，社・理・音・図・家の学力検査と体育実技は実施なし。

創立年
昭和22年

男女共学

高校募集
なし

応募状況

年度	募集数	応募数	受検数	合格数	倍率
2023	男約70名	153名	136名	29名	4.7倍
	女約70名	182名	145名	25名	5.8倍
2022	男約70名	164名	138名	27名	5.1倍
	女約70名	170名	144名	36名	4.0倍
2021	男約70名	122名	106名	24名	4.4倍
	女約70名	152名	138名	27名	5.1倍
2020	男約70名	148名	124名	25名	5.0倍
	女約70名	146名	115名	26名	4.4倍
2019	男約70名	143名	125名	21名	6.0倍
	女約70名	179名	152名	26名	5.8倍

※募集数には，埼玉大学教育学部附属小学校からの連絡進学者を含む。

入試情報（参考：昨年度）

・選抜方法：学力検査および出願時に提出された書類の総合判定によって行います。
・出願期間：2024年１月５日～11日　※必着
・出願手続：以下の①～③の書類を郵送してください。
　①入学願書
　②入学志願者報告書
　③入学志願理由書
・選考の日程：
　2024年２月１日…学力検査(小学校で履修した，国語・算数の学習内容)・集団討論
　2024年２月２日…合格者発表
・合格者説明会：2024年２月３日

＜募集区域について＞

本校の定める以下の区域に保護者(親権を行う者，または未成年後見人)と同居することが出願資格にあります。

さいたま市，川口市，戸田市，蕨市

教育目標

正しい判断力とたくましい実践力をもった自主的人間の形成を目標としています。

・正しい判断力…広い視野をもった生徒，深く考える生徒，豊かな情操をもった生徒
・たくましい実践力…たくましい体力をもった生徒，強い精神力をもった生徒，変化に対応できる生徒
・自主的人間…自ら学ぶ生徒，協調して行動できる生徒，集団の向上に努める生徒

特色

本校は，一般の公立中学校と同様の中等教育を行う学校で，加えて埼玉大学教育学部の附属中学校として，次のような性格をもっています。

1．教育学部の計画に基づき，教育学部生の教育実習の実施にあたります。
2．教育に関する理論および実践についての研究・実証を行います。
3．埼玉県内の中等普通教育関係の諸活動に協力します。

2023年度の主な高校合格実績

＜国立＞
お茶の水女子大附高，筑波大附高
＜公立＞
浦和高，浦和第一女子高，大宮高，市立浦和高
＜私立＞
開成高，慶應義塾志木高，早稲田大高等学院高，早稲田大本庄高，栄東高，淑徳与野高，開智高，立教新座高

編集部注―本書の内容は2024年2月現在のものであり，変更されている場合があります。正式な情報は，学校のホームページ等で必ずご確認ください。

算数　出題傾向＆対策

◆基本データ（2023年度）

試験時間／満点	非公表
問　題　構　成	・大問数…４題 　計算・応用小問１題（６問） 　／応用問題３題 ・小問数…９問
解　答　形　式	答えのみを記入する問題のほかに，理由を記述するものもある。作図や記号選択形式の問題もある。
実際の問題用紙	Ａ４サイズ
実際の解答用紙	不明

◆出題傾向と内容

▶過去３年の出題率トップ３
１位：角度・面積・長さ14％　２位：場合の数11％　３位：表とグラフなど７％
▶今年の出題率トップ３
１位：角度・面積・長さ25％　２位：速さと比，表とグラフなど13％

　計算，数の性質のほか，比，図形の分野からほぼ均等に出題されている反面，特殊算からの出題は少なくなっています。
　応用小問は，数の性質や図形の分野などから，基本的な問題が出されています。応用問題では，表やグラフ，図を参考にして，考え方を説明させる設問がめだちます。また，図形の分野では，単なる図形の求積ではなく，展開図を用いたものや，図形を回転させたり作図したりしたうえで角度・長さ・面積を検討させるといった，手のこんだものが多いようです。

◆対策～合格点を取るには？～

　まず正確で速い計算力を養うことが第一です。計算力は短期間で身につくものではなく，毎日コツコツと練習を続けることにより，しだいに力がついてくるものですので，毎日，自分で量を決めて，それを確実にこなしていきましょう。
　次に，条件を整理し，解答への手順を見通す力を養うようにしましょう。基本例題を中心として，はば広い分野の問題に数多くあたることが好結果を生みます。規則性，割合や比の問題などは，ある程度数をこなして解き方のパターンをつかむことと，ものごとを筋道立てて考えることが大切です。

分野	年度	2023	2022	2021	2020	2019	2018
計算	四則計算・逆算	○	○	○		○	
	計算のくふう		○		○		○
	単位の計算						
和と差	和差算・分配算						○
	消去算						
	つるかめ算						
	平均とのべ						○
	過不足算・差集め算						
	集まり						
	年齢算						
割合と比	割合と比				○		
	正比例と反比例		○		○		
	還元算・相当算						
	比の性質						
	倍数算						
	売買損益						
	濃度						
	仕事算						
	ニュートン算						
速さ	速さ			○		○	○
	旅人算						
	通過算						
	流水算						
	時計算						
	速さと比	○					
図形	角度・面積・長さ	◎	○	○	◎		◎
	辺の比と面積の比・相似						
	体積・表面積		○		○		
	水の深さと体積	○		○		○	
	展開図	○		○			○
	構成・分割		○			◎	
	図形・点の移動						
表とグラフ		○		○	○	○	○
数の性質	約数と倍数						
	N進数						
	約束記号・文字式				○		
	整数・小数・分数の性質			○		○	○
規則性	植木算						
	周期算						
	数列		○	○			
	方陣算						
	図形と規則					○	○
場合の数			○	○	○		
調べ・推理・条件の整理		○	◎			○	
その他							

※　○印はその分野の問題が１題，◎印は２題，●印は３題以上出題されたことをしめします。

国語 出題傾向＆対策

◆基本データ(2023年度)

試験時間／満点	非公表
問題構成	・大問数…２題 文章読解題１題／知識問題１題 ・小問数…12問
解答形式	記号選択や，書きぬきに加えて，記述問題も見られる。自分の意見を書く短文記述も出題されている。
実際の問題用紙	Ａ４サイズ
実際の解答用紙	不明

◆出題傾向と内容

▶近年の出典情報(著者名)
説明文：左巻健男　西林克彦　稲垣栄洋

●**読解問題**…題材となる文章は説明・論説文がほとんどで，ものごとを筋道立てて理解したり説明したりする論理的な思考力が重視されているようです。また，それほど長い文章は取り上げられていません。設問は，要旨のはあくや理由の説明，文の内容の読み取り，文中の語句のぬき出しといったものがほとんどです。

●**知識問題**…漢字の読みと書き取りに加えて，あいさつや敬語など，はば広い分野のことばの知識が重要視されています。

●**作文**…グラフや資料を読みとり，そこからわかることや考えたことを書かせる形式が中心です。

◆対策～合格点を取るには？～

本校の国語は，読解力を中心にことばの知識や漢字力もあわせ見るという点では，実にオーソドックスな問題ということができますが，その中でも大きなウェートをしめるのは，長文の読解力です。したがって，読解の演習のさいには，以下の点に気をつけましょう。①「それ」や「これ」などの指示語は何を指しているのかを考える。②段落の構成を考える。③くり返しに注目しながら，筆者の主張を正確に理解する。④読めない漢字，意味のわからないことばが出てきたら，すぐに辞典で調べる。

また，知識問題は，漢字・語句(四字熟語，慣用句・ことわざなど)の問題集を一冊仕上げるとよいでしょう。さらに，日ごろの作文練習も大切です。

分野		年度	2023	2022	2021	2020	2019	2018
読解	文章の種類	説明文・論説文	★	★	★	★	★	★
		小説・物語・伝記						
		随筆・紀行・日記						
		会話・戯曲						
		詩						
		短歌・俳句						
	内容の分類	主題・要旨						
		内容理解	○	○	○	○	○	○
		文脈・段落構成		○		○	○	○
		指示語・接続語				○		
		その他	○	○	○	○	○	○
知識	漢字	漢字の読み	○	○	○	○	○	○
		漢字の書き取り	○	○	○	○	○	○
		部首・画数・筆順	○			○	○	
	語句	語句の意味						
		かなづかい						
		熟語		○			○	○
		慣用句・ことわざ	○	○		○		
	文法	文の組み立て		○	○		○	
		品詞・用法						
		敬語	○		○			
	形式・技法							
	文学作品の知識							
	その他		○	○	○	○	○	○
	知識総合		★	★	★	★	★	★
表現	作文							○
	短文記述		○	○	○	○	○	
	その他							
放送問題								

※　★印は大問の中心となる分野をしめします。

カコを追いかけ
ミライをつかめ
「今の説明、もう一回」を何度でも
web過去問
ストリーミング配信による入試問題の解説動画
もっと古いカコモンないの？
カコ過去問
「さらにカコの」過去問をHPに掲載（DL）
声の教育社
詳しくはこちらから

Memo

Memo

2023年度 埼玉大学教育学部附属中学校

※本年度の試験時間・満点は非公表です。

【算　数】

1　次の各問いに答えなさい。

問1　$\frac{9}{10}\times1.2\div0.27$を計算しなさい。

問2　下の式の□の中には，それぞれ1，2，3，4の数が1回ずつ入ります。計算した答えが最も大きくなるように数をあてはめます。このとき，計算した答えを求めなさい。

□＋□×□－□

問3　下の図では，**図1**のように□の中にはその下の2つの数の和があてはまります。

図2の ア にあてはまる数を求めなさい。

図1

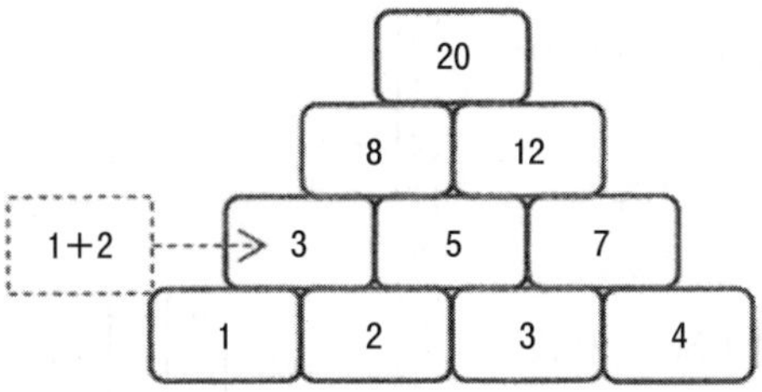

図2

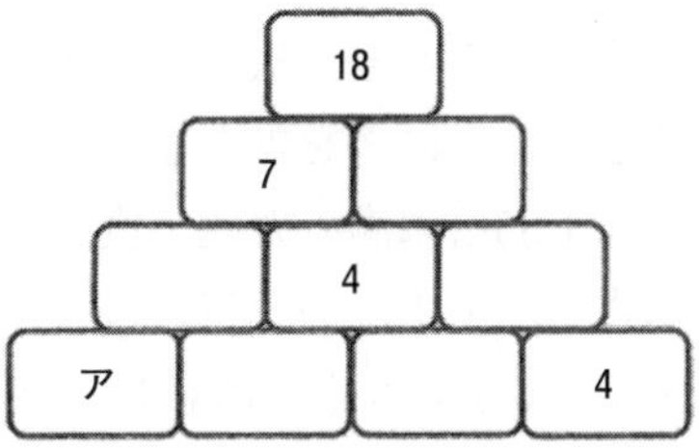

問4　駅から学校までの一本道があります。井上さんは駅から学校まで歩くのに20分かかります。池田さんは学校から駅まで歩くのに30分かかります。この二人が同じ時《じ》刻《こく》にそれぞれ駅と学校を出発するとき，二人は何分後に出会うか求めなさい。

問5　**図3**で，直線ABと直線CDが点Eで交わっています。このとき，かげ(　　)の付いている部分の面積を求めなさい。

図3

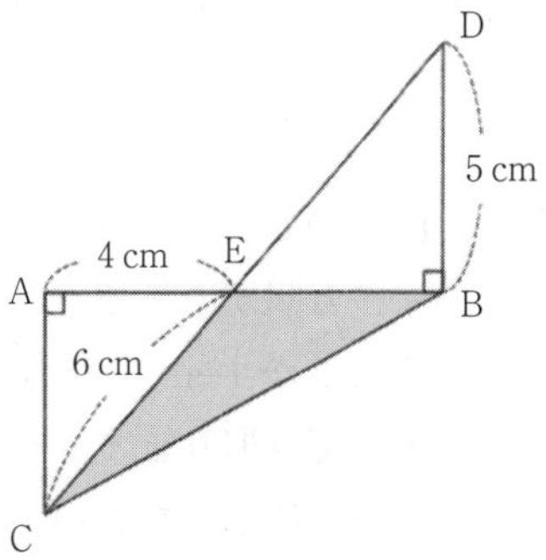

問6　**図4**のような直方体の水そうに，蛇口《じゃぐち》Aと蛇口《じゃぐち》Bを使って水を入れます。**図5**は，蛇口《じゃぐち》A，蛇口《じゃぐち》Bそれぞれで水を入れたときの時間と水そうの水の深さを表すグラフです。このとき，蛇口《じゃぐち》Aと蛇口《じゃぐち》Bを同時に使って水を入れたときの様子を表すグラフを，解答用紙にかきなさい。ただし，蛇口《じゃぐち》Aと蛇口《じゃぐち》Bそれぞれの水が出る量は常に変わらないものとします。

図4

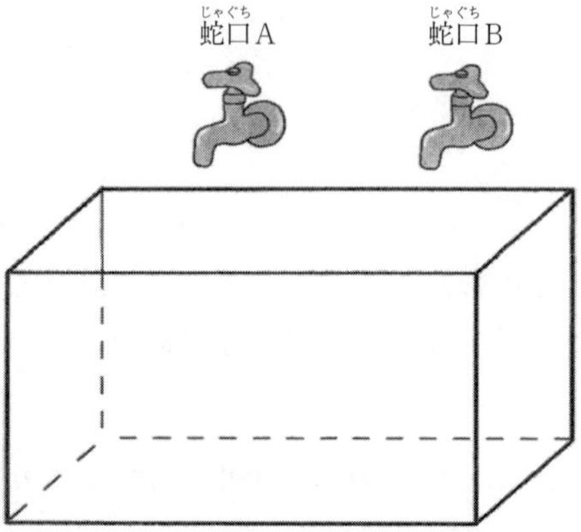

図5

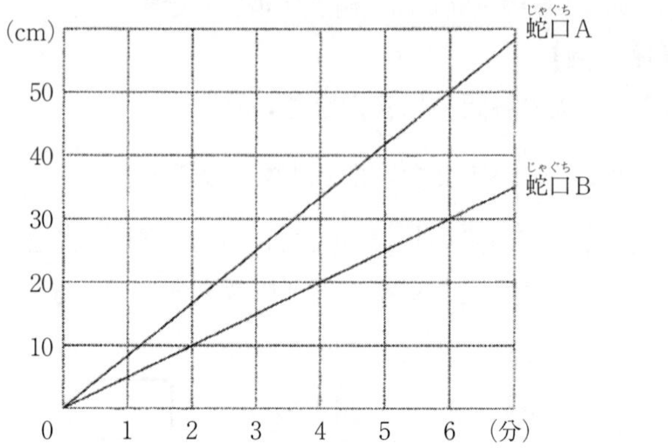

2　**図6**は，6年1組のソフトボール投げの記録を柱状グラフに表したものです。このとき，次の**ア**～**エ**の中で正しいものに○を，正しくないものに×を書きなさい。

ア　記録が30m以上35m未満の児童の度数は，2人である。

イ　記録が15m以上20m未満の児童の割合《わりあい》は，25％である。

ウ　中央値《ちゅうおうち》（メジアン）をふくむ階級は，25m以上30m未満である。

エ　記録が最も長い児童と最も短い児童の差は，30m未満である。

図6

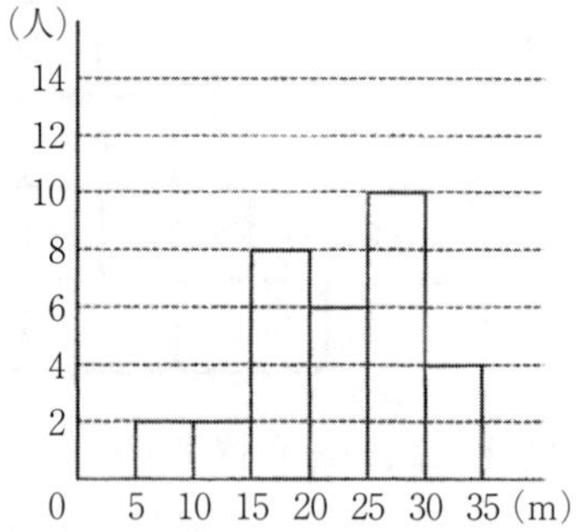

3　**図7**のように1マス1cmで縦《たて》3マス，横8マスの方眼があります。この方眼を用いて，1辺の長さが1cmの立方体の展開図《てんかいず》をできるだけ多く切り取ります。その展開図《てんかいず》を全て解答用紙の方眼にかきなさい。

図7

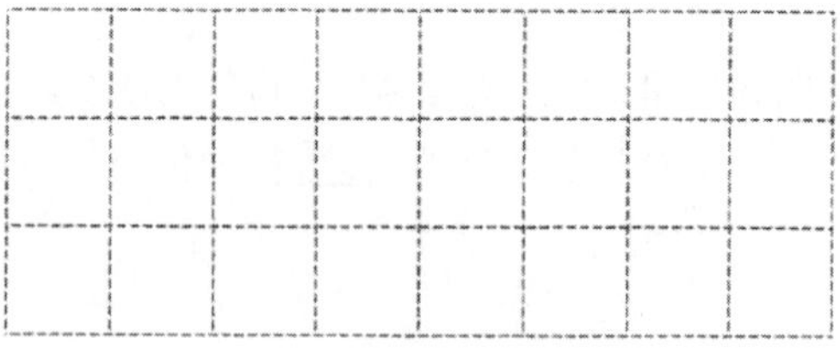

4　**図 8** の上底が 3 cm，下底が 5 cm，高さが 4 cm の台形があります。中村さんはこの台形の面積の求め方を，式と図を用いてあとのように説明しています。

図 8

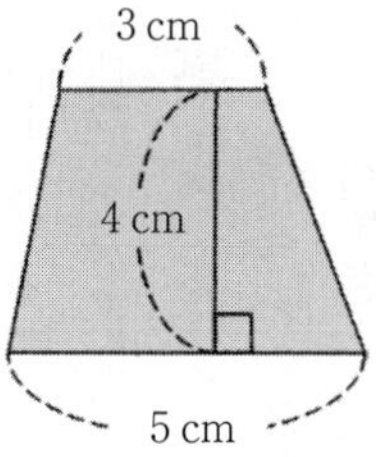

＜中村さんの考え＞

合同な台形を**図 9** のようにくっつけると，全体で平行四辺形になる。

平行四辺形の面積は(底辺×高さ)で求められるから，

$(3+5)\times 4\div 2=16(\mathrm{cm}^2)$

図 9

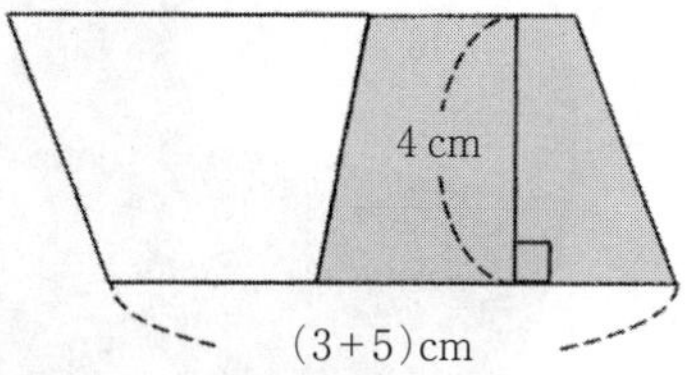

山本さんは，中村さんとは別の求め方で考え，次のような式で表しました。

＜山本さんの考えを表す式＞

$(3\times 4\div 2)+(5\times 4\div 2)=16(\mathrm{cm}^2)$

この式で表される山本さんの考え方を，解答用紙の図を用いて文章で説明しなさい。

ウ　難《むずか》しい言葉に解説を入れることで、聞き手が理解できるように話している。

エ　実体験をもとに考えを述べることで、より説得力があるように話している。

(2)　□は高橋さんのスピーチのまとめの部分です。この部分について、高橋さんが伝えたいことをよりくわしく知るために質問するとしたら、どのようなことを聞きますか。実際に質問するように書きなさい。

(3)　高橋さんのスピーチを受けて、川の汚染《おせん》について意見を述べ合うことになりました。あとの**【グラフ】**は、そのときに先生から提示されたものです。**【グラフ】**から読み取れることと、それをもとにした自分の意見を、次の〔**きまり**〕にしたがって書きなさい。

〔**きまり**〕
・二つの文で書くこと。

【グラフ】

河川《かせん》の汚《よご》れの原因（単位：%）

出典：「県内では，どの河川《かせん》が汚《よご》れているの？」（埼玉県環境《かんきょう》科学国際センター）（https://www.pref.saitama.lg.jp/cess/cess-kokosiri/cess-koko6.html）を加工している。

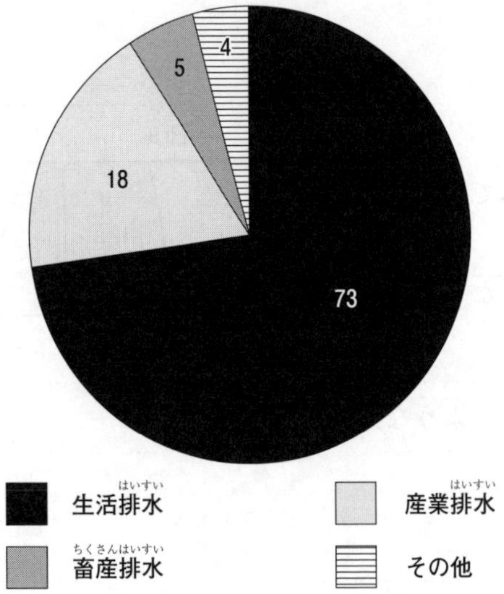

問2　次の文の**ア**～**エ**の中から、敬語《けいご》の使い方として適切なものを一つ選び、記号を書きなさい。

ア　校長先生が給食をいただく。
イ　校長先生が絵画をごらんになる。
ウ　校長先生が博物館にうかがう。
エ　校長先生がメダルを差し上げる。

問3　次の漢字の矢印の部分は何画目か書きなさい。（数字・漢数字のどちらでも構いません。）

問4　次の①・②のことわざの（　）中に入る数をそれぞれ**漢数字**で書きなさい。

①　石の上にも（　）年
②　一寸《いっすん》の虫にも（　）分の魂《たましい》

問5　漢和辞典には三つのさくいんが付いています。調べたい漢字の読み方がわかっているときには、音訓さくいんを使って調べます。調べたい漢字の読み方がわからないときには、総画さくいんと、もう一つ何というさくいんを使って調べることができますか。解答らんの「～さくいん」に続く形で書きなさい。

問6　次の①～⑤の――線部の漢字には読みがなを書き、カナは漢字で書きなさい。また、⑥の＝＝線部は、送りがなもふくめて書きなさい。

①　解決は容易だ。　　②　建物を築く。
③　春の気配を感じる。　　④　歩いてオウフクする。
⑤　長いキテキが聞こえる。　　⑥　広場に人がムラガル。

問4　④「東洋の第一日目」というエッセイの引用から、どのようなことがわかるのですか。次の空らんに合うように本文中から**八字**で書きぬきなさい。

日本の［　　　　］ということ。

問5　⑤人工藍《あい》で染色《せんしょく》したものとは似て非なるもの　とありますが、なぜ「似て非なるもの」なのですか。天然藍《あい》の染色液《せんしょくえき》を用いた染《そ》め方《かた》にふれて**五十字以上六十字以内**で書きなさい。

問6　この文章の特ちょうを説明したものとして適切なものを、次の**ア**〜**エ**の中から一つ選び、その記号を書きなさい。

ア　天然の藍染《あいぞ》めが世界で使われる理由を明確にするために、その歴史を時系列《じけいれつ》で紹介《しょうかい》している。

イ　天然の藍染《あいぞ》めの欠点を例示するために、染色液《せんしょくえき》が完成するまでを手順に沿《そ》って示している。

ウ　天然の藍染《あいぞ》めにまつわる間違《まちが》った認識《にんしき》をなくすために、読者の反応を想定して説明している。

エ　天然の藍染《あいぞ》めが確立するまでの努力を強調するために、自らの実験の結果を根拠《こんきょ》にしている。

二

次の各問いに答えなさい。

問1　高橋さんのクラスでは「生き物と自然環境《かんきょう》」をテーマにしてスピーチをすることになりました。次は**【高橋さんのスピーチ】**です。これを読んで、あとの問いに答えなさい。

【高橋さんのスピーチ】

　私《わたし》は、今年の夏休みに祖父のいるけやき村に滞在《たいざい》しました。この村は、自然豊かで、緑に囲まれています。祖父の家の近くの川で遊んでいると、小さい魚がたくさん泳いでいるのを見つけました。よく観察してみると、その魚がメダカであると分かりました。

　これまで図鑑《ずかん》やお店でしか見たことがなかったので、とてもうれしく、捕《つか》まえて飼おうとしました。しかし、祖父が「メダカは絶滅《ぜつめつ》が心配されているので、むやみに捕《つか》まえることはしないほうがよい」と教えてくれました。詳《くわ》しく聞くと、用水路がコンクリートで作られるようになったり、川の汚染《おせん》が進んだりしたことによって、メダカの住めるところが限られるようになり、絶滅《ぜつめつ》しそうになっているとのことでした。

　そこで、絶滅《ぜつめつ》しそうな動物が他にもいるのか気になったので、調べてみることにしました。すると、メダカだけではなく、他にも多くの動物の絶滅《ぜつめつ》が心配されていることが分かりました。

　私《わたし》たちは多くの動物と共に暮《く》らしています。今日の登校中にも虫や鳥を見かけました。しかし、そのような身近な動物も絶滅《ぜつめつ》の危機《きき》にあることを知りました。だから、私《わたし》は動物が絶滅《ぜつめつ》しないような環境《かんきょう》を作り、動物の絶滅《ぜつめつ》を減らしていきたいと思います。

(1)　**【高橋さんのスピーチ】**の中で使われている工夫《くふう》として適切なものを、次の**ア**〜**エ**の中から一つ選び、その記号を書きなさい。

ア　スピーチの最初に結論《けつろん》を示すことで、全体の内容が伝わるように話している。

イ　根拠《こんきょ》となる数値《すうち》を例に挙げることで、考えが強調されるように話している。

代わられました。

時間やコストを削減《さくげん》して大量生産するために、ジーンズは糸の表面だけを染色《せんしょく》しています。そのため、摩擦《まさつ》などで色落ちしてしまうわけです。藍染《あいぞ》めの色素自体は天然の藍染《あいぞ》めも合成インディゴも同じ「インディゴ」という物質です。

一八九〇年、日本に来日した※ラフカディオ ハーン（小泉八雲《こいずみやくも》）は、④「東洋の第一日目」というエッセイの中で、「まるでなにもかも、小さな妖精《ようせい》の国のようだ。人も物もみんな小さく、風変わりで神秘的《しんぴてき》である。青い屋根の小さな家屋、青いのれんのかかった小さな店舗《てんぽ》、その前で青い着物姿《きものすがた》の小柄《こがら》な売り子が微笑《ほほえ》んでいる。」と表しています。横浜《よこはま》の※外人居留地から町へ入ったときの第一印象です。日本へ合成インディゴが輸入されるわずか数年前の話です。

現代の化学で反応を考えると大変理にかなった手順を踏《ふ》んでいる藍《あい》染《ぞ》めですが、日本でこの藍染《あいぞ》めが確立するまでの間、どのような失敗があってどのように解決して来たのかを考えると、先人達《たち》の知恵《ちえ》にはロマンすら感じます。ジャパンブルーと呼《よ》ばれる青く美しい天然藍《あい》を利用した藍染《あいぞ》めは、大量生産できる⑤人工藍《あい》で染色《せんしょく》したものとは似て非なるものです。天然藍染《あいぞ》めは無形文化財にも指定され、これからも職人さん達《たち》の手で確実に守られていくはずです。

※験担《げんかつ》ぎ…良い結果となるように願いを込《こ》めて行われる行動。
※攪拌《かくはん》…かきまぜること。
※ラフカディオ ハーン（小泉八雲《こいずみやくも》）…ギリシア生まれのイギリス人で、記者として来日した。
※外人居留地…外国人に対して居住・営業などの自由を許可した地域《ちいき》。

問１　①身につける人が増えてきて　とありますが、藍染《あいぞ》めを身につける人が増えたのはなぜですか。適切なものを、次の**ア**～**エ**の中から一つ選び、その記号を書きなさい。

ア　人類最古の染料《せんりょう》であるため利用法が確立するまで長い時間がかかっていたが、人工的なインディゴの合成に成功してからは、大量生産できるようになったから。

イ　布自体は法隆寺《ほうりゅうじ》や東大寺《とうだいじ》などで多く用いられていたが、藍《あい》が持つ解毒《げどく》作用や消炎《しょうえん》作用が発見されると、上流貴族《きぞく》の人々が好んで身につけるようになったから。

ウ　平安時代では高貴《こうき》な色とされていたので限られた人しか着用することができなかったが、時代が進むと、戦いのために武士が好んで身につけるようになったから。

エ　縁起《えんぎ》の良さから貴族《きぞく》や武士達《たち》が好んで着用していたが、その人々へのあこがれによって、他の人々が藍染《あいぞ》めの方法を広めて大量に生産できるようになったから。

問２　②藍染《あいぞ》めの原料　から染色液《せんしょくえき》ができあがるまでを説明したものとして、適切なものを次の**ア**～**エ**の中から一つ選び、その記号を書きなさい。

ア　摘《つ》み取《と》って天日にあてたアイの葉に水分を加え、微生物《びせいぶつ》を活動させた後に、一〇〇日ほど混ぜ続ける。

イ　刻《きざ》んで乾《かわ》かしたアイの葉に水を加え発酵《はっこう》させて、水分を飛ばした後、さらに灰汁《あく》を加えて発酵《はっこう》させる。

ウ　乾燥《かんそう》したアイの葉を刻《きざ》んで、熱湯と何度も混ぜ合わせた後に、水分を蒸発《じょうはつ》させて丸めてから熟成《じゅくせい》する。

エ　微生物《びせいぶつ》がアイの葉を発酵《はっこう》させることで発生した熱を、打ち水で冷ましながら混ぜた後、灰汁《あく》を加える。

問３　③色落ちする　とありますが、なぜ色落ちするのですか。解答らんの「～に弱いから」に続く形で**十五字以上二十五字以内**で書きなさい。

2023年度

埼玉大学教育学部附属中学校

【国　語】

一　次の文章は、左《さ》巻健《まきたけ》男《お》編著《へんちょ》『日本人なら知っておきたい　世界が驚《おどろ》く日本のすごい科学と技術』の一節です。よく読んで、あとの問いに答えなさい。

人類最古の染料《せんりょう》ともいわれる藍《あい》。同じく日本最古の建造物である法隆寺《ほうりゅうじ》や東大寺《とうだいじ》の正倉院《しょうそういん》に収蔵《しゅうぞう》されている布にも藍染《あいぞ》めが施《ほどこ》されているものがたくさんあります。

平安時代くらいまでは高貴《こうき》な色とされ、身につけることができたのは、上流貴族《きぞく》など限定的な人のものだったのです。時代が進み鎌倉《かまくら》時代になると、武士達《たち》が鎧《よろい》の下に好んで身につけるようになります。「勝ち色」と呼《よ》ばれ、※験担《げんかつ》ぎの意味もありましたが、藍《あい》が持つ解毒《げどく》作用や消炎《しょうえん》作用にも注目されていただろうと考えられています。

このようにして、徐々《じょじょ》に①身につける人が増えてきて、藍染《あいぞ》めがより一般《いっぱん》化《か》したのは江戸《えど》時代です。作業着や着物、暖簾《のれん》など様々なものに藍染《あいぞ》めを施《ほどこ》し、さながら町中が藍色《あいいろ》だったともいえる時代です。

日本の②藍染《あいぞ》めの原料はタデ科の「タデアイ」という植物です。一年草であるアイの葉を摘《つ》み取《と》り、一センチメートルほどに刻《きざ》みます。それを何度もひっくり返しながら手間暇《てまひま》かけて天日乾燥《かんそう》させます。一度乾燥《かんそう》させたものに打ち水してかき混ぜると、葉に付いていた微生物《びせいぶつ》たちが目を覚まし、発酵《はっこう》を開始します。その熱で湯気が上がるほどです。打ち水と※攪拌《かくはん》を来る日も来る日も繰《く》り返《かえ》し、一〇〇日ほど経過してやっと染色液《せんしょくえき》の元が完成します。これを「すくも（除蘗《すくも》）」と呼《よ》びます。

できたすくもは、水分を蒸発《じょうはつ》させて丸くまとめて藍玉《あいだま》に加工されるなどしてやっと染色家《せんしょくか》に送られます。ところがそこでさらに熟成《じゅくせい》が待っています。微生物《びせいぶつ》をより活発に活動させるため、樫《かし》や楢《なら》などの木を燃やして作った「灰汁《あく》」を加えて一週間ほど甕《かめ》の中で発酵《はっこう》させます。これほどの時間をかけてようやく染《そ》め物に利用できる染色液《せんしょくえき》が完成します。

染色家《せんしょくか》は、この液の中に布をいれて染色《せんしょく》します。藍《あい》がすごいのは、木綿《もめん》や麻《あさ》、絹《きぬ》などどんな生地《きじ》もよく染《そ》まることです。

染色液《せんしょくえき》の入った甕《かめ》に布を浸《ひた》して引きあげると藍色《あいいろ》には染《そ》まっていません。黄緑色のような色合いなのです。しかし、時間とともにだんだん藍色《あいいろ》が出てきます。染色液《せんしょくえき》の中はアルカリ性ですが、その染色《せんしょく》液《えき》が付いたまま空気中に引き上げると、空気中の酸素に触《ふ》れます。美しい藍色《あいいろ》は酸化によって生じた色なのです。染色液《せんしょくえき》に漬《つ》ける、引き上げて酸化させるということを繰《く》り返すことで、より濃《こ》い藍色《あいいろ》が生み出されるのです。この藍色《あいいろ》は色落ちしたり他の繊維《せんい》に移ったりすることはありません。

ここで「アレ、藍染《あいぞ》めって③色落ちするよね」と思うはずです。ジーンズはだんだん色落ちするし、白いものと洗《あら》うなんてと経験上わかっているはずです。違《ちが》いは何なのでしょう。

実は多くのジーンズは石油を原料にして合成されたインディゴ色素で染色《せんしょく》されています。

ドイツのアドルフ・フォン・バイヤーは一八年もの歳月《さいげつ》をかけて一八八三年、人工的なインディゴの合成に成功しました。その後、工業的にインディゴを合成することができるようになり、染色《せんしょく》までの準備が非常に時間がかかる天然藍《あい》は瞬《また》く間に合成インディゴに取って

2023年度

埼玉大学教育学部附属中学校 ▶解説と解答

算 数 ※試験時間・満点…非公表

解 答

1 **問1** 4 **問2** 13 **問3** 2 **問4** 12分後 **問5** $10cm^2$ **問6** 解説の図Vを参照のこと。 **2** **ア**…×，**イ**…○，**ウ**…×，**エ**…○ **3** (例) 解説の図②を参照のこと。 **4** (例) 解説を参照のこと。

解 説

1 **四則計算，条件の整理，速さと比，面積，水の深さと体積**

問1 $\frac{9}{10}\times1.2\div0.27=0.9\times1.2\div0.27=1.08\div0.27=4$

問2 ア＋イ×ウ－エの答えを最も大きくするためには，エに1を入れればよい。また，イとウに入れる数を入れかえても答えは同じだから，下の図Iの3つの場合について調べればよい。よって，最も大きい答えは13である。

問3 下の図IIで，7＋イ＝18より，イ＝18－7＝11となる。また，ウ＋4＝7より，ウ＝7－4＝3とわかる。すると，4＋エ＝11より，エ＝11－4＝7，カ＋4＝7より，カ＝7－4＝3，オ＋3＝4より，オ＝4－3＝1となる。よって，ア＋1＝3より，ア＝3－1＝2と求められる。

図I

2＋3×4－1＝13
3＋2×4－1＝10
4＋2×3－1＝9

図II

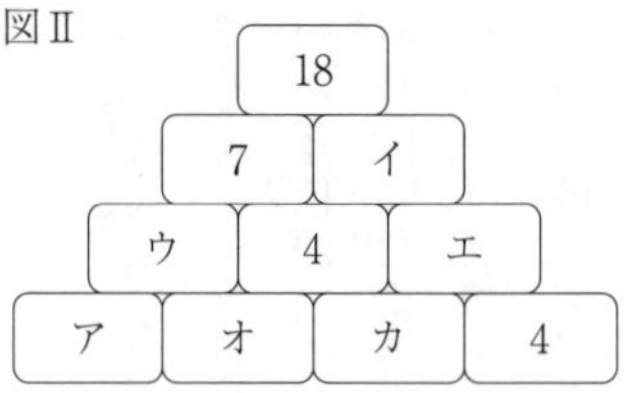

図III

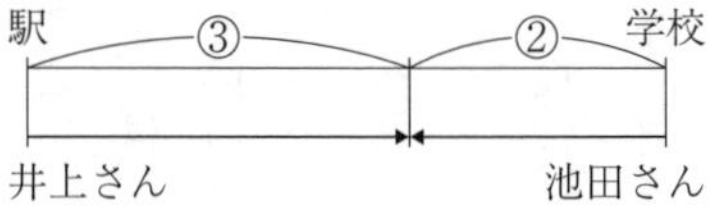

問4 井上さんと池田さんが同じ道のりを歩くのにかかる時間の比は，20：30＝2：3なので，井上さんと池田さんの速さの比は，$\frac{1}{2}:\frac{1}{3}=3:2$である。よって，二人は上の図IIIのように歩いたときに出会うから，二人が出会うまでに井上さんが歩いた道のりは，駅から学校までの道のりの，$\frac{3}{3+2}=\frac{3}{5}$にあたる。また，井上さんは駅から学校まで歩くのに20分かかるので，二人が出会うのは出発してから，$20\times\frac{3}{5}=12$(分)後である。

問5 下の図IVのように，AとDを結ぶ。このとき，三角形ACBと三角形ACDは，底辺(AC)と高さ(BA)が共通だから，面積は等しくなる。よって，両方から共通部分の三角形ACEを除くと，三角形ECBと三角形DAEの面積も等しくなる。つまり，かげの付いている部分の面積は，三角形DAEの面積と等しくなる。これは，底辺(AE)が4cm，高さ(DB)が5cmなので，面積は，$4\times5\div2=10(cm^2)$とわかる。

問6 問題文中の図5から，蛇口《じゃぐち》Aだけを使うと6分間で50cm分の水が入り，蛇口Bだけを使うと6分間で30cm分の水が入ることがわかる。よって，蛇口Aと蛇口Bを同時に使うと，6分間で，50＋30＝80(cm)分の水が入ることになる。したがって，その半分の3分間では，80÷2＝40(cm)

分の水が入るから，グラフは下の図Ⅴの太線のようになる。

図Ⅳ

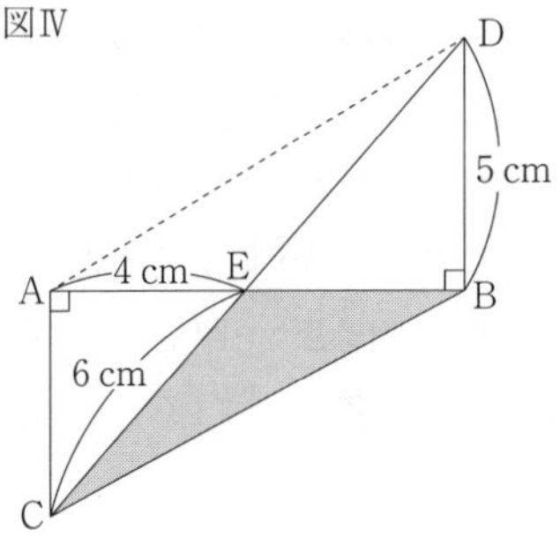

図Ⅴ

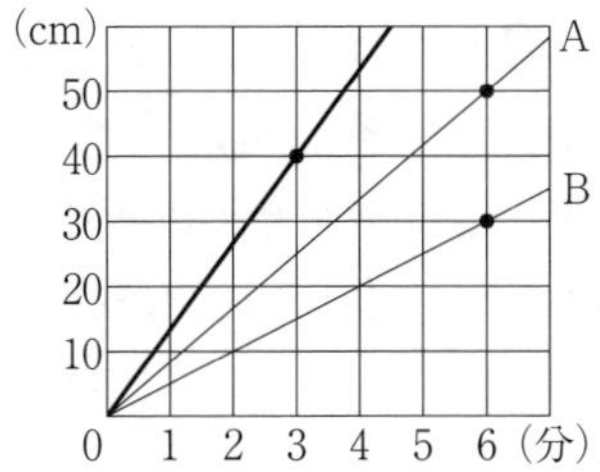

図Ⅵ

記録	人数
5 m以上10m未満	2 人
10m以上15m未満	2 人
15m以上20m未満	8 人
20m以上25m未満	6 人
25m以上30m未満	10人
30m以上35m未満	4 人
合計	32人

2 表とグラフ

整理すると上の図Ⅵのようになる。30m以上35m未満の児童は 4 人だから，アは正しくない。また，15m以上20m未満の児童は 8 人である。これは全体の，8 ÷32×100＝25(％)にあたるので，イは正しい。次に，全体の半分の人数は，32÷ 2 ＝16(人)だから，記録が短い方からかぞえて16番目と17番目の記録の平均が中央値になる。図Ⅵの太線部分の人数の合計は，2 ＋ 2 ＋ 8 ＋ 6 ＝18(人)なので，中央値をふくむ階級は20m以上25m未満とわかる。よって，ウは正しくない。最後に，最も短い記録は 5 m以上であり，最も長い記録が35m以上になることはない。よって，この差は必ず，35－ 5 ＝30(m)未満になるから，エは正しい。

3 立体図形―展開図

立方体の展開図は下の図①の11種類ある。縦 3 マス，横 8 マスの方眼からは，たとえば下の図②のように太線の展開図を 3 つ切り取ることができる。

図①

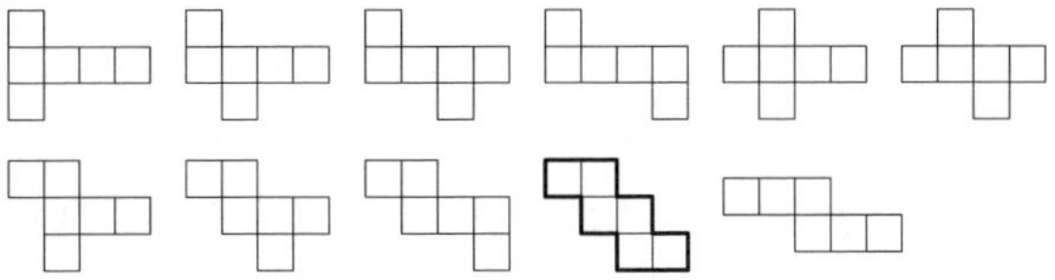

図②

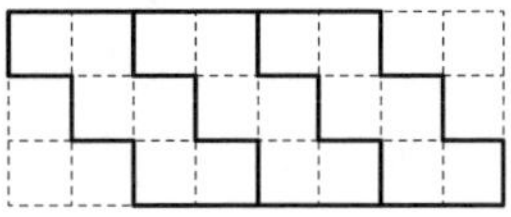

4 平面図形―面積

右の図のように，台形に 1 本の対角線を引くと，台形が 2 つの三角形に分かれる。三角形の面積は，(底辺)×(高さ)÷ 2 で求められるから，台形の面積は，(3 × 4 ÷ 2)＋(5 × 4 ÷ 2)＝16(cm²)となる。

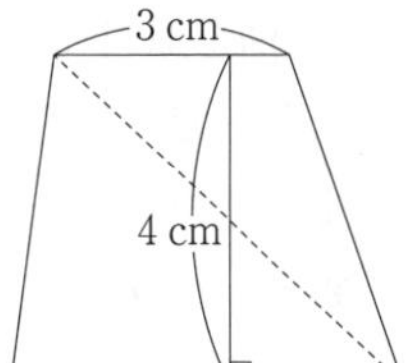

国　語　※試験時間・満点…非公表

解　答

一　問 1　ウ　　問 2　イ　　問 3　(例)　合成インディゴは糸の表面だけを染色するため摩擦

など(に弱いから。)　**問4**　町中が藍色だった　**問5**　(例)　天然藍の染色液を用いた染め方は，化学的にも大変理にかなった染め方で，先人たちの知恵を職人が受け継ぎ守ってきたものだから。　**問6**　ウ　**二** **問1**　(1)　エ　(2)　(例)　絶滅の危機にある身近な動物とは，具体的にはどんな動物なのですか。　(3)　(例)　このグラフから，河川の汚れの原因の七割以上が生活排水であることがわかる。ジュースやおみそ汁の飲み残しなどが出ないように心がけ，少しでも生活排水を減らす努力をしていくようにしたい。　**問2**　イ　**問3**　三(3)　**問4**　①　三　②　五　**問5**　部首(さくいん)　**問6**　①　ようい　②　きず(く)　③　けはい　④～⑥　下記を参照のこと。

●漢字の書き取り

二 **問6**　④　往復　⑤　汽笛　⑥　群がる

解説

一 **出典：左巻健男《さまきたけお》編著『日本人なら知っておきたい　世界が驚《おどろ》く日本のすごい科学と技術』**。天然藍《あい》を利用した日本の伝統的な藍染めについて述べられている。

問1　ぼう線①をふくむ一文の最初に「このようにして」とあるので，前の部分に着目する。藍染めは「平安時代くらいまでは高貴な色とされ，身につけることができたのは，上流貴族など限定的な人のものだった」が，「時代が進み鎌倉時代になると，武士達が鎧《よろい》の下に好んで身につけるように」なったというのだから，ウが選べる。

問2　ぼう線②をふくむ段落と次の段落から，藍染めに必要な染色《せんしょく》液ができあがるまでの工程を整理する。まず，「アイの葉を摘《つ》み取り，一センチメートルほどに刻」んだ後で「天日乾燥《かんそう》」させ，それに「打ち水」をしてかき混ぜ「発酵《はっこう》」させる。その打ち水と攪拌《かくはん》を一〇〇日ほど繰《く》り返し，できた「すくも」の水分を蒸発させて藍玉をつくり，さらに「『灰汁《あく》』を加えて一週間ほど甕《かめ》の中で発酵させ」ることで染色液は完成するというのである。イがこの過程を正しく説明している。なお，アは染色液の元となる「すくも」ができるまでの工程なので誤り。また，ウは「熱湯と何度も混ぜ合わせ」が，エは「熱を，打ち水で冷ましながら」という部分が本文では述べられていない。

問3　「染色液に漬《つ》ける，引き上げて酸化させるということを繰り返す」ことで生地《きじ》が「色落ちしたり他の繊維《せんい》に移ったりすること」を防ぐ天然藍を利用した藍染めに対し，「色落ちする」のは，「石油を原料にして合成されたインディゴ色素」で染色した場合だという点をおさえる。その「人工藍」で生地を染色する場合は，「糸の表面だけを染色」しているため「摩擦《まさつ》などで色落ちしてしまう」のである。

問4　ラフカディオ・ハーンが著《あらわ》したエッセイの中で強調されているのは「青い屋根」，「青いのれん」，「青い着物姿」と，日本のあらゆるところに藍色が用いられていることである。「藍染めがより一般《いっぱん》化した」江戸時代は，「作業着や着物，暖簾《のれん》など様々なものに藍染めを施《ほどこ》し，さながら町中が藍色だった」と前の部分で述べられているが，ラフカディオ・ハーンが来日した時代も，同じように「町中が藍色だった」のだから，この部分がぬき出せる。

問5　「天然藍の染色液を用いた染め方」は，「染色液に漬ける，引き上げて酸化させるということを繰り返す」ことで，色落ちしない藍色に染まる。試行錯誤《さくご》のすえにたどりついたのち，職人が受け継《つ》ぎ，守ってきたこの「先人達の知恵《ちえ》」は，「現代の化学」から考えれば「大変理にかなった手順を踏《ふ》んでいる」ものだと筆者は述べている。「時間やコストを削減《さくげん》して大量生産するために」人工藍で「糸の表面だけを染色する」やり方とは，藍色という点では同じものの，伝統的な厚みという点では大きく異なるために「似て非なるもの」だというのである。

問６　「アレ，藍染めって色落ちするよね」という読者の反応を想定して，色落ちするのは人工藍で染めた場合で，天然藍で染めた場合は「色落ちしたり他の繊維に移ったりすること」がないと，筆者は述べている。「藍染め」は「色落ちする」とひとくくりにするのは「間違った認識《にんしき》」だと説明するために，筆者はあえて想定される一般的な反応を取り上げたのだから，ウが選べる。なお，アは「天然の藍染めが世界で使われる理由」が，イは「天然の藍染めの欠点」が，エは「自らの実験の結果を根拠《こんきょ》に」という部分が本文では述べられていない。

二　**「生き物と自然環境《かんきょう》」についての【高橋さんのスピーチ】と【グラフ】を読んで答える問題，敬語の知識，漢字の筆順，ことわざの完成，漢和辞典の引き方，漢字の読みと書き取り**

問１　(1)「祖父のいるけやき村」で「メダカ」が泳いでいるのを見たという実体験をもとに，高橋さんは「動物が絶滅《ぜつめつ》しないような環境を作り」たいと語っているので，エが選べる。なお，高橋さんは「スピーチの最初に結論を示」してはいないので，アは合わない。また，「根拠となる数値を例に挙げ」てもいないので，イも誤り。さらに，「難しい言葉に解説を入れ」ているわけでもないので，ウも正しくない。

(2)　高橋さんは「動物が絶滅しないような環境を作り，動物の絶滅を減らしていきたい」と言っているのだから，この主張を深掘《ふかぼ》りするために，絶滅が心配されている動物の具体的な名前や，動物が絶滅しない環境とはどのようなものなのかなど具体的なことを質問するとよい。

(3)　【グラフ】の読み取りの場合，数値が最も大きなものに着目すると考えやすい。「川の汚染《おせん》」には「生活排水《はいすい》」が大きくかかわっているのだから，自らの日々の生活を見つめ直すような内容を，体験や見聞などをまじえつつ述べるとよいだろう。

問２　いずれも動作の主体が「校長先生」なので，尊敬語を用いたイの「ごらんになる」が正しい。なお，アの「いただく」は「食べる」の謙譲《けんじょう》語。ウの「うかがう」は「行く」の謙譲語。エの「差し上げる」は，「与《あた》える」の謙譲語である。

問３　こざとへんは三画の部首で，矢印の部分は三画目に書くことに注意する。

問４　①「石の上にも三年」は，“つらく苦しいことでも，がまん強くがんばれば必ずむくわれるときが来る”という意味。　②「一寸の虫にも五分の魂《たましい》」は，“小さく弱いものであっても，それ相応の意地がある”という意味。

問５　漢和辞典には，「音訓さくいん」「総画さくいん」「部首さくいん」という三種類の引き方がある。「部首さくいん」は，“へん・つくり・かんむり・あし・たれ・にょう・かまえ”などの部首を画数順に並べ，漢字を部首によって調べられるようにしたものである。

問６　①　やさしくて，わけなくできること。　②　音読みは「チク」で「建築」などの熟語がある。　③　はっきりと認識はできないが，なんとなく感じられるようす。　④　行って帰ること。　⑤　蒸気を利用して音を出す仕かけの笛。　⑥　音読みは「グン」で「大群」などの熟語がある。

Dr.福井の入試に勝つ！脳とからだのウルトラ科学

勉強が楽しいと，記憶力も成績もアップする！

みんなは勉強が好き？　それとも嫌い？——たぶん「好きだ」と答える人はあまりいないだろうね。「好きじゃないけど，やらなければいけないから，いちおう勉強してます」という人が多いんじゃないかな。

だけど，これじゃダメなんだ。ウソでもいいから「勉強は楽しい」と思いながらやった方がいい。なぜなら，そう考えることによって記憶力がアップするのだから。

脳の中にはいろいろな種類のホルモンが出されているが，どのホルモンが出されるかによって脳の働きや気持ちが変わってしまうんだ。たとえば，楽しいことをやっているときは，ベーターエンドルフィンという物質が出され，記憶力がアップする。逆に，イヤだと思っているときには，ノルアドレナリンという物質が出され，記憶力がダウンしてしまう。

要するに，イヤイヤ勉強するよりも，楽しんで勉強したほうが，より多くの知識を身につけることができて，結果，成績も上がるというわけだ。そうすれば，さらに勉強が楽しくなっていって，もっと成績も上がっていくようになる。

でも，そうは言うものの，「勉強が楽しい」と思うのは難しいかもしれない。楽しいと思える部分は人それぞれだから，一筋縄に言うことはできないけど，たとえば，楽しいと思える教科・単元をつくることから始めてみてはどうだろう。初めは覚えることも多くて苦しいときもあると思うが，テストで成果が少しでも現れたら，楽しいと思えるきっかけになる。また，「勉強は楽しい」と思いこむのも一策。勉強が楽しくて仕方ない自分をイメージするだけでもちがうはずだ。

Dr.福井(福《ふく》井《い》一成《かずしげ》)…医学博士。開成中・高から東大・文Ⅱに入学後，再受験して翌年東大・理Ⅲに合格。同大医学部卒。さまざまな勉強法や脳科学に関する著書多数。

2022 年度

埼玉大学教育学部附属中学校

※本年度の試験時間・満点は非公表です。

【算　数】

1　次の各問いに答えなさい。

問１　17×4.3－17×1.8＋33×2.5 を計算しなさい。

問２　**表１**の縦《たて》，横，ななめの３つの数の和がどれも等しくなるようにするとき，**ア**にあてはまる数を求めなさい。

表１

1.5	$\frac{1}{4}$	2
ア		1

問３　下の**図１**は，１辺２cm の正方形の中に円と正方形をかき加えていったものです。このとき，

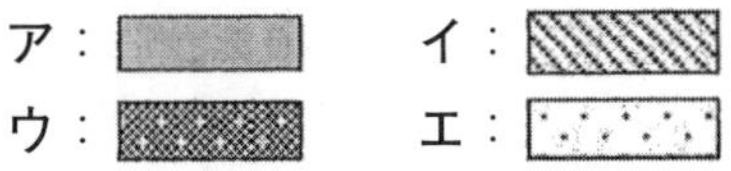

のうち，もっとも面積の大きい部分を記号で選び，その面積を求めなさい。ただし，円周率は3.14とします。

図１

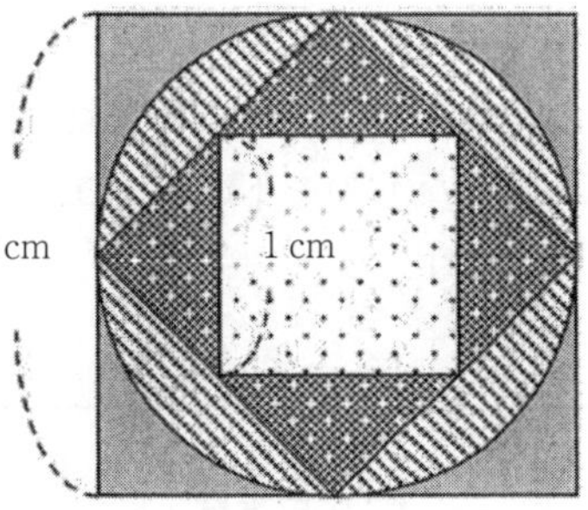

図２

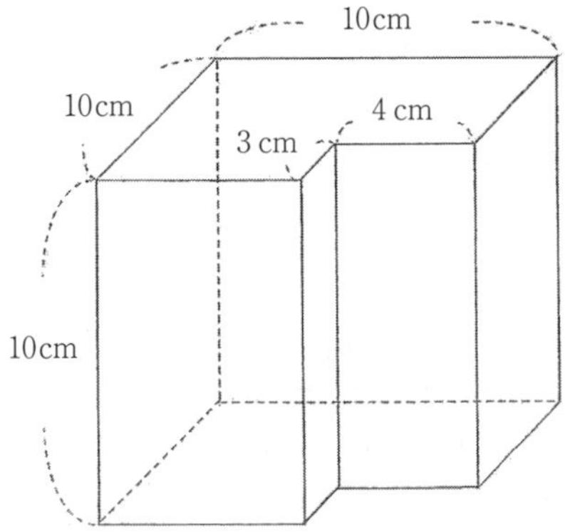

問４　上の**図２**の立体は，１辺が10cm の立方体から，縦《たて》３cm，横４cm，高さ10cm の直方体を切り取った形です。この立体を展開《てんかい》したときの，展開《てんかい》図《ず》の面積を求めなさい。

問５　Ａ市の人口を，上から３けたのがい数にすると140000人でした。このとき，Ａ市の人口として考えることができる人数は，何人以上何人未満であるか答えなさい。

問６　ゆうすけさんは春休みの期間に，毎日朝ごはんを作ることにしました。次の主食・副菜・汁物《しるもの》の中から１つずつ選んでできる組み合わせを考えています。

主食	ピザトースト	フレンチトースト	ジャムサンド
副菜	ハムエッグ	オムレツ	ほうれん草とベーコンの炒《いた》めもの
汁物《しるもの》	コーンスープ	野菜スープ	

このメニューの組み合わせについて家族と相談したところ，次のように言われました。

お父さん：フレンチトーストとオムレツの組み合わせはない方がいいな。
お母さん：主食がピザトーストの日は，ほうれん草とベーコンの炒《いた》めものや野菜スープを作ると大変だからやめた方がいいと思うよ。

これらの意見をもとにすると，このメニューの組み合わせは何通りあるか求めなさい。

2　**図1**のように上から1段目《だんめ》，2段目《だんめ》，3段目《だんめ》，…と正三角形の板を並《なら》べていきます。x段目《だんめ》にある板の枚数《まいすう》をy枚《まい》としてそれらの関係を調べ，次の**表1**のようにまとめました。このとき，下の**ア**～**エ**の中で正しいものに○を，正しくないものに×を書きなさい。

図1

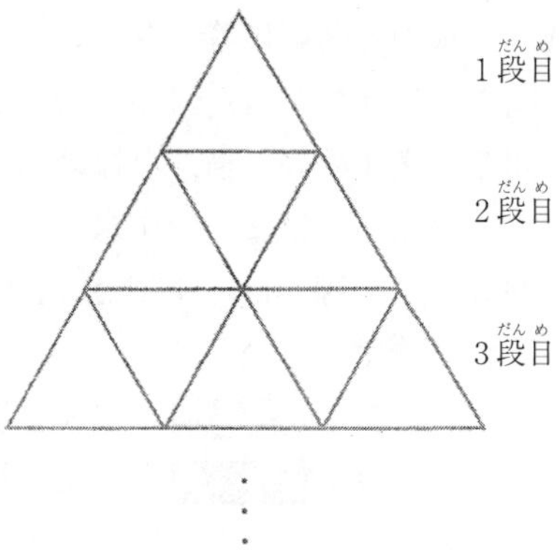

表1

段《だん》の数x　（段目《だんめ》）	1	2	3	4	5
板の枚数《まいすう》y　（枚《まい》）	1	3	5	7	9

ア　板の枚数《まいすう》yは，段《だん》の数xに比例している。
イ　x段目《だんめ》の板の枚数《まいすう》は常に奇数《きすう》になる。
ウ　xの値《あたい》が1ずつ増えると，yの値《あたい》は2ずつ増えていく。
エ　20段目《だんめ》にある板の枚数《まいすう》は41枚《まい》である。

3　正方形の折り紙を，**図1**のように3回折ったあと，**図2**の太線部分をはさみで切ります。このあと折り紙を開いたとき，どのような形になりますか。適切なものを下の**ア**～**エ**の中から1つ選び，記号を書きなさい。ただし，点線は折り目の線とします。

図1

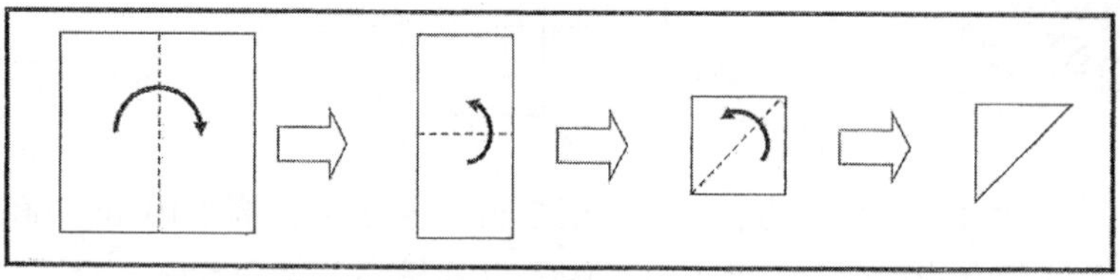

図2

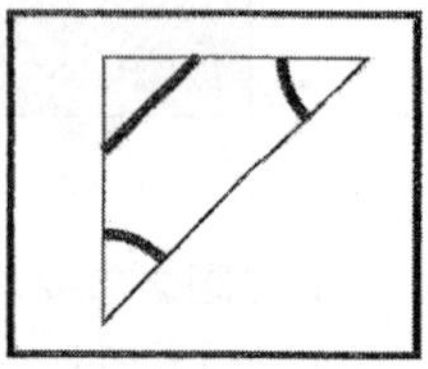

ア

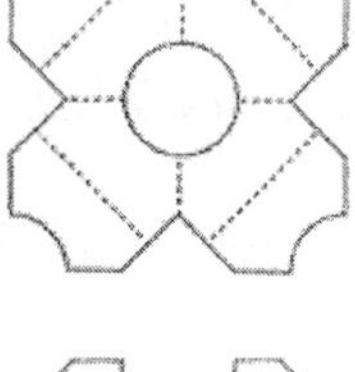

イ

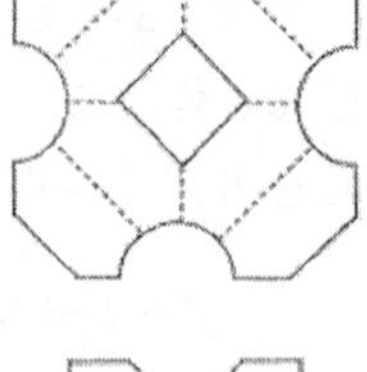

ウ

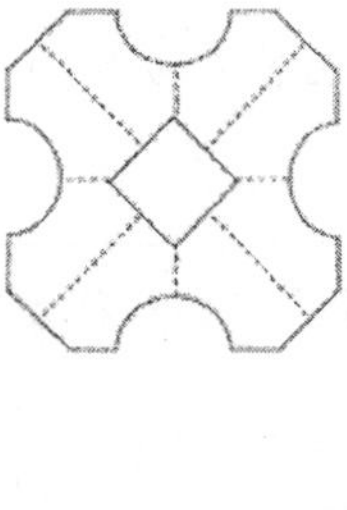

エ

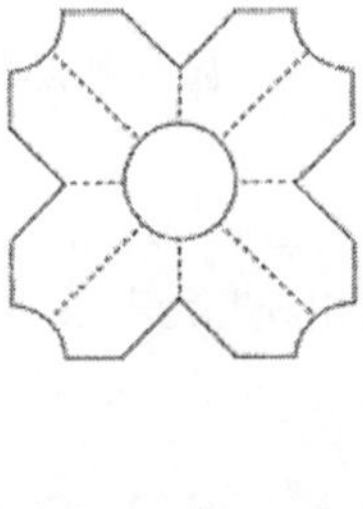

4　下のドットプロットは，みほさんが参加した学級のカルタ大会で，それぞれの児童がとったカルタの枚数《まいすう》の記録です。

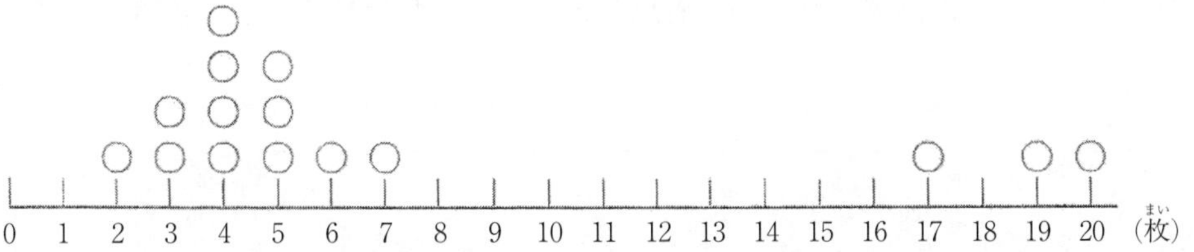

みほさんはカルタを7枚《まい》とりました。家に帰るとお父さんから「平均値《へいきんち》の7.2枚《まい》と比べると，学級の中ではカルタがとれなかった方だね。」と言われ，悔《くや》しい思いをしました。みほさんはお父さんの「カルタがとれなかった方」という意見に対して，とれた方だと主張するためにはどのように反論《はんろん》すればよいですか。平均値《へいきんち》が代表値《だいひょうち》としてふさわしくない理由を挙げ，平均《へいきん》値《ち》よりふさわしい代表値《だいひょうち》を用いて反論文《はんろんぶん》を書きなさい。

【社　会】

1　彩子《あやこ》さんは，2022年2月4日から始まる冬季オリンピック北京大会《ぺきんたいかい》をより楽しむために，**地図**中の冬季オリンピックが開催《かいさい》された国を着色しました。これを見て，下の各問いに答えなさい。

地図

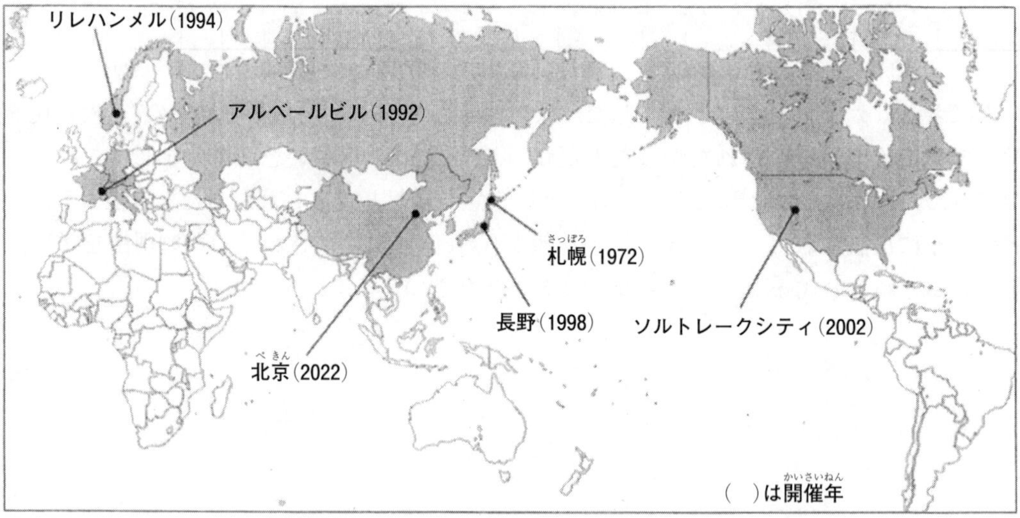

問1　冬季オリンピック北京大会《ぺきんたいかい》(2022)が開催《かいさい》される国がある大陸名を書きなさい。

問2　彩子《あやこ》さんは，ソルトレークシティ大会が行われたアメリカについて調べているうちに，情報通信技術に興味をもち，まとめました。下の**文**中の［X］にあてはまる語を書きなさい。

文

> 大量の情報を処理《しょり》し，人間のように考える機能を備え，人間に代わり知的な活動をコンピュータに行わせる技術やプログラムのことを［X］という。

問3　彩子《あやこ》さんは，リレハンメル大会が行われたノルウェーで養殖《ようしょく》がさかんに行われていることを知り，日本のうなぎ，かき，ほたて貝の養殖《ようしょく》について調べ，まとめました。うなぎ，かき，ほたて貝の養殖《ようしょく》は**日本地図**中の**A**～**C**のいずれかの都道府県で生産量第1位となっています。その組み合わせとして正しいものを，下の**ア**～**エ**の中から一つ選び，その記号を書きなさい。

日本地図

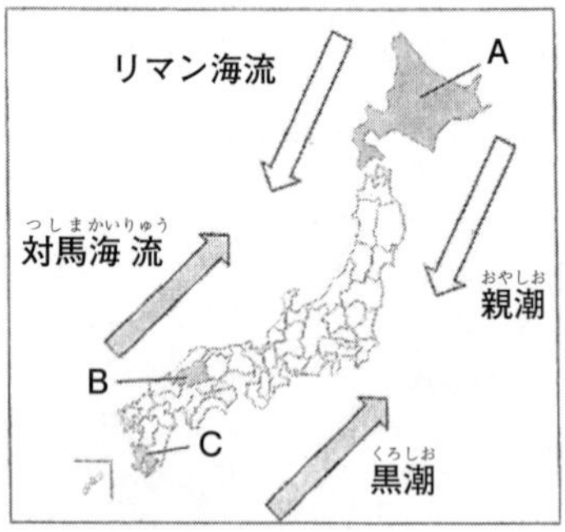

まとめ

うなぎ：暖流《だんりゅう》に乗ってきた稚魚《ちぎょ》をとり，育てている。
かき：波のおだやかな海でさかんに育てている。
ほたて貝：水温が上がりすぎない海でさかんに育てている。

ア　うなぎ―**B**　かき―**C**　ほたて貝―**A**
イ　うなぎ―**C**　かき―**B**　ほたて貝―**A**
ウ　うなぎ―**C**　かき―**A**　ほたて貝―**B**
エ　うなぎ―**A**　かき―**C**　ほたて貝―**B**

（日本国勢図会《にほんこくせいずえ》 2021年から作成）

問4　冬季オリンピックの開催地《かいさいち》となった札幌市《さっぽろし》の気温と降水量《こうすいりょう》を示したものを，下の**ア**～**エ**の中から一つ選び，その記号を書きなさい。

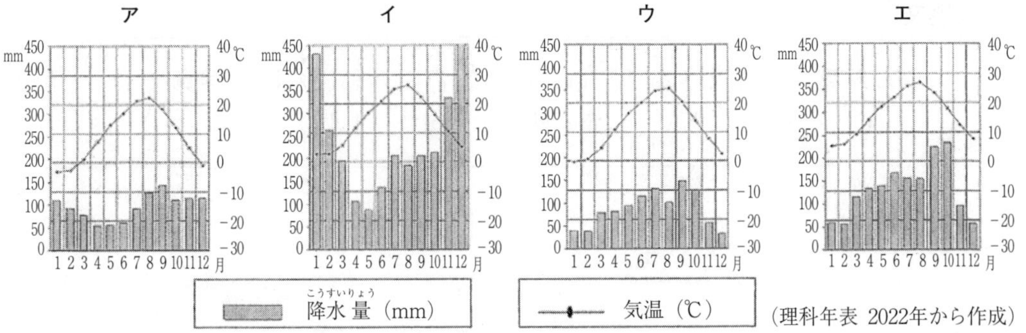

（理科年表 2022年から作成）

問5　長野市や札幌市《さっぽろし》では，石油などを燃料とした暖房器具《だんぼうきぐ》が多く使用されています。彩子《あやこ》さんは，日本の石油製品消費量の移りかわりについて油種別に調べ，以下の**資料**にまとめました。**資料**から読み取れる内容として正しいものを，下の**ア**～**エ**の中から一つ選び，その記号を書きなさい。

資料　石油製品消費量（単位：千 kL）

	ガソリン	灯油	重油
2000	58,201	29,876	61,283
2010	58,379	20,248	32,731
2016	52,849	16,343	25,794
2017	51,904	16,666	22,174
2018	50,999	15,358	21,393
2019	49,651	14,355	18,365

2016年にフランスで協定が結ばれ，日本のエネルギー削減目標《さくげんもくひょう》が定められました。

（日本国勢図会《にほんこくせいずえ》 2021年から作成）

ア　2000年に最も石油製品消費量が多い油種は，ガソリンである。
イ　どの油種も2000年に石油製品消費量が最も多くなっている。
ウ　2000年と2019年の石油製品消費量を比較《ひかく》すると，全ての油種が半分以下になっている。
エ　2016年と2019年の石油製品消費量を比較《ひかく》すると，全ての油種が減少している。

問6　アルベールビル大会が行われたフランスでは，川が多く水害が問題になっています。彩子《あやこ》さんは，埼玉県でも川が多いことから，埼玉県の水害対策《すいがいたいさく》を，以下の**写真**と**地図**を用いてまとめました。**写真**と**地図**から読み取れることをもとに，**説明文**中の Y にあてはまる文を書きなさい。

写真

地図

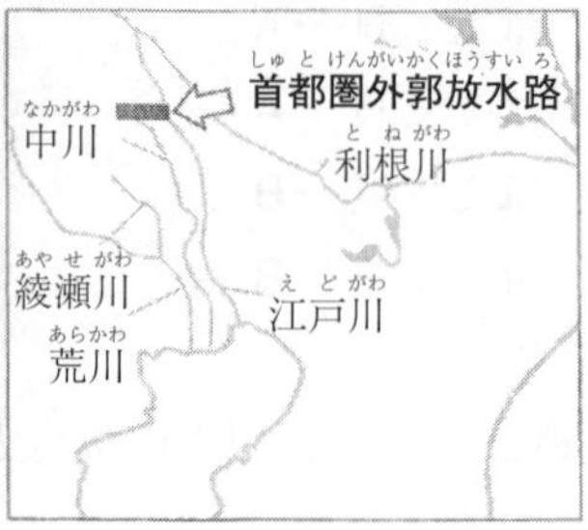

説明文

この**写真**は，埼玉県春日部市《かすかべし》にある首都圏外郭放水路《しゅとけんがいかくほうすいろ》の**写真**です。大雨の時，　Y　することで，水害を防ぐことができます。

2　彩子《あやこ》さんは，これまでの日本の政治に関わるおもなできごとについて調べ，**年表**にまとめました。**年表**をもとに下の各問いに答えなさい。

年表

時代	年	政治に関わるおもなできごと	資料やまとめ
弥生《やよい》		卑弥呼《ひみこ》が使いを中国に送る	
古墳《こふん》／飛鳥《あすか》		①聖徳太子《しょうとくたいし》が十七条の憲法《けんぽう》を制定する	十七条の憲法《けんぽう》 第１条　人の和を大切にしなさい 第２条　仏教をあつく信仰《しんこう》しなさい 第３条　［　A　］の命令には，必ず従《したが》い守りなさい **まとめⅠ**　①聖徳太子《しょうとくたいし》の政治 ［　A　］中心の国づくりを目指し，豪族《ごうぞく》などの争いを治めようとした。
奈良《なら》	743	聖武天皇《しょうむてんのう》が大仏を造る命令を出す	
平安《へいあん》	794	都が②平安京に移される	
		藤原道長《ふじわらのみちなが》が大きな権力《けんりょく》を持つ	
		平清盛《たいらのきよもり》が太政大臣《だいじょうだいじん》になる	
鎌倉《かまくら》	1192	③源　頼朝《みなもとのよりとも》が征夷大将軍《せいいたいしょうぐん》になる	③源　頼朝《みなもとのよりとも》が開いた幕府《ばくふ》のしくみ 幕府《ばくふ》（将軍《しょうぐん》） ↓ご恩《おん》　↑奉公《ほうこう》 御家人《ごけにん》（武士） **まとめⅡ**　③源　頼朝《みなもとのよりとも》が開いた幕府《ばくふ》 ・御家人《ごけにん》は幕府《ばくふ》のために，戦《いくさ》で活躍《かつやく》したり，都や幕府《ばくふ》の警備《けいび》をしたりした。 ・幕府《ばくふ》は御家人《ごけにん》が［　B　］ことを認《みと》めた。
室町《むろまち》		足利氏《あしかがし》が室町幕府《むろまちばくふ》を開く	
安土《あづち》桃山《ももやま》		室町幕府《むろまちばくふ》がほろびる	
江戸《えど》	1603	徳川家康《とくがわいえやす》が④幕府《ばくふ》を開く	
	1867	徳川慶喜《とくがわよしのぶ》が政権《せいけん》を朝廷《ちょうてい》に返す	
明治《めいじ》		⑤伊藤博文《いとうひろぶみ》が内閣総理大臣《ないかくそうりだいじん》になる	C
大正《たいしょう》			
昭和《しょうわ》			
	1945	国際連合がつくられる	
		↕ D	
	1956	国際連合への加盟《かめい》が認《みと》められる	

※年表の長さと各時代の長さは関係していません。

問１　彩子《あやこ》さんは下線部①の人物が政治を行っていた頃《ころ》について，**年表**中に**まとめⅠ**として表しました。**年表**中の十七条の憲法《けんぽう》の文中と**まとめⅠ**中の［　A　］にあてはまる語を書きなさい。

問2　彩子《あやこ》さんは各時代の政治が行われた場所を**地図**に表しました。下線部②・④の位置として正しい組み合わせを，下の**ア**～**エ**の中から一つ選び，その記号を書きなさい。

ア　②―X　④―Z　　**イ**　②―X　④―Y
ウ　②―Z　④―Y　　**エ**　②―Z　④―X

地図

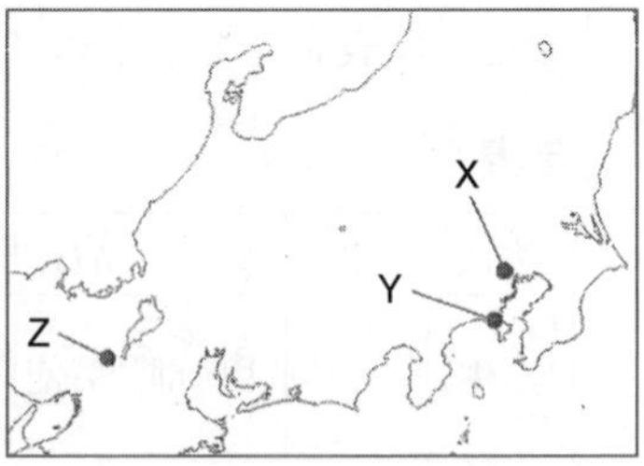

問3　彩子《あやこ》さんは下線部③の人物が開いた幕府《ばくふ》と御家人《ごけにん》の関係を**年表**中に**まとめⅡ**として表しました。**年表**中の**まとめⅡ**の［B］にあてはまる文を書きなさい。

問4　彩子《あやこ》さんは**年表**中**C**の部分に下線部⑤の時代のイラストを描《えが》きました。そのイラストとして適切なものを，下の**ア**～**エ**の中から一つ選び，その記号を書きなさい。

ア

イ

ウ

エ

問5　**年表**中**D**の期間に起きたこととして正しいものを，下の**ア**～**エ**の中から一つ選び，その記号を書きなさい。

ア　東京でオリンピック・パラリンピックが行われる
イ　日本国憲法《にほんこくけんぽう》が施行《しこう》される
ウ　25才以上のすべての男子に選挙権《せんきょけん》が与《あた》えられる
エ　国民全体を総動員する法が定められる

3　彩子《あやこ》さんは内閣総理大臣《ないかくそうりだいじん》が新しく変わったことをニュースで見て，さまざまな疑問《ぎもん》をもちました。**彩子《あやこ》さんの疑問《ぎもん》**を読んで，あとの各問いに答えなさい。

彩子《あやこ》さんの疑問《ぎもん》

疑問《ぎもん》1　総理大臣はどのようにして決めるのだろう。
疑問《ぎもん》2　内閣《ないかく》にはどのような仕事があるのだろう。
疑問《ぎもん》3　内閣《ないかく》はどのようにして仕事を進めているのだろう。

問1　**疑問《ぎもん》1**について調べていくと，総理大臣は衆議院《しゅうぎいん》と参議院でそれぞれ指名されていることがわかりました。下の**文**の［X］にあてはまる文を書きなさい。

文　国の方針《ほうしん》を決める重要な仕事なので，二つの議院で話し合いを行い，決定をより［　　X　　］ためである。

問2　**疑問《ぎもん》2**について調べていくと，内閣《ないかく》は省庁《しょうちょう》で仕事を分担《ぶんたん》して行っていることがわかりました。下の**文**の説明にあてはまる省庁《しょうちょう》をあとの**ア**～**エ**の中から一つ選び，その記号を書きなさい。

文　病気の予防など国民の健康や，安全に働ける環境《かんきょう》づくりなど労働に関する仕事を行う。

ア　厚生労働省《こうせいろうどうしょう》　　**イ**　文部科学省　　**ウ**　農林水産省　　**エ**　環境省《かんきょうしょう》

問3　**疑問《ぎもん》3**について調べていくと，内閣《ないかく》では総理大臣と国務大臣たちが政治の進め方を会議で相談し，話し合っていることがわかりました。その会議を何というか，**漢字二字**で書きなさい。

問4　**疑問《ぎもん》3**についてさらに調べていくと，内閣《ないかく》は国会で決められた予算にもとづいて仕事を行っていることがわかりました。下の**彩子《あやこ》さんのまとめ**を読んで，［A］，［B］にあてはまる語の組み合わせとして正しいものをあとの**ア**～**エ**の中から一つ選び，その記号を書きなさい。

彩子《あやこ》さんのまとめ

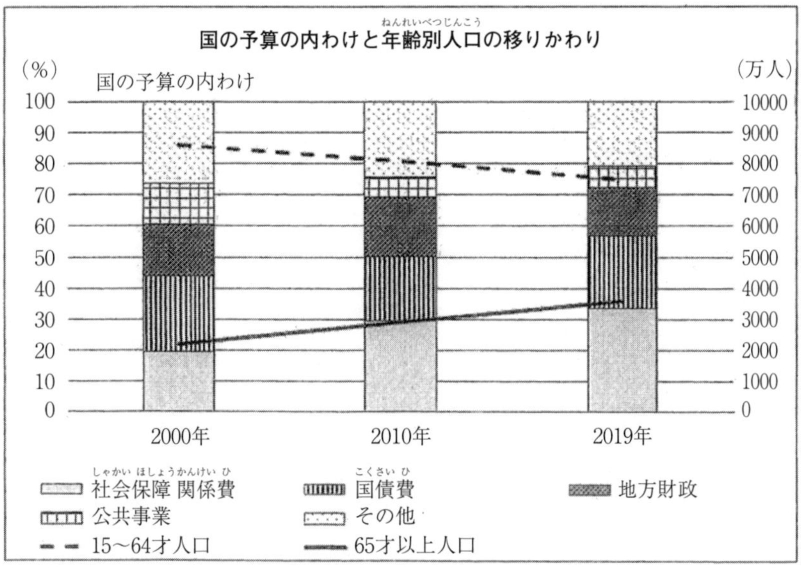

［　　A　　］人口は年々増加しています。また，国会で決められた予算の［　　B　　］の割《わり》合《あい》も年々増加しています。このことから，内閣《ないかく》は社会の課題を解決したり，わたしたちの願いを実現したりするため，決められた予算をもとに政治を進めていることがわかりました。

	A	B
ア	15～64才	社会《しゃかい》保障《ほしょう》 関係《かんけい》費《ひ》
イ	15～64才	地方財政
ウ	65才以上	社会《しゃかい》保障《ほしょう》 関係《かんけい》費《ひ》
エ	65才以上	地方財政

【理　科】

1　たろうさんはヘチマの実や種ができるしくみについて疑問《ぎもん》をもち，次のように**【課題】**と**【予想】**を立てました。その**【予想】**をもとに**【方法】**を考え，実験を行いました。これについて，下の各問いに答えなさい。なお，ヘチマはツルレイシなどと同じ，め花とお花をさかせる植物の仲間です。

【課題】　ヘチマの実や種ができる条件は，何だろうか。

【予想】　A花粉がめしべにつくことが必要だと思う。なぜなら，これまでに育てた他の植物は，花がさいた後に実や種ができていたからだ。また，Bさいているヘチマの花のめしべの先には，ほとんどの場合に花粉がついていたからだ。

図1

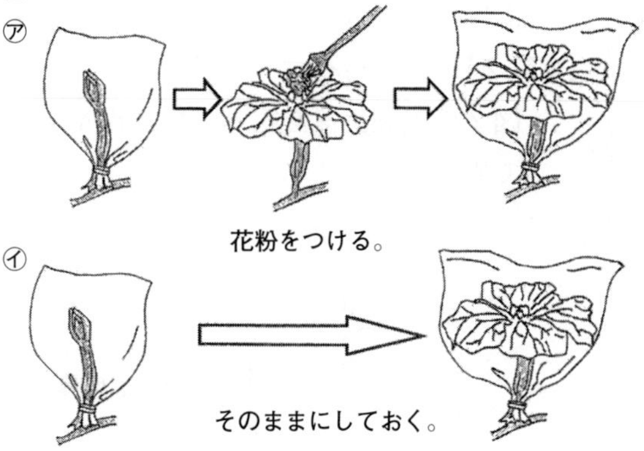

【方法】　変える条件を「花粉をつけるかつけないか」として，次の手順(1)～(3)で実験を行い，ヘチマに実や種ができる条件を調べた。

(1)　ヘチマのめ花のつぼみを二つ選んで，**図1**のようにふくろをかぶせた。

(2)　花がさいたら，一方の花はめしべの先に花粉をつけて再びふくろをかぶせ(㋐)，もう一方の花はふくろをかぶせたままにした(㋑)。

(3)　㋐㋑に，実や種ができるかどうかを調べて記録した。

問1　**【予想】**の下線部**A**を何といいますか。漢字で書きなさい。

問2　**【予想】**の下線部**B**について，自然かん境では，植物の花粉は主にどのようにしてめしべの先に運ばれますか。簡単《かんたん》に書きなさい。

問3　**【方法】**の(1)で，花がさく前のつぼみにふくろをかぶせたのはなぜですか。その理由を簡単《かんたん》に書きなさい。

問4　**【方法】**の(3)について，次の①と②に答えなさい。

①　この後㋐，㋑のどちらの花に実ができると考えられますか。その記号を書きなさい。

②　花のどの部分が実になると考えられますか。解答らんにある**図2**のめ花の成長して実になる部分を，黒くぬりつぶしなさい。

図2

2 水を熱したり，冷やしたりする実験を行いました。これについて，下の各問いに答えなさい。

【実験１】 水を熱する

図１の実験装置《じっけんそうち》を組み立て，熱しているときの水の様子と温度を調べた。

【結果１】

48℃のときにビーカーの底に小さなあわができて，だんだんと水面に上がっていった。

98℃のときには水の中からあわがさかんに出てくるようになった。アルミはくと，ぼう温度計のすき間の少し上に湯気が見えた。

【実験２】 水を冷やす

図２の実験装置《じっけんそうち》を組み立て，冷やしているときの水の様子と温度を調べ，折れ線グラフで表した。

図１

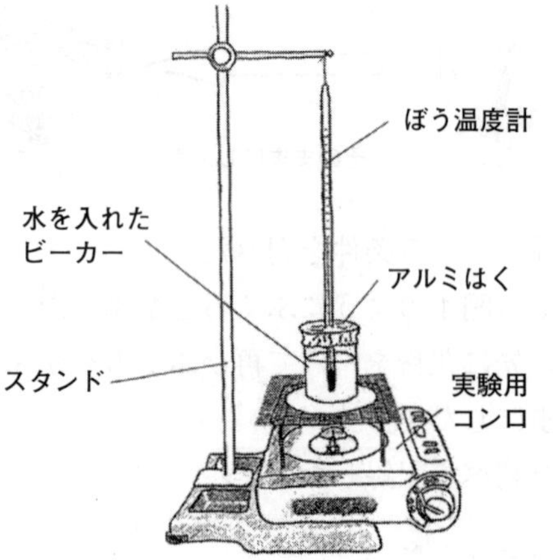

図２

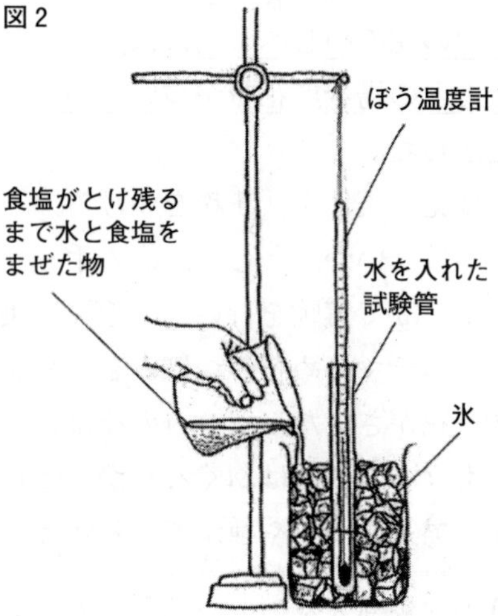

【結果２】

温度変化は下記のグラフの通りになった。

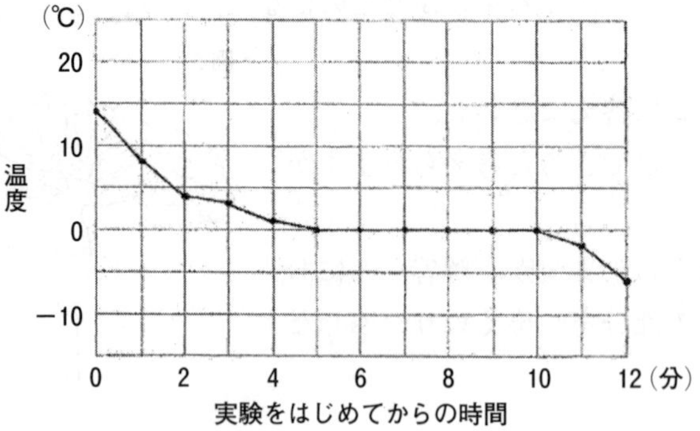

問１ **【実験１】**で熱した水が急にあわ立ち，ふき出すことを防ぐために入れておくものは何ですか。その名前を書きなさい。

問２ **【実験１】**で水の中から出てきたあわは何ですか。その名前を書きなさい。

問3　**【実験2】**で実験をはじめてから2分後，8分後の試験管の中の水のすがたの組み合わせとして，最も適切なものを右の**ア**～**オ**の中から一つ選び，その記号を書きなさい。

	2分後	8分後
ア	液体	固体
イ	液体	液体と固体
ウ	液体	液体
エ	液体と固体	固体
オ	液体と固体	液体と固体

問4　**【実験2】**で試験管の中の水がすべて氷になったときの，氷の最上部の高さを解答らんの図に線で書き入れなさい。ただし，解答らんの図の中の印は実験のはじめのときの水面の位置を表しています。

3　太陽と月の特ちょうと見え方について調べるために，12月のさいたま市内のある場所で次のような**【観察】**を行いました。これについて，下の各問いに答えなさい。

【観察】

(1)　**図1**のように，ある時刻《じこく》の月の見える方位を調べようとして，地面と水平に広げた手の平に方位磁針《ほういじしん》を置いた。このとき，月は矢印の方向にあった。その後，方位磁針《ほういじしん》の方位を正しく合わせて月の見える方位を調べた。

図1

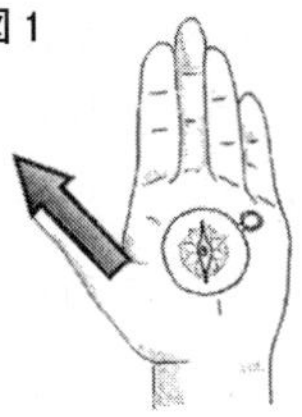

図2

(2)　12月25日と27日の同じ時刻《じこく》(午前9時)に見える太陽と月の位置(方位・高さ)やそのときの月の形について方位磁針《ほういじしん》と，しゃ光板を用いて調べた。

(3)　**図2**のように，暗くした部屋の中で右手にボールを持ち，電灯の光を横から当てた。ボールを正面で持ったまま，その場で回って向きを変え，光が当たっている部分の形が12月25日と27日の月と同じ見え方をする位置を確かめた。

【結果】

図3のように，同じ時刻《じこく》の太陽の位置はほぼ変わらなかった。月の位置は日によって変わり，月の形も変わって見えた。また，**図2**の位置関係にあるとき，ボールに光が当たっている部分の形が，12月27日に見えた月の形と同じになった。

図3

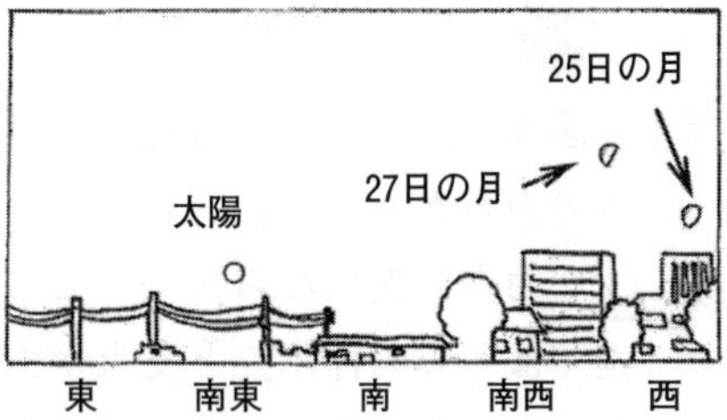

問1　右の**図4**は，**図1**の方位磁針《ほういじしん》を拡大《かくだい》したものです。**【観察】**の(1)の下線部にあるように，この方位磁針《ほういじしん》の方位を正しく合わせたとき，矢印の向きに見える月の方位は次の**ア**～**エ**のどれになりますか。最も適切なものを一つ選び，その記号を書きなさい。なお，この方位磁針《ほういじしん》は針《はり》に黒くぬられている部分が北をさしています。

図4

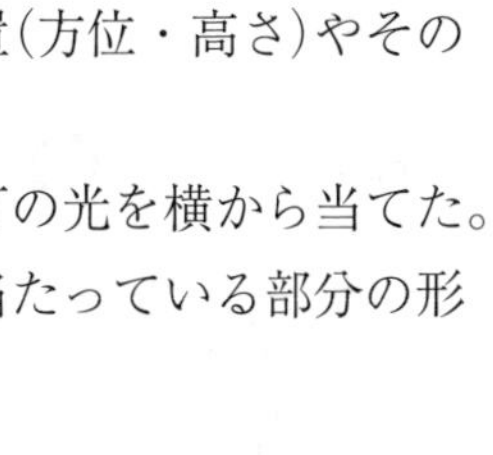

ア　東　　**イ**　南東　　**ウ**　南西　　**エ**　西

問２　**【観察】**の(3)では，電灯の光は何に見立てたものですか。その名前を書きなさい。

問３　**【観察】**の(3)では，12月25日の同じ時刻《じこく》(午前９時)での月の見え方を調べるには，観察している人が**図２**の位置からどのように動けばよいですか。その方法を「電灯」と「ボール」という言葉を用いて，簡単《かんたん》に書きなさい。

問４　この**【観察】**から２週間後の１月10日のある時刻《じこく》に空を見たとき，**図５**の位置に月がありました。このような月が見られたのは，午前と午後のどちらですか。適切な方を選ぶとともに，そのように選んだ理由を簡単《かんたん》に書きなさい。

図５

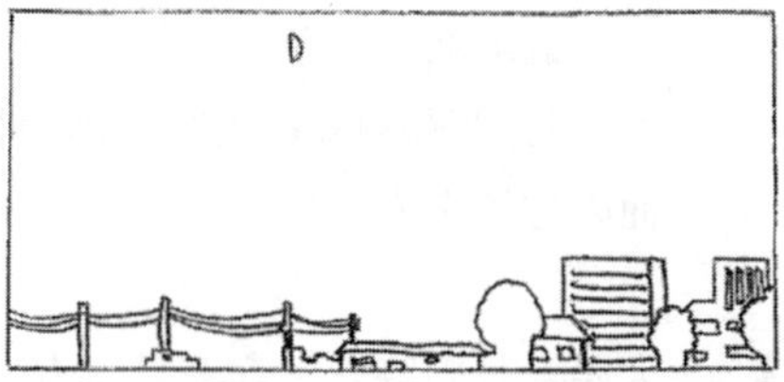

4

図１のような洗《せん》たくハンガーを使って，洗《せん》たく物をほしました。洗《せん》たくハンガーには，中心から５cm はなれた位置ごとに洗《せん》たくばさみが８個ついています。これらの洗《せん》たくばさみを区別するために，それぞれに①～⑧の番号がついています。この洗《せん》たくハンガーは，**図２**のようにロープにかけてタオルを①の洗《せん》たくばさみにはさむと，左にかたむきます。また，形と重さが同じ２枚《まい》のタオルを①と⑧の洗《せん》たくばさみにはさむと，**図３**のように水平になります。これについて，下の各問いに答えなさい。

図１

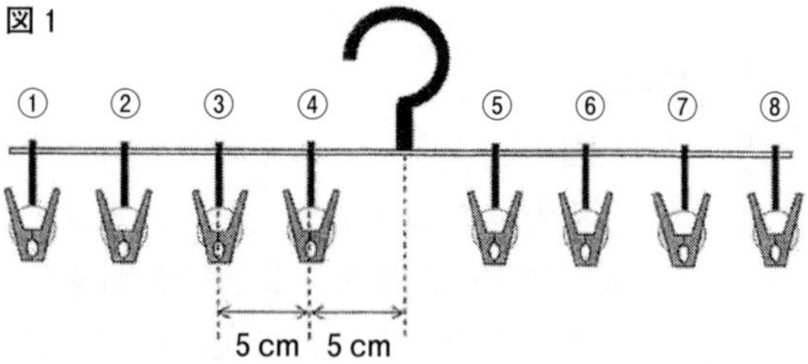

図２

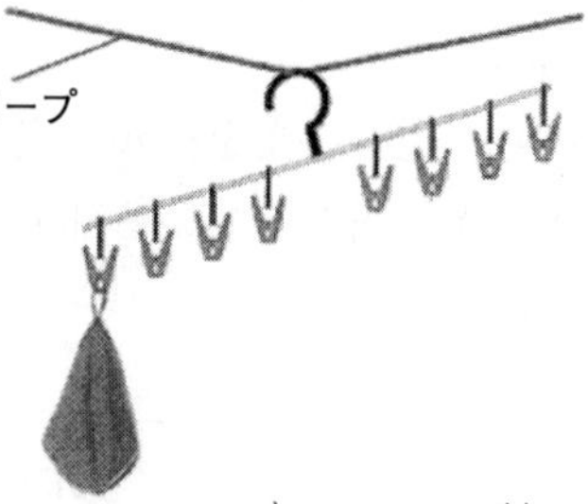

図３

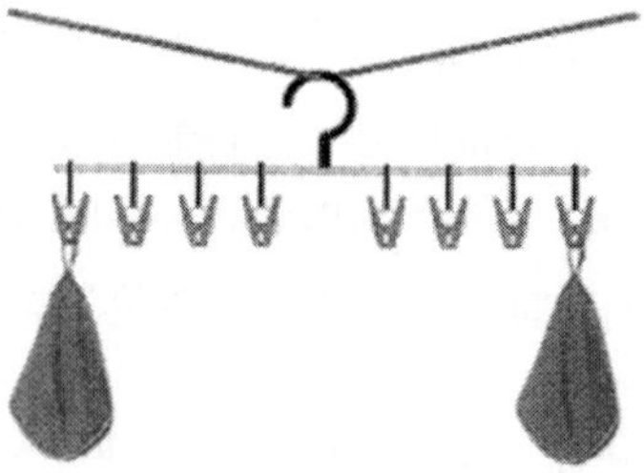

問１　**図４**は，閉《と》じている洗《せん》たくばさみの力点がある位置を示しています。力点の例にならって，この洗《せん》たくばさみの作用点と支点がある位置をそれぞれ一つずつ解答らんの図に書き入れなさい。

図４

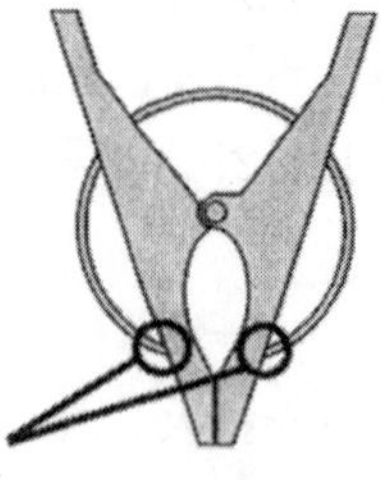

図５

問２　**図５**のように，⑥の洗《せん》たくばさみにぬいぐるみをはさむと，洗《せん》たくハンガーが水平になりました。
タオルの重さが100gであるとき，ぬいぐるみの重さとして最も適切なものを次の**ア**～**エ**の中から一つ選び，その記号を書きなさい。

ア　50g　　**イ**　100g
ウ　200g　　**エ**　400g

問3　この洗《せん》たくハンガーを使って，3枚《まい》のタオルを洗《せん》たくばさみにはさんでほすとき，洗《せん》たくハンガーが水平になるはさみ方の組み合わせは全部で何通りありますか。その数を書きなさい。ただし，洗《せん》たくばさみ1個につき1枚《まい》のタオルをはさむものとし，タオルの重さや形はすべて同じものとします。

① 二月の半ばに集会を行う。
② おすすめの料理を店員に聞く。
③ 弟には野球の素質がある。
④ 子犬の名付けを姉にユダねる。
⑤ セイセキをのばすために努力する。
⑥ 兄のかみの毛はミジカイ。

書きなさい。

(3)　②リサイクルできる品物や素材にどんなものがあるかを調べてみましょうを受けて、田中さんは「リサイクル率」を調べて下のような【表】にまとめました。この【表】からわかったことをもとにして、リサイクルについてのあなたの意見を次の〔きまり〕にしたがって書きなさい。

〔きまり〕

・【表】から一つ以上の品目を取り上げて書くこと。

・二つの文で書くこと。

【表】

リサイクルできる品目とリサイクル率

品目	リサイクル率
ダンボール	96.1%
ガラスびん	69.2%
食品トレー	46.3%
紙パック	43.4%

問2　次の慣用句と使う場面の組み合わせとして、適切なものをあとのア～エの中から一つ選び、その記号を書きなさい。

① 竹を割《わ》ったよう
② 馬が合う
③ 頭をひねる

A　考えをめぐらせて、試合に勝つための作戦を立てているとき
B　さっぱりとして、曲がったところがない性格を例えていうとき
C　初めて会った人と趣味《しゅみ》が同じで会話がはずんだとき

ア　①—A　②—C　③—B
イ　①—B　②—A　③—C
ウ　①—B　②—C　③—A
エ　①—C　②—A　③—B

問3　社会科見学でお世話になった方にはがきを出すことになりました。自分の住所を書くべき場所を次の**ア**～**エ**の中から一つ選び、その記号を書きなさい。

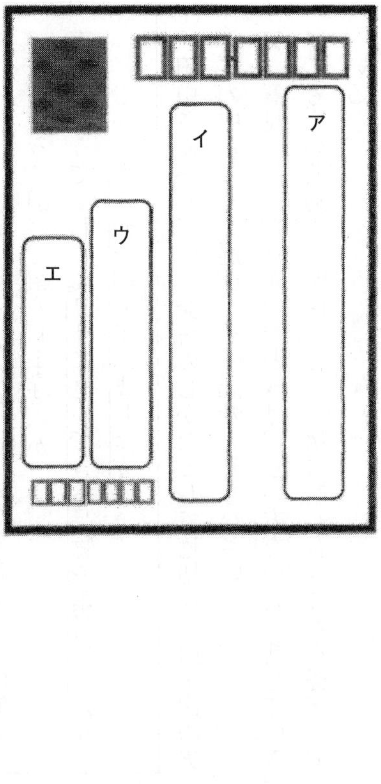

問4　次の文の～～線部の言葉の主語となっている言葉を——線部**ア**～**オ**の中から一つ選び、その記号を書きなさい。

ア大きな　**イ**遊園地には　**ウ**週末に　なると　**エ**家族連れが　**オ**たくさん　訪《おとず》れる。

問5　次に示した**ア**～**オ**の熟語《じゅくご》のうち、構成が他と異《こと》なるものを一つ選び、その記号を書きなさい。

ア　草原　**イ**　集合　**ウ**　森林
エ　平等　**オ**　絵画

問6　次の①～⑤の——線部の漢字には読みがなを書き、カナは漢字で書きなさい。また、⑥の＝＝線部は、送りがなもふくめて書きなさい。

二 次の各問いに答えなさい。

問1 田中さんは、総合的な学習の時間で「より良い生活を送るために私達《わたしたち》ができること」について班《はん》で話し合って発表することになりました。次は、田中さんの班《はん》で発表のテーマを決めているときの【話し合い】の一部です。これを読んで、あとの問いに答えなさい。

【話し合い】

田中　何か意見がある人はいますか。

青山　ごみの分別について紹介《しょうかい》するのはどうですか。私《わたし》は、よく分別に迷うことがあります。食品や文房具《ぶんぼうぐ》などの身近だけれど間違《まちが》えやすいものについて、正しい分別方法を伝えると良いかもしれません。

竹内　不法投棄《とうき》など、ごみにまつわる問題がニュースでも話題になっていたので、青山さんの意見はとても良いと思います。ただ、自治体のホームページにわかりやすく書かれているので、分別方法だけでなく、ごみの削減《さくげん》についても注目してはどうでしょうか。

田中　私《わたし》も分別に迷ったときはインターネットで調べています。いままでの意見から、ごみ問題について取り上げることは決定で良いですね。では、具体的に紹介《しょうかい》する内容を決めましょう。

青山　はい。竹内さんの意見を聞いて思い出したのですが、日本のペットボトルのリサイクル率は八割《わり》を超《こ》えているそうです。その一方でリサイクルされていないものもあります。①この【グラフ】を見てください。[A]。

【グラフ】

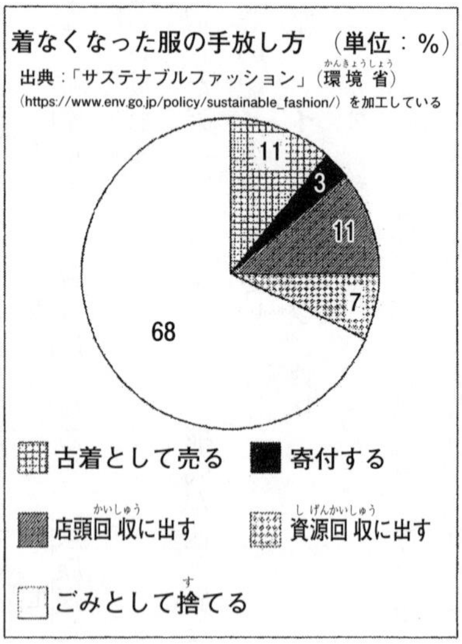

竹内　驚《おどろ》きました。これは紹介《しょうかい》する価値《かち》がありますね。

田中　では、ごみの削減《さくげん》のために私達《わたしたち》ができることは何でしょう。調べて紹介《しょうかい》しませんか。

青山　そうですね。②リサイクルできる品物や素材にどんなものがあるかを調べてみましょう。

(1) 田中さんがしている発言のしかたとして適切なものを次の**ア**～**エ**の中から一つ選び、その記号を書きなさい。

ア 意見が伝わらなかったときは、言い方を変えて話している。

イ 考えの共通点を明確にして、次に話し合うことを提案している。

ウ 自分の意見の説得力を高めるために、データを示している。

エ 対立した意見が出たときに、相手に意見の理由を尋《たず》ねている。

(2) ①この【グラフ】とありますが、青山さんが【グラフ】で伝えたかったことを、[A] に当てはまるように実際に話す言葉で硬貨《こうか》や紙幣《しへい》はその金額が大事なのですから、他の硬貨《こうか》や紙幣《しへい》と区別でき額面が確認《かくにん》できればいいのであって、その細かいつくりやデザインまで気にすることは通常の生活の中ではまずありません。

ミシンを使うのにその縫《ぬ》うメカニズムはまず考慮《こうりょ》されないでしょう。布をカットするのに構造や工夫《くふう》を気にすることなくハサミを使うでしょう。右利《みぎき》き用の「通常のハサミ」を左手で使うとうまくカットできませんが、なぜそうなのか気にすることなく使っています。頭の中の地図が相当にいい加減でも、日常生活の中で取り立てて問題になるほど違《ちが》っていなければいいのです。交差点は直角と意識されやすいですし、緩《ゆる》やかなカーブは無視《むし》されるのが普通《ふつう》です。目的地にたどり着ける程度のラフさで十分なのです。

われわれは日常生活で問題を次々とスムーズに解決したいわけで、その志向の中で知識は問題を起こさない限り、問い直されることなく使われます。⑤「知ってるつもり」になりやすいのはこういう理由からなのです。

問1　①そもそも気にもしていない　とありますが、ここでは何を気にもしていないのですか。本文中から**十字**で書きぬきなさい。

問2　②ミシンの基本的な構造　について説明したものとして適切なものを、次の**ア**～**エ**の中から一つ選び、その記号を書きなさい。

ア　上糸が上下左右に動くことで、布から抜《ぬ》けるのを防いでいる。

イ　上糸だけでなく、他の一般的《いっぱんてき》な縫《ぬ》い物《もの》と同じく下糸がある。

ウ　上糸は針《はり》が戻《もど》っても、布の下で引っ掛《か》かることなくループを作る。

エ　上糸のループに、ボビンをくぐらせることで下糸を通している。

問3　③ビックリする　とありますが、どのようなことにビックリしたのですか。「地図」という言葉を使って、解答らんの「～こと」に続く形で、**十五字以上二十五字以内**で書きなさい。

問4　［　　］の段落《だんらく》が文章全体で果たしている役割《やくわり》として適切なものを、次の**ア**～**エ**の中から一つ選び、その記号を書きなさい。

ア　前の段落《だんらく》と同様に、筆者の意見を補足《ほそく》する具体例を提示する役割《やくわり》。

イ　前の段落《だんらく》を受けて、筆者の意見に導くための問いかけを示す役割《やくわり》。

ウ　これまでの内容を踏《ふ》まえて、筆者の実際にあった体験を記す役割《やくわり》。

エ　これまでの内容から転じて、筆者の反論《はんろん》をはっきりと述べる役割《やくわり》。

問5　④知識の点検　とありますが、その具体例として適切なものを、次の**ア**～**エ**の中から一つ選び、その記号を書きなさい。

ア　ミシンを使うときに縫《ぬ》うためのメカニズムを考えること。

イ　右利《みぎき》き用のハサミを左手でも使えるように使い方を工夫《くふう》すること。

ウ　紙幣《しへい》を使う際に、他の紙幣《しへい》との額面の違《ちが》いを確かめること。

エ　目的地にたどり着けるように頭の中で地図を描《えが》くこと。

問6　⑤「知ってるつもり」になりやすいのはこういう理由から　とありますが、「知ってるつもり」になりやすいのはなぜですか。「知り方」、「道具」という言葉を使って、次の空らんに合うように**三十字以上四十五字以内**で書きなさい。

私達《わたしたち》の日常の行動は問題解決の連続であり、［　　　　］から。

2022年度
埼玉大学教育学部附属中学校

【国語】

一　次の文章は、西林克彦《にしばやしかつひこ》著《ちょ》『知ってるつもり「問題発見力」を高める「知識システム」の作り方』の一節です。よく読んで、あとの問いに答えなさい。

われわれの知識は、ほとんどが「知ってるつもり」です。認知《にんち》心理学や認知《にんち》科学の領域《りょういき》で硬貨《こうか》や紙幣《しへい》のデザインを描《えが》いてもらうといった課題があります。日常よく目にし、使い慣れたものなのですが、特別に興味のある人は別にして、驚《おどろ》くほど不正確ですし、①そもそも気にもしていないのが普通《ふつう》です。

また、ミシンを使っていろいろな作品を作れるからといって、その人が②ミシンの基本的な構造を理解していることはまずありません。上糸の針《はり》は上下しているだけですから、何かの工夫《くふう》がなければ上糸は布から抜《ぬ》けてしまうはずです。ミシンには、普通《ふつう》の縫《ぬ》い物《もの》には存在《そんざい》しない下糸があります。布の下まで持っていかれた上糸は、針《はり》が戻《もど》っても布の下でカムに引《ひ》っ掛《か》けられてループを作っています。この上糸のループにボビンをくぐらせ下糸を通しているのです。この下糸のおかげで上糸は抜《ぬ》けないのです。ミシンはこんな複雑な仕組みになっているのです。

われわれの頭の中にある「地図」も相当いい加減です。以前勤《つと》めていた大学で研究室から食堂までの略図を大学生によく描《えが》いてもらったのですが、かなり斜《なな》めに交わっている道路は直角になりますし、食堂とその交差場所との間にあるゆがんだ五角形の噴水《ふんすい》池も、道路の直角に合わせて、きれいな長方形に描《えが》かれるのが常でした。そして、交差が直角でなく池が五角形であることを知ると③ビックリするのでした。

このようにわれわれの知り方は相当にいい加減です。いい加減なのですが、われわれはそれらのことを「知ってるつもり」でいます。

よくわかっていないにもかかわらず、なぜこのように「知ってるつもり」でいるのでしょうか。それに対する答えは比較的簡単《ひかくてきかんたん》かと思います。われわれの日常が問題の連続で、われわれはその解決を志向しているからなのです。

問題とか解決というと大げさに聞こえますが、日常の行動は問題解決の連続です。どこかで何時かに待ち合わせの約束をすれば、交通機関は何を使うか、所要時間を見積もって何時に家を出なければならないかといった問題を解決しなければなりません。食堂へ行きたいと思えば経路を選択《せんたく》しなければなりません。そして、昼食に何を食べるかも財布《さいふ》や体調と相談しながら決定しなければなりません。ミシンで作品を作製するとなれば、それに合わせた布や、各種の色の糸を用意しなければならないでしょうし、カットのための型紙を用意しなければならないかもしれません。

このような行動のすべてが問題解決です。次々と問題を解決しながら生活をしているわけですから、それがスムーズに行われるためには、解決の過程で使われる知識をいちいち点検するということにはなりにくいでしょう。④知識の点検をしていれば、スムーズな流れにはなりません。

問題解決に使える知識は、解決の道具として使えればいいのであって、特段《とくだん》の問題を生じることがなければ、深く考えることなく、そういうものとして使うのが一般的《いっぱんてき》なのです。

2022年度
埼玉大学教育学部附属中学校 ▶解説と解答

算 数 ※試験時間・満点…非公表

解 答

1 **問１** 125 **問２** 0.5 **問３** イ，1.14cm^2 **問４** 576cm^2 **問５** 139500人以上140500人未満 **問６** 12通り 2 **ア**…×，**イ**…○，**ウ**…○，**エ**…× 3 エ
4 (例) 解説を参照のこと。

解 説

1 計算のくふう，四則計算，条件の整理，面積，表面積，およその数，場合の数

問１ $A\times B+A\times C=A\times(B+C)$となることを利用すると，$17\times4.3-17\times1.8+33\times2.5=17\times(4.3-1.8)+33\times2.5=17\times2.5+33\times2.5=(17+33)\times2.5=50\times2.5=125$

問２ 下の図①で，横に並んだ３つの数の和は，$1.5+\frac{1}{4}+2=3.75$だから，1.5＋イ＋１の和も3.75である。よって，イ＝3.75－(1.5＋１)＝1.25とわかる。また，２＋イ＋アの和も3.75なので，ア＝3.75－(２＋1.25)＝0.5と求められる。

問３ 下の図②で，内側から順に面積を求める。エは１辺１cmの正方形だから，エ＝１×１＝１(cm^2)である。また，ウは対角線の長さが２cmの正方形からエを除いたものである。ここで，正方形の面積は，(対角線)×(対角線)÷２で求めることができるので，ウ＝２×２÷２－１＝２－１＝１(cm^2)となる。さらに，イは直径２cm(半径１cm)の円から対角線の長さが２cmの正方形を除いたものだから，イ＝１×１×3.14－２＝3.14－２＝1.14(cm^2)と求められる。さらに，アは１辺２cmの正方形から直径２cmの円を除いたものなので，ア＝２×２－3.14＝４－3.14＝0.86(cm^2)とわかる。よって，面積がもっとも大きいのはイの1.14cm^2である。

図①

1.5	$\frac{1}{4}$	2
	イ	
ア		1

図②

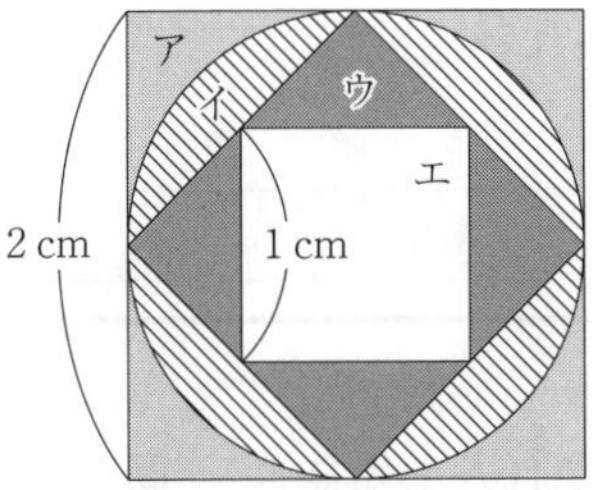

図③

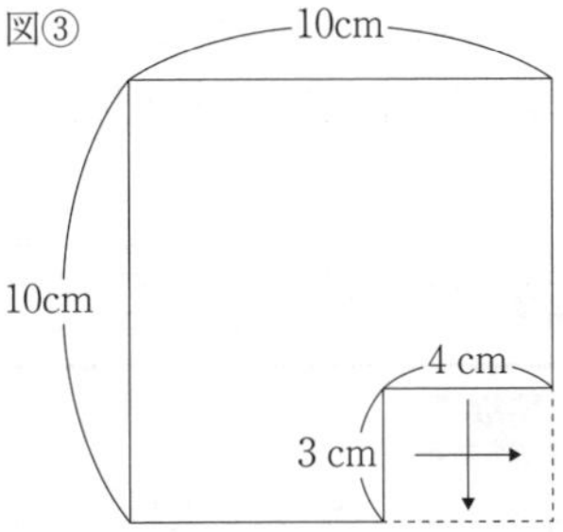

問４ 上の図③を底面と考えると，底面積は，$10\times10-3\times4=88$(cm^2)となる。また，辺の一部を矢印のように移動すると，この図形のまわりの長さは１辺10cmの正方形のまわりの長さと同じになる。つまり，側面を展開すると，縦の長さが10cm，横の長さが，$10\times4=40$(cm)の長方形になるから，側面積は，$10\times40=400$(cm^2)と求められる。よって，この立体を展開したときの展開図の面積は，$88\times2+400=576$(cm^2)である。

問５ 上から３けたのがい数にしているので，四捨五入したのは上から４けた目であり，上から３

けたは139または140となる。よって，考えられる人口は139500人以上140500人未満である。

問6　主食がピザトーストの場合，副菜は｛ハムエッグ，オムレツ｝の２通り，汁物《しるもの》は｛コーンスープ｝の１通りだから，２×１＝２(通り)の組み合わせがある。同様に，主食がフレンチトーストの場合，副菜は｛ハムエッグ，ほうれん草とベーコンの炒《いた》めもの｝の２通り，汁物は｛コーンスープ，野菜スープ｝の２通りなので，２×２＝４(通り)となる。主食がジャムサンドの場合は制限がないから，副菜は３通り，汁物は２通りであり，３×２＝６(通り)とわかる。よって，全部で，２＋４＋６＝12(通り)と求められる。

[2] 正比例と反比例，数列

段の数が２倍，３倍，…になるのにともなって，板の枚数は２倍，３倍，…になっていない。つまり，yはxに比例していないから，アは正しくない。次に，xとyの関係を式に表すと，y＝２×x－１となる。このことから，yは常に奇《き》数《すう》になることがわかるので，イは正しい。また，xの値が１増えるとyの値は２増えるので，ウも正しい。さらに，x＝20とすると，y＝２×20－１＝39になる。つまり，20段目にある板の枚数は39枚だから，エは正しくない。

[3] 平面図形―構成

折ったのとは逆の順番に広げていくと，下の図のようになる。よって，点線の位置にも注意すると，開いたときの図はエになる。

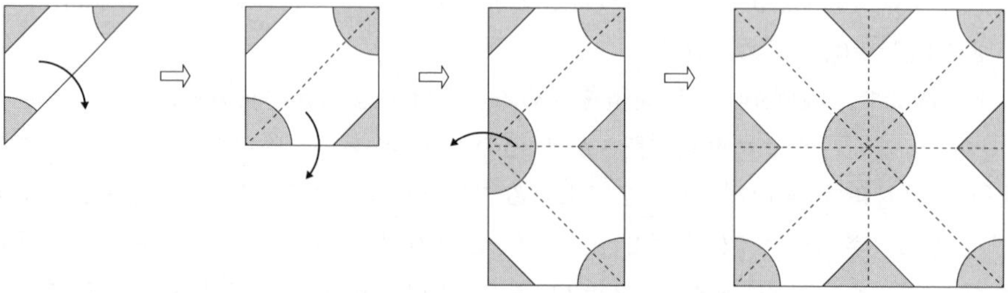

[4] 条件の整理

平均値の7.2枚より多くとった人は，15人のうち３人しかいないから，平均値の7.2枚はこの場合の代表値としてはふさわしくない。中央値(ちょうど真ん中の８番目の人の枚数)である５枚を代表値とすれば，７枚はとれた方だと考えられる。

社　会　※試験時間・満点…非公表

解　答

[1] **問１**　ユーラシア大陸　**問２**　AI(人工知能)　**問３**　イ　**問４**　ア　**問５**　エ　**問６**　(例)　増えた川の水を一時的に貯水し，江戸川に放水　[2] **問１**　天皇　**問２**　エ　**問３**　(例)　先祖伝来の領地を所有する　**問４**　ウ　**問５**　イ　[3] **問１**　(例)　しんちょうに行う　**問２**　ア　**問３**　閣議　**問４**　ウ

解説

1 日本と世界の地形や気候，資源，防災などについての問題

問1　北京《ぺきん》は中国(中華人民共和国)の首都で，中国はユーラシア大陸の東に位置している。なお，世界にはこのほか，アフリカ大陸，オーストラリア大陸，北アメリカ大陸，南アメリカ大陸，南極大陸があり，合わせて六大陸とよばれる。

問2　記憶や学習，推論といった人間の知的な活動をコンピュータに行わせる技術やプログラムのことを，AI(人工知能)という。コンピュータ技術の発展とともにAIができることも多くなっており，自動翻訳《ほんやく》や自動運転などに利用されている。

問3　示された日本地図の中で，南の暖かい海から流れてくる黒潮(日本海流)と対馬《つしま》海流は暖流，北の寒い海から流れてくる親潮(千島海流)とリマン海流は寒流である。これと「まとめ」から，沖合を暖流が流れているCの鹿児島県に，うなぎがあてはまるとわかる。同様に，沖合を寒流が流れているAの北海道にほたて貝があてはまり，残ったかきはBの広島県となる。広島県の面する瀬戸内海は陸地に囲まれた内海であるため波がおだやかで，養殖《ようしょく》に適している。

問4　北海道の道庁所在地である札幌市は冬の寒さが厳しく，12月から2月の平均気温が0℃を下回る。また，梅雨の影響《えいきょう》をほとんど受けないので，6・7月の降水量が比較《ひかく》的少ない。なお，イは上越《じょうえつ》市高田(新潟県)，ウは松本市(長野県)，エは東京の気温と降水量を示している。

問5　ア　2000年に最も石油製品消費量が多い油種は，重油である。　イ　ガソリンの消費量は，2000年より2010年のほうが多くなっている。　ウ　2019年のガソリンの消費量は，2000年の半分以下になっていない。　エ　資料を読み取った内容として，正しい。

問6　写真にある首都圏外郭《けんがいかく》放水路は，地下につくられた大規模な貯水場である。大雨が降ったさい，ここに増えた川の水を一時的に貯水し，江戸川に放水することで，下流に一気に水が流れ出さないようにし，水害を防ぐことができる。

2 各時代の歴史的なことがらについての問題

問1　飛鳥時代初め，聖徳太子は，おばにあたる推古天皇の摂政《せっしょう》として政治に参加すると，有力豪族の蘇我馬子《そがのうまこ》らと協力して，天皇中心の国づくりを目指した。その一つとして，聖徳太子は十七条の憲法を出し，役人に政治を行ううえでの心がまえを示した。ここには，人の和を大切にすることや仏教をあつく信仰すること，天皇の命令には必ず従うことなどが定められている。

問2　Xは江戸(東京)，Yは鎌倉，Zは京都を指している。794年，桓武天皇は律令制度を立て直して新しい政治を始めるため，都を京都の平安京に移した。また，1600年，「天下分け目の戦い」とよばれる関ヶ原の戦いに勝利し，政治の実権をにぎった徳川家康は，1603年に征夷《せいい》大将軍に任じられ，江戸に幕府を開いた。

問3　鎌倉時代の将軍(幕府)と御家人《ごけにん》は，土地を仲立ちとしたご恩と奉公《ほうこう》の関係で結ばれていた。このうちご恩とは，将軍が御家人の持っている先祖伝来の領地を保護・保障したり，手がらを立てた者に新しい領地や役職をあたえたりすることをいう。これに対し，御家人は鎌倉や京都の警護をし，戦のさいには命がけで将軍のために戦うという奉公で，将軍のご恩に報《むく》いた。

問4　伊藤博文は，明治時代前半の1885年に初代内閣総理大臣になった。明治時代前半には政府が殖産興業という政策をすすめ，近代的な設備を備えた官営工場が各地につくられた。ウのイラストは，このころつくられた製糸工場を描《えが》いたものと考えられ，機械での作業に従事する女工が見られ

る。なお，アのような掘立柱《ほったてばしら》の建物跡《あと》は，縄文時代の遺跡で見られる。イは京都にある銀閣(慈《じ》照《しょう》寺)を描いたもので，銀閣は室町時代に建てられた。エは，江戸時代の商業地のようすを描いたものと考えられる。

問5　アは1964年と2021年，イは1947年，ウは1925年，エは1938年のできごとなので，イがあてはまる。なお，ウは普通選挙法，エは国家総動員法という法律の内容である。

3 内閣のしくみやはたらきについての問題

問1　日本では，衆議院と参議院で国会が構成される二院制が採用されている。二つの議院で話し合いを行うのは，話し合いや決定をしんちょうに行い，できるだけ多くの意見を政治に反映させるためである。

問2　「国民の健康」や「労働に関する仕事」を行うとあるので，厚生労働省があてはまる。「厚生」は，生活を豊かで健康なものにすることを意味している。なお，文部科学省は教育や学術，科学技術などに関する仕事，農林水産省は農林水産業などに関する仕事，環境《かんきょう》省は環境保全や公害防止などに関する仕事を行っている。

問3　内閣総理大臣が議長になり，政治の方針を決めるために国務大臣全員が出席して開かれる会議を，閣議という。閣議では原則として，出席者全員の賛成(全会一致《いっち》)によって決定がなされる。

問4　グラフから，65才以上人口が増加していることが読み取れる。これに合わせるようにして，国の予算に占《し》める社会保障関係費の割合が大きくなっていることもわかる。

理　科　※試験時間・満点…非公表

解　答

1 **問1**　受粉　**問2**　(例)　こん虫の体に花粉がついて運ばれる。　**問3**　(例)　受粉が自然に行われないようにするため。　**問4**　①　㋐　②　下の図A　**2** **問1**　ふっとう石　**問2**　水蒸気　**問3**　イ　**問4**　解説の図を参照のこと。　**3** **問1**　イ　**問2**　太陽(光)　**問3**　(例)　電灯の方向とボールの方向のなす角度を大きくするため，右に少し回る。　**問4**　午後／理由…(例)　西側半分が明るい月がおよそ南の空にあるので，太陽は真南より西側にあることがわかるから。　**4** **問1**　右の図B　**問2**　ウ　**問3**　4通り

図A

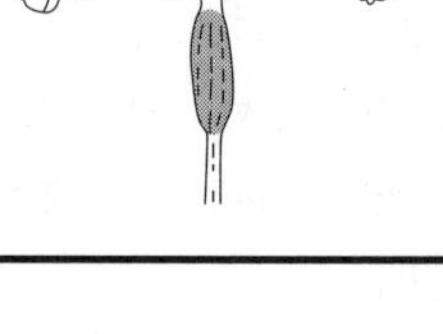

図B

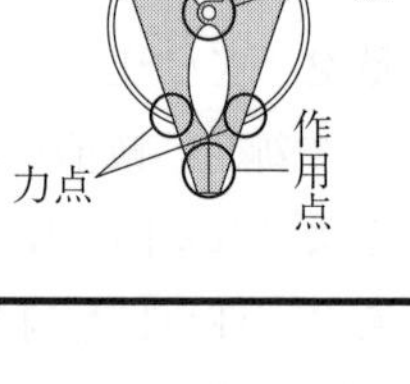

解　説

1 ヘチマの実や種ができる条件についての問題

問1　おしべにできた花粉がめしべの先(柱頭)につくことを受粉という。

問2　ヘチマの花粉は，ハチやチョウなど，花から花へと飛び回るこん虫によって運ばれる。お花に止まったこん虫の体に花粉がつき，そのこん虫がめ花にくると，体についている花粉がめしべの先について受粉する。

問3　実験では，めしべの先に花粉がついたものとつかなかったものを比べる。よって，方法の(2)

以外で受粉が行われないようにしなければならない。つぼみのときからふくろをかぶせれば，花粉を体につけたこん虫が近づけないので，受粉を防ぐことができる。

問4　①　めしべの先に花粉をつけた㋐の花では実ができる。一方，ふくろをかぶせたままにして受粉が行われなかった㋑の花では実ができない。　②　受粉が行われると，めしべの根もとにある子ぼうが成長して実になる。ヘチマのめ花の子ぼうは，花びら(花弁)の下のふくらんだ部分である。

2　水のすがたについての問題

問1　水などの液体をふっとうするような温度まで熱すると，液体が急にあわ立ち，ふき出すことがあるが，これは熱い液体が体にかかるおそれがあり，危険である。そこで，液体にふっとう石を入れて加熱し，ふっとうがなめらかに起こるようにする。

問2　48℃のときに見られた小さなあわは，水にとけていた空気がとけきれなくなって出てきたものである。また，98℃のときに水の中からさかんに出てきたあわは，液体の水が気体の水蒸気となったものである。

問3　水を冷やして温度を下げていくと，0℃になったときにこおり始める。水は少しずつこおっていくので，しばらくの間は水と氷がまじった状態で，温度は0℃のままである。そして，水がすべてこおり終えると，温度が0℃から下がっていく。よって，結果2のグラフを見ると，5分後までは液体の水の状態，5分後から10分後までは液体の水と固体の氷がまじった状態，10分後以降は固体の氷の状態であることがわかる。

問4　水がこおって氷になると，体積が約1.1倍に増える。はじめは試験管のかべに近いところがこおり，その後，体積を増やしながら真ん中付近がこおるため，右の図のように，こおり終えたときには真ん中付近が盛り上がったようなかたちになる。

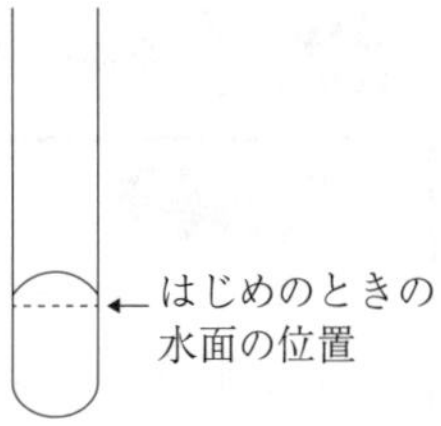

3　太陽と月の特ちょうと見え方についての問題

問1　方位磁針は「北」の文字を色のついた針に合わせてから使うので，図4では針はそのままで，文字ばんを左(反時計回り)に約45度回して使うことになる。すると，矢印の向きは南東であることがわかる。

問2　月は，それ自体が光を放っているのではなく，太陽の光を反射することで光っている。そのため，月には太陽の光が当たって明るく見える部分と，太陽の光が当たらないため暗く見える部分がある。そして，月が地球のまわりを回っているため，月の明るく見える部分の見え方が変わり，月が満ち欠けして見える。この様子は，観察の(3)のように，電灯(の光)を太陽(光)，ボールを月，観察している人を地球に見立てることで確かめられる。

問3　図3で，地球から見て，太陽の方向と25日の月の方向がなす角度は，太陽の方向と27日の月の方向がなす角度よりも大きくなっている(25日の月の方が太陽からはなれている)。図2の状態が27日の月にあたるので，25日の月について調べるには，観察している人から見て電灯の方向とボールの方向のなす角度を大きくする(ボールを電灯からはなす)ために，その場で右に少し回ればよい。

問4　月は太陽の光を受けて光っているのだから，月の明るい部分は太陽がある側となる。図5を見ると，月は西側(右側)半分が明るいので，太陽は月よりも西側(右側)にある。そして，月はおよそ南の空にあるので，太陽は真南より西側にあると考えられる。太陽が真南にきたときにおよそ正午となるため，図５は午後に観察した様子と判断できる。

4 てこの原理についての問題

問１　閉じている洗たくばさみにおいて，支点は１対の挟持《きょうじ》片(洗たく物をはさむ部品)がつながっている部分，力点は輪のような金属ばねが挟持片をおしている部分，作用点は挟持片の先(洗たく物をはさむ部分)である。

問２　てこのつり合いを考える。支点の左右で，(加わる力の大きさ)×(支点からのきょり)の値が同じになると，洗たくハンガーが水平になるから，ここでは，100×５×４＝(ぬいぐるみの重さ)×５×２という関係式が成り立つ。したがって，ぬいぐるみの重さは，2000÷10＝200(g)と求められる。

問３　１枚のタオル(100gとする)を左側の①にはさんだとき，右側の⑤と⑦に１枚ずつはさめば，100×５×４＝100×５×１＋100×５×３より，ハンガーは水平になる。この場合の左右対称のはさみ方，つまり，左側の②と④，右側の⑧に１枚ずつはさんだ場合も，100×５×３＋100×５×１＝100×５×４より，ハンガーが水平になる。また，左側の②にはさんだとき，右側の⑤と⑥に１枚ずつはさむと，100×５×３＝100×５×１＋100×５×２より，ハンガーは水平になる。そして，この場合を左右対称にして，左側の③と④，右側の⑦に１枚ずつはさんだ場合も，100×５×２＋100×５×１＝100×５×３より，ハンガーが水平になる。

国　語　※試験時間・満点…非公表

解　答

一 **問１**　硬貨や紙幣のデザイン　**問２**　エ　**問３**　(例)　われわれの頭の中にある「地図」が相当いい加減である(こと)　**問４**　イ　**問５**　ア　**問６**　(例)　スムーズな問題解決をめざすため，解決の道具である知識はいい加減な知り方のまま使われがちだ　二 **問１**　(1)　イ　(2)　(例)　着なくなった服は，七割近くがごみとして捨てられています　(3)　(例)　食品トレーや紙パックはリサイクル率が五割未満です。だから，これらのリサイクルを進めれば，ごみを削減できると思います。　**問２**　ウ　**問３**　ウ　**問４**　エ　**問５**　ア　**問６**　①　なか(ば)　②　てんいん　③　そしつ　④〜⑥　下記を参照のこと。

●漢字の書き取り

三 **問６**　④　委(ねる)　⑤　成績　⑥　短い

解　説

一　出典は西林《にしばやし》克彦《かつひこ》の『知ってるつもり　「問題発見力」を高める「知識システム」の作り方』による。

日常生活の問題をスムーズに解決するため，解決の道具である知識は問い直されることが少なく，われわれはいい加減な知識を得るだけで「知ってるつもり」になりがちだと述べられている。

問１　われわれにとって硬貨《こうか》や紙幣《しへい》は，そこに書かれた「金額」こそが重要なのであって，「特別に興味のある人」でなければ細部のつくりや「デザイン」に意識を向けることはまずないと筆者は述べている。つまり，「日常よく目にし，使い慣れ」ていても，人々は普段《ふだん》「硬貨や紙幣のデザイン」など「気にもしていない」のである。

問2　同じ段落で，「ミシンの基本的な構造」が説明されている。針とともに布の下まで持っていかれた上糸は，針が引き上げられるさいにカムに引っ掛《か》けられてループをつくる。その間にくぐらせたボビンを介《かい》して下糸を通しているため上糸はぬけず，しっかりと縫《ぬ》っていくことができるというのだから，エが合う。なお，「上糸の針は上下しているだけ」なので，アは正しくない。また，下糸は「普通の縫い物には存在しない」とあるので，イも合わない。さらに，上糸が通された針は布の下から戻《もど》るさい，「カムに引っ掛けられてループを」つくるので，ウもふさわしくない。

問3　筆者が大学生に描《えが》かせた「研究室から食堂までの略図」は，斜《なな》めの道路が直角になっていたほか，「食堂とその交差場所との間にあるゆがんだ五角形の噴水《ふんすい》池も，道路の直角に合わせて，きれいな長方形に」されていたが，描いたものと異なる事実を知らされた学生は「ビックリ」したと述べられている。つまり大学生は，「知ってるつもり」になっている自分の知り方・知識が「相当にいい加減」であったことに驚《おどろ》きを隠《かく》せなかったものと想像できる。これをもとに，「人間の頭の中にある『地図』が相当いい加減である（こと）」のようにまとめる。

問4　これまで検討してきたような，よくわかっていないにもかかわらず，「知ってるつもり」でいるわれわれのあり方について，筆者は「問題の連続」である日常において，人々が何よりいち早い「解決を志向」するようになるのも当然だと見解を述べている。人々が「いい加減」な知り方をよしとするのがなぜなのかを読者に問いかけたうえで筆者なりの意見を述べ，詳細《しょうさい》な説明を後に続けているので，イが正しい。

問5　「問題の連続」であるわれわれの日常においては，「解決」に直結するものが求められるのであって，その「過程で使われる知識をいちいち点検」していては，「スムーズな流れ」にはならないと述べられている。つまり，ぼう線④は「解決」に結びつかない知識を指すので，アが選べる。なお，三つ後の段落で，使用するさいには「まず考慮《こうりょ》されない」，ミシンで縫う「メカニズム」の説明がされていることも参考になる。

問6　ここまでみてきたように，「日常生活で問題を次々とスムーズに解決」することを求める人々は，その過程で使われる知識をいちいち点検することはない。このことが，「知ってるつもり」になりやすい理由にあたる。

二　「より良い生活を送るために私達ができること」についての【話し合い】と【グラフ】，【表】を読んで答える問題，慣用句の知識，はがきの書き方，主語と述語，熟語の組み立て，漢字の読みと書き取り

問1　(1)　「ごみの分別」と「ごみの削減《さくげん》」について紹介《しょうかい》してはどうかという青山さんと竹内さんの意見を受けた田中さんは，それらの共通点である「ごみ問題」を取り上げることに決め，具体的な内容の決定へと誘導《ゆうどう》している。さらに，リサイクルされていないものがあることが話題になると，ごみの削減のためにできることを調べようと提案している。　(2)　青山さんは「リサイクルされていないものも」あるとして【グラフ】を提示しているのだから，「着なくなった服は，七割近くがごみとして捨てられています」のように書く。なお，ペットボトルのリサイクル率が「八割を超《こ》えている」と発言した後なので，百分率ではなく，「七割近く」と示したほうが良いだろう。

(3)　一文目には，【表】からわかったことを述べる。たとえば，「食品トレーや紙パックのリサイクル率は五割未満」である点を指摘《してき》するなどといったことが考えられる。また，この【表】は，「ごみの削減のために私達ができること」を考える目的で紹介されているので，二文目は「これらのリサイクルを進めれば，ごみを削減できると思う」などとする。

問2　「竹を割ったよう」は，性格がさっぱりしているようす。「馬が合う」は，“気が合う”という意味。「頭をひねる」は，“工夫《くふう》したり，どうするべきかいろいろ考えたりする”という意味。

問3　まずは相手の住所を，次に相手の名前を書く。その後，「自分の住所」を記入し，最後に自分の名前をそえるので，ウが選べる。

問4　「何が(は)」「だれが(は)」が主語，「どうする」「どんなだ」「何だ」にあたる部分が述語になる。大きな遊園地には，週末になるとたくさん「家族連れが」→「訪れる」となる。

問5　イの「集合」，ウの「森林」，エの「平等」，オの「絵画」は，似た意味を持つ漢字を重ねた組み立て。アの「草原」のみ，上の漢字が下の漢字を修飾《しゅうしょく》している組み立てである。

問6　①　音読みは「ハン」で，「半分」などの熟語がある。　②　店で働いている人。　③　生まれつきの性質や才能。　④　音読みは「イ」で，「委任」などの熟語がある。　⑤　勉強などの結果。また，その評価。　⑥　音読みは「タン」で，「短縮」などの熟語がある。

2021年度　埼玉大学教育学部附属中学校

〔電　話〕(048) 862－2 2 1 4
〔所在地〕〒336-0021　埼玉県さいたま市南区別所 4－2－5
〔交　通〕JR京浜東北線―「浦和駅」より徒歩20分，
埼京線―「中浦和駅」より徒歩10分

※本年度の試験時間・満点は非公表です。

【算　数】

1　次の各問いに答えなさい。

問1　$\frac{1}{4}\times(8-4\div2)$ を計算しなさい。

問2　あずささんは，ハンバーガー店にいます。メインメニュー，サイドメニュー，ドリンクを次の**表1**から1つずつ選びたいのですが，持っているお金が500円しかありません。このとき，買うことができる組み合わせは，全部で何通りあるかを求めなさい。ただし，表示されている金額は消費税をふくんだものとします。

表1

メインメニュー		サイドメニュー		ドリンク	
ハンバーガー	140円	アップルパイ	100円	オレンジジュース	120円
エッグバーガー	200円	フライドポテト	150円	バニラシェイク	160円
ダブルバーガー	260円				

問3　たて6cm，横10cmの長方形のタイルを，右の**図1**のように同じ向きにすきまなくしきつめて正方形を作ります。タイルをしきつめていくといろいろな大きさの正方形ができます。このとき，小さい方から3番目の大きさになる正方形を作るには，タイルは何まい必要かを求めなさい。

図1

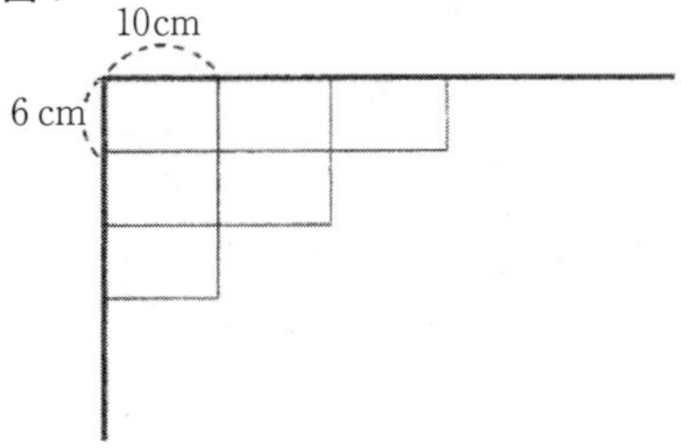

問4　あつしさん，ひかるさんの2人が学校の持久走大会に参加しました。午前10時に同時にスタートして5分後には，あつしさんはひかるさんの250m先を走っていました。そして，あつしさんは午前10時12分，ひかるさんは午前10時16分にゴールしました。このとき，スタート地点からゴール地点まで何mあったかを求めなさい。ただし，2人ともそれぞれ一定の速さで同じコースを走ったものとします。

問5　**図2**のような半径が10cmで高さが20cmの円柱の容器に，底から10cmのところまで水が入っています。この容器の中に半径が8cmで高さが5cmの円柱の重りと，半径が6cmで高さが5cmの円柱の重りを**図3**のようにしずめます。このとき水の高さは容器の底から何cmのところになるかを求めなさい。ただし，円周率は3.14とします。

図2

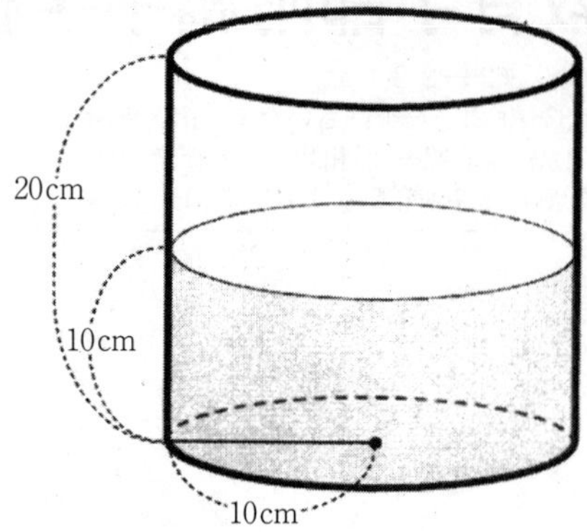

図3

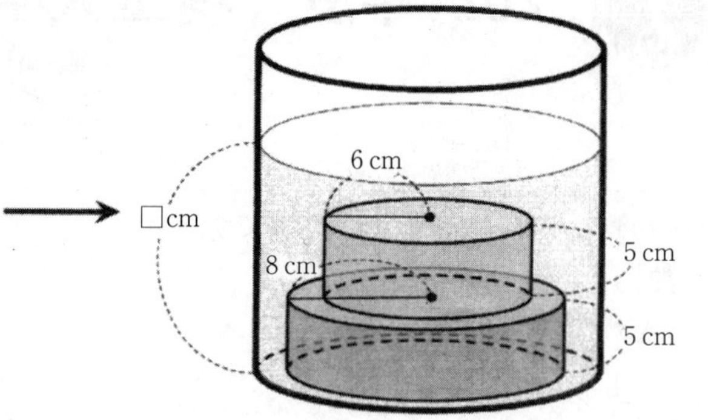

問6　右の**図4**のように中心をOとする円Oがあります。その円周を五等分するように点A，B，C，D，Eをとり，正五角形をつくります。このとき円Oの半径OAと，正五角形の対角線ACがつくる角**ア**の大きさを求めなさい。

図4

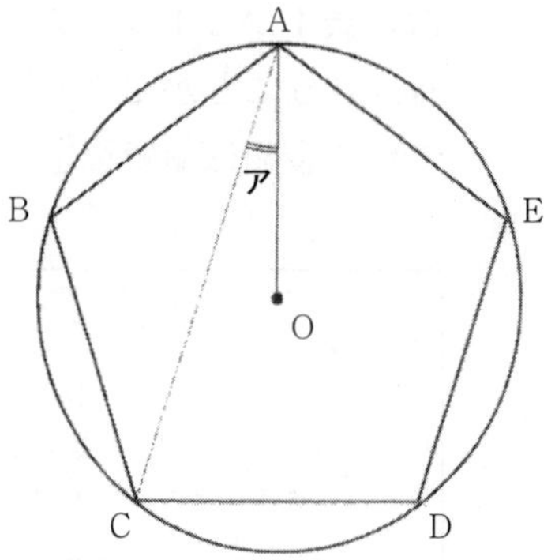

2　立方体の表面に，次の**図5**のように頂点《ちょうてん》A，Bを通り，ゆるまないようにひもをまきつけました。この立方体の展《てん》開《かい》図《ず》をつくるときに，ひもが通る場所を定規を用いてかきなさい。なお，図をかくときには解答用紙の方眼を用いてよいものとします。

図5

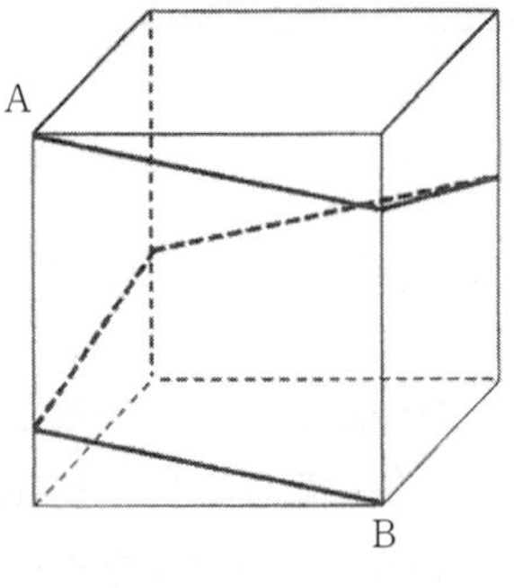

3　次の**表2**は，九九の表です。**表2**の中の色(　　　)のついているところの数をすべて足すと，いくつになるかを求めなさい。

表2

	1	2	3	4	5	6	7	8	9
1	1	2	3	4	5	6	7	8	9
2	2	4	6	8	10	12	14	16	18
3	3	6	9	12	15	18	21	24	27
4	4	8	12	16	20	24	28	32	36
5	5	10	15	20	25	30	35	40	45
6	6	12	18	24	30	36	42	48	54
7	7	14	21	28	35	42	49	56	63
8	8	16	24	32	40	48	56	64	72
9	9	18	27	36	45	54	63	72	81

4　図書委員のきょうこさんが，図書室の本の数について先生と話をしています。次の資料を読んで，以下の各問いに答えなさい。

①　東小学校の図書室の本の種類別の割合《わりあい》

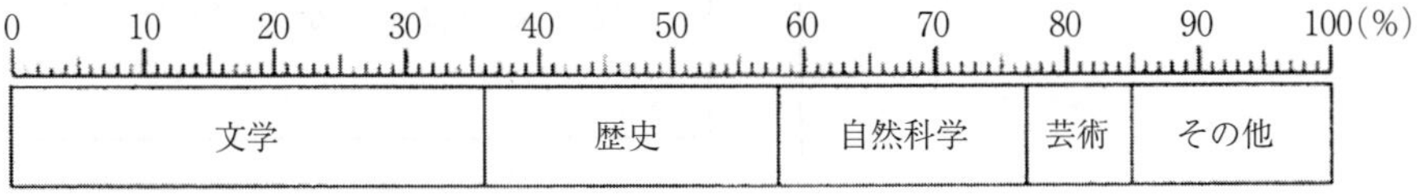

②　東小学校の6年生が10月に本を借りた数

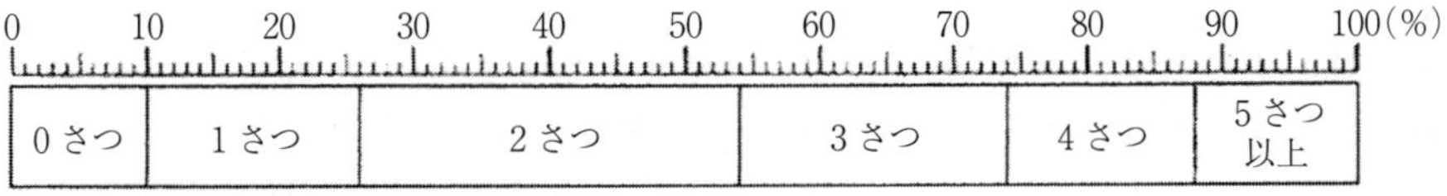

③　各小学校の図書室にある本の数

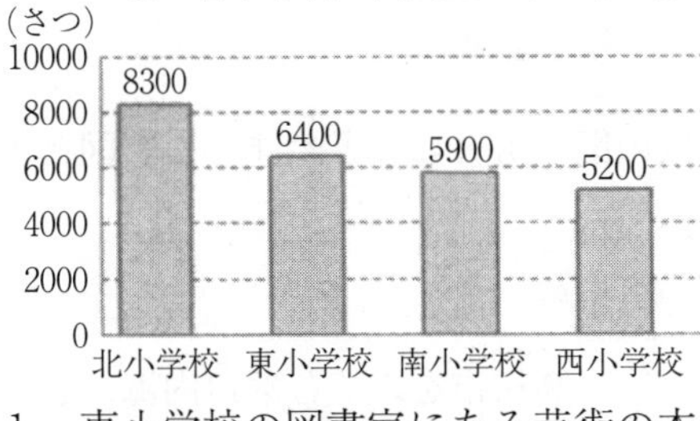

④　各小学校の児童数

	1年	2年	3年	4年	5年	6年	合計
東小学校(人)	153	143	138	146	140	150	870
西小学校(人)	81	88	73	67	76	80	465

問1　東小学校の図書室にある芸術の本の数を知るために必要な資料を，①～④の中から2つ選び，番号で書きなさい。

問2　先生によると，「西小学校の6年生のうち，10月に借りた本の数が5さつ以上だった人の割合《わりあい》は15%だった」とのことです。それを聞いたきょうこさんは，「10月に5さつ以上借りた6年生の人数は東小学校のほうが西小学校よりも少ない」と考えました。

きょうこさんの考えは正しいですか。解答用紙の「正しい」，「正しくない」のどちらかを丸で囲み，その理由を説明しなさい。

【社　会】

1　彩子《あやこ》さんは，日本の国土や産業について学習しました。彩子《あやこ》さんがまとめた**地図**と**文章**を読んで，下の各問いに答えなさい。

地図

文章

調べて分かったこと
- 新潟市《にいがたし》を中心に農業を調べました。①日本の食料自給率の低さが心配されていることが分かりました。
- 高松市《たかまつし》の気候を調べました。この地域の気候は，地形と季節風の影響《えいきょう》を受けていることが分かりました。
- 工業が盛《さか》んな地域《ちいき》が日本全国にありますが，②工業出荷額《しゅっかがく》は，年によって変化していることが分かりました。
- 日本の③情報通信の利用状況《りようじょうきょう》が変化していることが分かりました。

問１　彩子《あやこ》さんは，**地図**中の新潟市《にいがたし》の位置について，緯度《いど》と経度を用いて，次のようにまとめました。**まとめ**中の空欄《くうらん》［Ａ］，［Ｂ］に当てはまる語を書きなさい。

まとめ

新潟市《にいがたし》の位置は，［　Ａ　］38度，［　Ｂ　］139度にあります。

問２　彩子《あやこ》さんは，**地図**中の高松市《たかまつし》の気候の特色を，次の**図**をもとにまとめました。**図**と**まとめ**中の空欄《くうらん》［Ｃ］，［Ｄ］に当てはまる言葉を書きなさい。

図　あ—い間の断面図と季節風

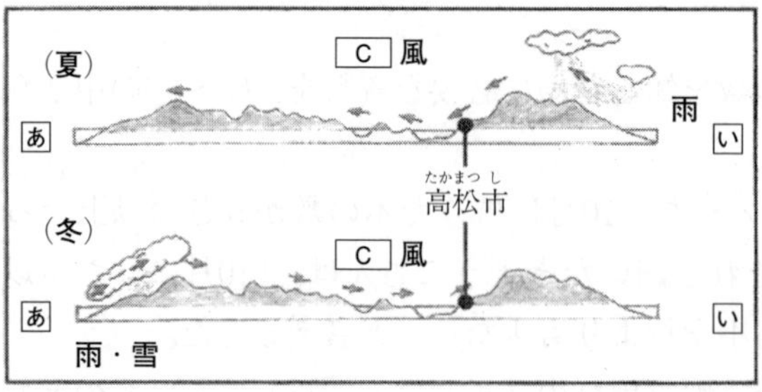

まとめ

高松市《たかまつし》をふくむ瀬戸内海《せとないかい》に面した地域《ちいき》は，季節風が夏には日本海側，冬には太平洋側に向かってふきます。山地にぶつかると雨や雪をふらせ，山をこえると［　Ｃ　］風となるため，高松市《たかまつし》の気候は，［　Ｄ　］という特色があります。

問３　**地図**中に ○ で示されている場所のうち，青森県から秋田県に広がり，世界自然遺産《せかいしぜんいさん》に登録されている場所の名称《めいしょう》を書きなさい。

問4　下線部①について彩子《あやこ》さんが調べると，右の**グラフ**が見つかりました。**グラフ**中の**A**～**C**は米，小麦，肉類，野菜のいずれかが当てはまります。**A**～**C**に当てはまる農産物の組み合わせとして正しいものを，次の**ア**～**エ**の中から一つ選び，その記号を書きなさい。

ア　**A**―米　**B**―野菜　**C**―小麦
イ　**A**―米　**B**―小麦　**C**―肉類
ウ　**A**―野菜　**B**―肉類　**C**―小麦
エ　**A**―野菜　**B**―米　**C**―肉類

グラフ　日本の主な食料の自給率

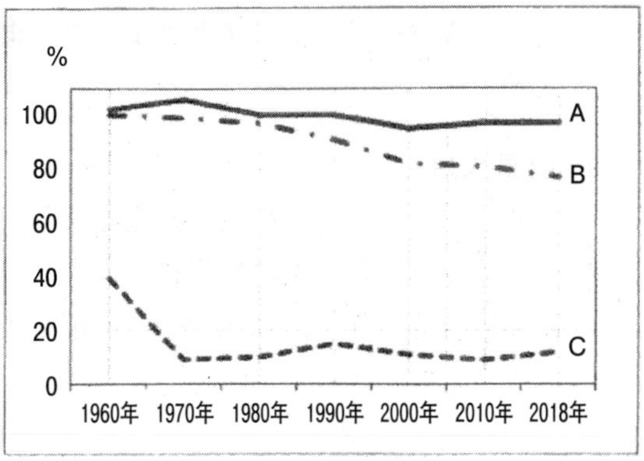

(日本《にほん》国勢《こくせい》図《ず》会《え》 2020/21より作成)

問5　下線部②について彩子《あやこ》さんが調べると，次の**資料**が見つかりました。**資料**から読み取れる内容として誤《あやま》っているものを，下の**ア**～**エ**の中から一つ選び，その記号を書きなさい。

資料　工業地帯の出荷《しゅっか》額《がく》等(単位：円)

	1990年	2000年	2010年	2016年	2017年
京浜《けいひん》工業地帯	51兆5,908億	40兆2,530億	25兆7,710億	24兆5,079億	15兆9,961億
中京《ちゅうきょう》工業地帯	44兆5,033億	42兆7,472億	48兆1,440億	55兆1,211億	57兆7,854億
阪神《はんしん》工業地帯	40兆5,725億	32兆5,518億	30兆1,386億	31兆4,134億	33兆1,478億

(日本《にほん》国勢《こくせい》図《ず》会《え》 2020/21より作成)

ア　京浜《けいひん》工業地帯の2017年の出荷《しゅっか》額《がく》は，1990年の出荷《しゅっか》額《がく》の3分の1以下に下がっている。
イ　中京《ちゅうきょう》工業地帯の2017年の出荷《しゅっか》額《がく》は，京浜《けいひん》工業地帯の2017年の出荷《しゅっか》額《がく》の3倍以上である。
ウ　阪神《はんしん》工業地帯の出荷《しゅっか》額《がく》が京浜《けいひん》工業地帯を上回ったのは，2010年がはじめてである。
エ　どの工業地帯も出荷《しゅっか》額《がく》が下がった期間があるが，その後出荷《しゅっか》額《がく》はすべて上がっている。

問6　下線部③について彩子《あやこ》さんは**表1**～**表3**を用いて調べた結果を，次のようにまとめました。彩子《あやこ》さんの**まとめ**中の空欄《くうらん》[E]に当てはまる言葉を書きなさい。

まとめ

> **表1**を読み取ると，日本の国内電話の通信回数は，年々減っていることが分かりました。その理由として，**表2**と**表3**を読み取ると，[E]ことが考えられました。

表1　国内電話の利用状況《りようじょうきょう》(会計年度)

	2000年	2005年	2010年	2014年	2015年
通信回数(億回)	1447.5	1221.2	1106.5	932.0	893.5

表2　インターネット利用動向(各年末現在)

	2000年	2005年	2010年	2014年	2015年
人口《じんこう》ふきゅう率(%)	37.1	70.8	78.2	82.8	83.0
利用者数(万人)	4,708	8,529	9,462	10,018	10,046

表3　インターネットの機能・サービス利用率(2015年)

電子メールの送受信(%)	70.8
SNSの利用(%)	46.7
ホームページを見る(%)	46.4

(日本《にほん》国勢《こくせい》図《ず》会《え》 2017/18より作成)

2 彩子《あやこ》さんは，感染症《かんせんしょう》の流行に関心をもち，歴史の学習で医療《いりょう》や病気に関わる人物や出来事について調べ，ノートにまとめました。**まとめ**を読んで，下の各問いに答えなさい。

まとめ

聖武《しょうむ》天皇《てんのう》 病気によって多くの人々が亡《な》くなり，災害や反乱《はんらん》が起こったので都に東大寺，全国に①国分寺を建て，②仏教の力で国を治めようとした。	**都市で栄えた商工業者** 都市を中心に商工業が栄え民衆《みんしゅう》の力が高まった。疫病《えきびょう》で亡《な》くなった死者の霊《れい》をなだめるために始まった③行事などを復活させる民衆《みんしゅう》もいた。この頃《ころ》演じられた猿《さる》楽《がく》は，能や狂言《きょうげん》として広まった。
前野良沢《まえのりょうたく》・杉田玄白《すぎたげんぱく》 満足な辞典がない中で，オランダ語の医学書を苦心して翻訳《ほんやく》した。これに「解体新書」と名付けて出版し，④蘭学《らんがく》に対する関心が高まった。	**北里柴三郎《きたざとしばさぶろう》・野口英世《のぐちひでよ》** 北里《きたざと》は流行していた破傷風《はしょうふう》の治療《ちりょう》のしかたを発見し，⑤世界に認《みと》められた。野口は北里《きたざと》のもとで研究者として育ち，へびの毒の研究で世界から注目された。

問1　下線部①について，次の**地図**から読み取れることとして正しいものを，下の**ア**～**エ**の中から一つ選び，その記号を書きなさい。

地図

ア　当時の藩校《はんこう》の分布

イ　当時の国の分布

ウ　ヨーロッパとの関係の深い場所

エ　大陸との関係の深い場所

問２　下線部②は，その後東北地方でも広がりを見せました。彩子《あやこ》さんの**メモＡ～Ｃ**をもとに，その代表的な寺院の名称《めいしょう》を書きなさい。

メモＡ

　この寺院は藤原《ふじわら》氏が争いのない平和な世界を願ってつくった。

メモＢ

　この寺院の建物の一つは建物全体に漆《うるし》をぬり，金ぱくや貝の細工がほどこされた。

メモＣ

　この寺院をふくむ岩手県の遺跡群《いせきぐん》が，世界文化《せかいぶんか》遺産《いさん》に登録されている。

問３　下線部③として適切なものを，次のイラストの**ア～エ**の中から一つ選び，その記号を書きなさい。

ア

イ

ウ

エ

問４　下線部④や国学を学んだ人たちの中に，幕府《ばくふ》の対応を批判《ひはん》する動きが見られました。その背景となったできごとを簡単《かんたん》に説明しなさい。

問５　下線部⑤前後のできごとについて整理した**年表**中の**Ａ**・**Ｂ**に当てはまるものとして正しいものを，下の**ア**～**エ**の中から一つ選び，その記号を書きなさい。

年表

	できごと
1886	ノルマントン号事件が起こる
1890	北里《きたざと》が破傷風菌《はしょうふうきん》※抗毒素《こうどくそ》を発見する
1894	（　**Ａ**　）戦争が起こる 領事裁判権《りょうじさいばんけん》をなくす
1902	日英同盟《にちえいどうめい》を結ぶ
1904	（　**Ｂ**　）戦争が起こる
1911	関税自主権《かんぜいじしゅけん》を確立する

※特定の毒素を中和する能力を持つ抗体《こうたい》の総称《そうしょう》

	Ａ	**Ｂ**
ア	日清《にっしん》	日中《にっちゅう》
イ	日清《にっしん》	日露《にちろ》
ウ	日露《にちろ》	日中《にっちゅう》
エ	日露《にちろ》	日清《にっしん》

３　彩子《あやこ》さんは，国民の権利《けんり》や義務が日本国憲法《にほんこくけんぽう》にどのように定められているかについて調べ，分かったことをまとめました。彩子《あやこ》さんの**まとめ**を読んで，下の各問いに答えなさい。

まとめ

・憲法《けんぽう》は国民の権利《けんり》と国民が守る義務について定めています。例えば，［　**Ａ**　］を受ける権利《けんり》は保障《ほしょう》されています。また，子どもに［　**Ａ**　］を受けさせることは義務と定めています。

・憲法《けんぽう》はだれでも①裁判《さいばん》を受ける権利《けんり》をもっていると定めています。裁判所《さいばんしょ》は人々の間で争いごとや犯罪が起きた時に，法律《ほうりつ》にもとづき問題を解決し，私《わたし》たちの権利《けんり》を守ってくれます。

・憲法《けんぽう》は②外国との争いごとを武力で解決しないことや，そのための戦力を持たないと定めています。

・憲法《けんぽう》は国民が政治に参加する権利《けんり》をもっていると定めています。国民主権《こくみんしゅけん》の考え方をもとに，③国会・内閣《ないかく》・裁判所《さいばんしょ》が役割《やくわり》を分担《ぶんたん》して国の政治を行っています。

問１　**まとめ**中の空欄《くうらん》［**Ａ**］に当てはまる語を書きなさい。

問２　下線部①について，裁判《さいばん》のしくみや裁判所《さいばんしょ》の説明として誤《あやま》っているものを，次の**ア**～**エ**から一つ選び，その記号を書きなさい。

ア　裁判所《さいばんしょ》には，最高裁判所《さいこうさいばんしょ》，高等裁判所《こうとうさいばんしょ》，地方裁判所《ちほうさいばんしょ》，家庭裁判所《かていさいばんしょ》，簡易裁判所《かんいさいばんしょ》がある。

イ　裁判所《さいばんしょ》の判決の内容に不服の場合は，３回まで裁判《さいばん》を受けることができる。

ウ　裁判員《さいばんいん》は，満25歳《さい》以上で立候補《りっこうほ》し国民から選挙され，任期は４年である。

エ　裁判員《さいばんいん》は，重大な犯罪の裁判《さいばん》において，有罪の場合はどれくらいの刑《けい》にするか判断する。

問３　下線部②について，この内容は日本国憲法《にほんこくけんぽう》の三原則のうちどれを表しているか，書きなさい。

問４　下線部③をもとに，彩子《あやこ》さんは**図**を作成し，考えたことを**文**にまとめました。**図**と**文**中の空欄《くうらん》［　B　］に当てはまる語と，**文**中空欄《くうらん》［　C　］に当てはまる言葉をそれぞれ書きなさい。

図　三権分立《さんけんぶんりつ》のしくみ

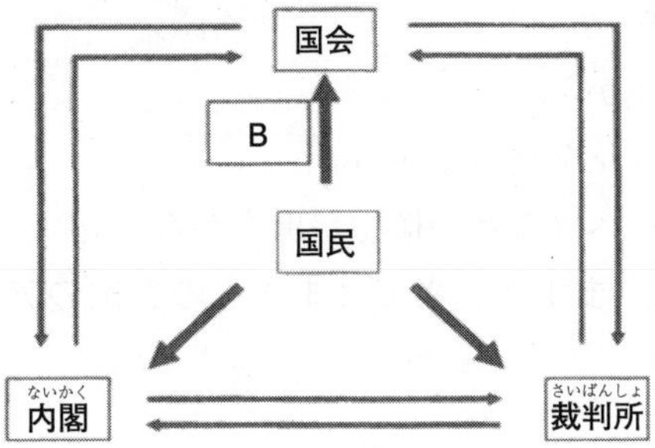

文

図より，国民は国の三つの政治の機関と関わっています。そのうち，国民は国会に［　B　］を通して関わっていることが分かりました。その理由は，［　B　］は国民の代表者（議員）を選ぶ大切なしくみであり，国民はそれを通して自分たちの意見を［　C　］からです。

【理　科】

1　モンシロチョウを育てて，育ち方や体のつくりを調べました。これについて，次の各問いに答えなさい。

問1　モンシロチョウはキャベツなどの決まった植物に卵《たまご》を産みます。それは，どんなよい点があるからですか。当てはまるものを次の**ア**～**エ**の中から一つ選び，その記号を書きなさい。

ア　幼虫《ようちゅう》がキャベツなどの植物の葉を食べるから。

イ　幼虫《ようちゅう》がキャベツなどの植物の花のみつを吸《す》うから。

ウ　幼虫《ようちゅう》がキャベツなどの植物についたアブラムシを食べるから。

エ　幼虫《ようちゅう》を食べるこん虫のきらいなにおいをキャベツなどの植物が出すから。

問2　モンシロチョウの幼虫《ようちゅう》はどのような体をしていますか。当てはまるものを次の**ア**～**エ**の中から一つ選び，その記号を書きなさい。

ア

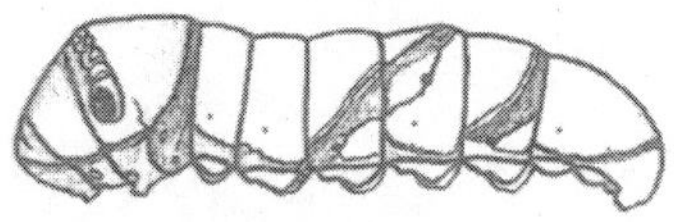

イ

ウ

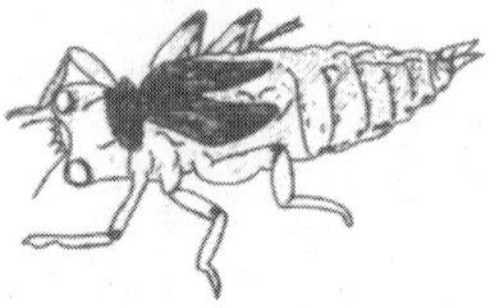

エ

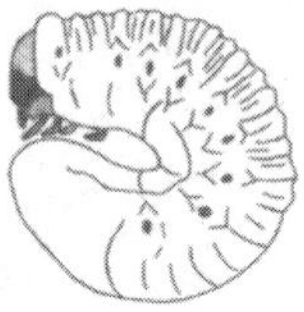

問3　右の**図**は，モンシロチョウの成虫を腹側《はらがわ》から見たものです。成虫の足はどのようについていますか。どこに足がついているかが分かるように，解答らんの図の中に足を書き入れなさい。

図

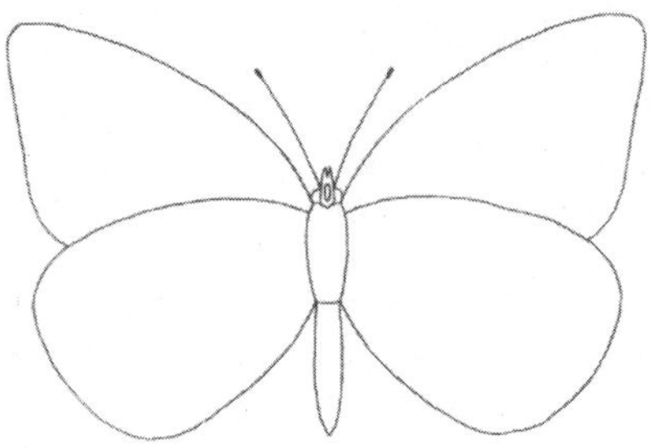

問4　こん虫には『**A　たまご→幼虫《ようちゅう》→さなぎ→成虫**』の順に育つものと，『**B　たまご→幼虫《ようちゅう》→成虫**』の順に育つものとがいます。モンシロチョウは**A**，**B**のどちらの育ち方ですか。

また，モンシロチョウとはちがう育ち方をするこん虫にはどのようなものがいますか。そのこん虫の名前を一つ書きなさい。

2 もののとけ方を調べるために，食塩とホウ酸を用いて，次のような実験をしました。これについて，下の各問いに答えなさい。ただし，水１mLあたりの重さは１gであるとします。

【実験】

① 温度が，20℃，40℃，60℃の水を用意しました。

② それぞれの温度の水を50mLずつ三つのビーカーにとり，それぞれホウ酸をとけるだけとかしました。その結果は，以下の【結果】Ⅰのようになりました。

この【実験】②の操作《そうさ》を食塩についても同様に行ったところ，あとの【結果】Ⅱのようになりました。

③ 【実験】②でつくった六つのビーカーを理科室に１日置いたところ，ホウ酸のとけていたビーカーの底にはホウ酸のつぶができていました。

【結果】 Ⅰ ホウ酸の実験結果のグラフ

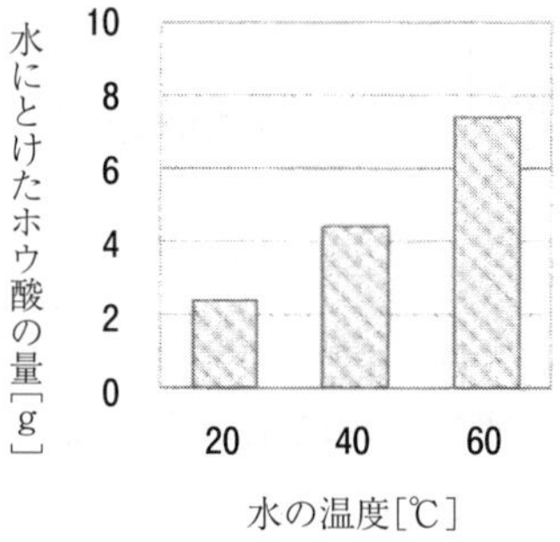

【結果】 Ⅱ 食塩の実験結果のグラフ

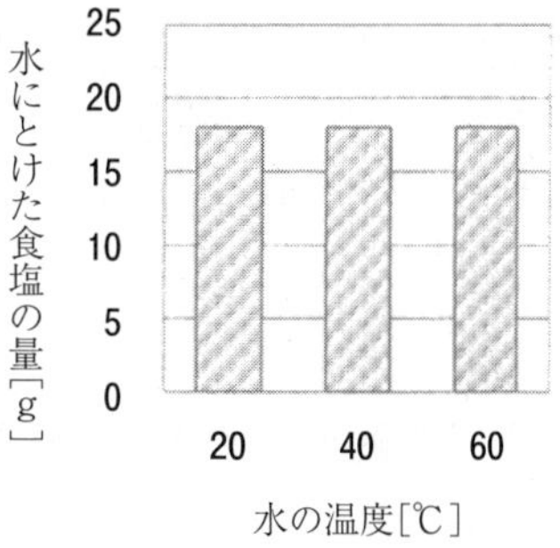

問１ 【実験】②について，50mLの水の量を正しくはかりとるとき，メスシリンダーを用います。はじめに，右の**図**のところまでビーカーを用いて水を注ぎました。この後，何mL加えればよいですか。

図

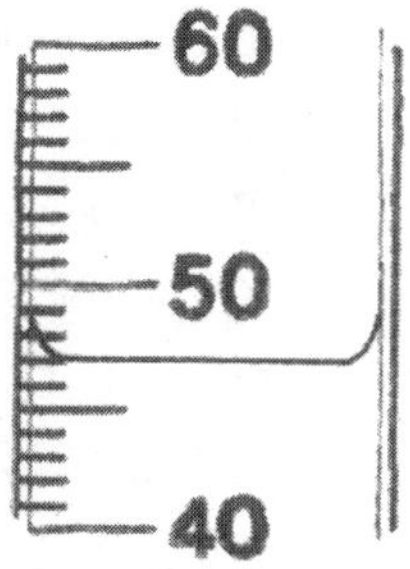

問２ 【結果】Ⅰからいえることとして，最も正しいものを次の**ア**～**エ**の中から一つ選び，その記号を書きなさい。

ア 水の量が増えるにしたがって，とけるホウ酸の量も多くなる。

イ 水の温度が上がるにしたがって，とけるホウ酸の量は多くなる。

ウ 水の温度が変わっても，水の量が増えない限りとけるホウ酸の量はほとんど変わらない。

エ 食塩と比べて，ホウ酸は水にとけやすい。

問３ 【実験】③について，60℃の水にとけていたホウ酸のビーカーの底に，ホウ酸のつぶができていたとき，ビーカーの重さをのぞいた全体の重さは何gになりますか。最も適しているものを次の**ア**～**エ**の中から一つ選び，その記号を書きなさい。

ア 60g　**イ** 57g　**ウ** 52g　**エ** 50g

問４ 【実験】③について，食塩のとけていたビーカーにはつぶはほとんどできていませんでした。【結果】Ⅱのグラフをもとにして，その理由を簡単《かんたん》に書きなさい。

3 ふりこのふれかたの規則性を調べるために，**図1**のようなふりこをつくり，次のような【実験】を行いました。これについて，下の各問いに答えなさい。

【実験】

① ふりこのふれはばが10°になるようにして手をはなして，1往復する時間を求めました。

② 【実験】①の条件をふりこ**A**として，そこから「ふれはば」，「ふりこの長さ」，「おもりの重さ」の条件を以下の**表**のように変えて実験を行い，ふりこが1往復する時間を求めました。

表

	ふりこ**A**	ふりこ**B**	ふりこ**C**	ふりこ**D**
ふれはば(°)	10	20	10	10
ふりこの長さ(cm)	25	25	50	25
おもりの重さ(g)	50	50	50	100
1往復する時間(秒)	1.0	1.0	1.4	1.0

図1

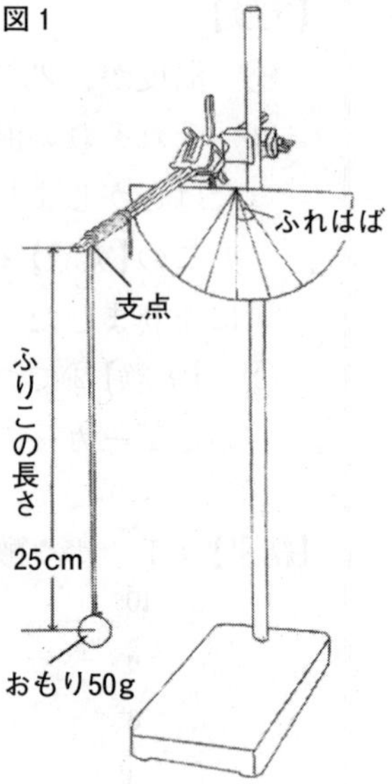

問1 【実験】①の下線部において，ふりこが1往復する時間を正確に求めるには，どのような方法で行えばよいですか。その方法について簡単《かんたん》に書きなさい。

問2 **表**のふりこ**A**と**B**，**A**と**C**および**A**と**D**の条件をそれぞれ比べたときに，ふりこの1往復する時間についていえることは何ですか。それぞれに当てはまるものを次の**ア**～**カ**から一つ選び，その記号を書きなさい。なお，当てはまるものがない場合には，解答らんに×を書きなさい。

ア ふりこのおもりの重さが2倍になると，1往復する時間は2倍になる。

イ ふりこのおもりの重さが2倍になっても，1往復する時間は変化しない。

ウ ふりこのふれはばが2倍になると，1往復する時間は2倍になる。

エ ふりこのふれはばが2倍になっても，1往復する時間は変化しない。

オ ふりこの長さが2倍になると，1往復する時間は2倍になる。

カ ふりこの長さが2倍になっても，1往復する時間は変化しない。

図2

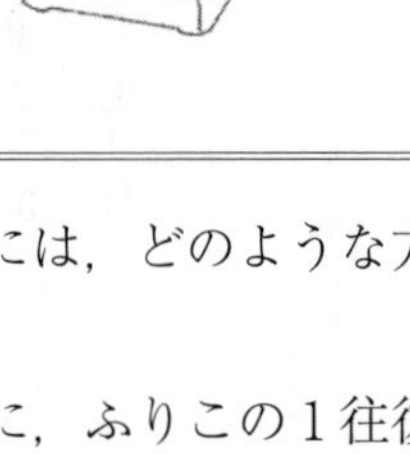

問3 右の**図2**に示されているメトロノームは，ふりこの性質を利用したもので，音楽の授業などに使われています。メトロノームのふりこが往復する時間を短くするには，おもりをどうすればよいですか。そのようにする理由もあわせて，簡単《かんたん》に書きなさい。

4　さいたま市で12月のある日の午後7時に星空の観察を行いました。これについて，次の各問いに答えなさい。

問1　観察時に星座早見《せいざはやみ》を使って星座《せいざ》を探《さが》しました。星座早見《せいざはやみ》を**図1**のように使ったときには，どの方角を観察していますか。その方角を書きなさい。

図1

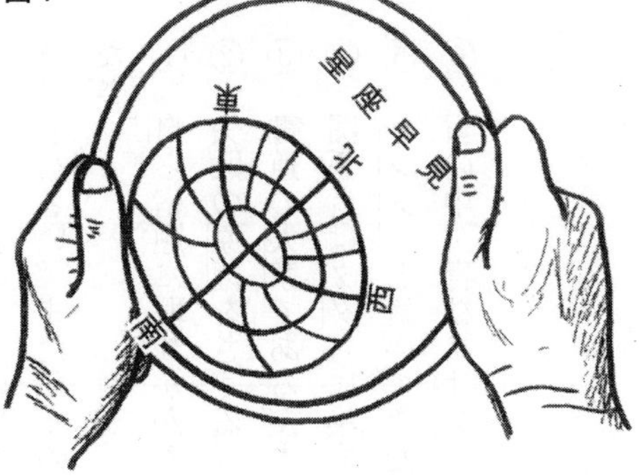

問2　**図2**のように，空に見えた星の中で，ある星《せい》座《ざ》を選んでその様子を記録しました。**図2**の**A**は何という星座《せいざ》ですか。その名前を書きなさい。

図2

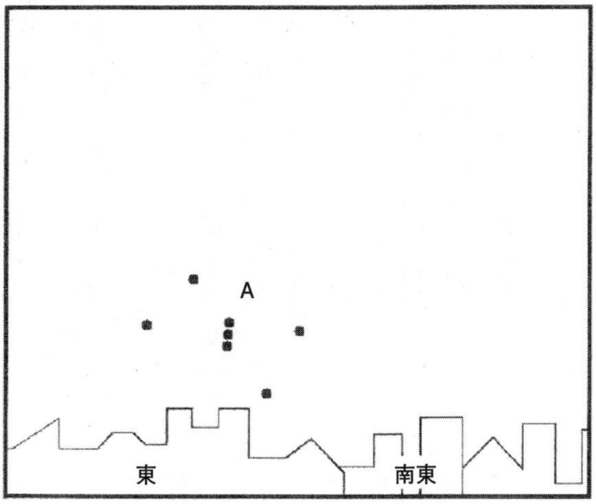

問3　**図2**の観察結果から3時間後に星座《せいざ》**A**を観察しました。このとき観察した結果を正しく記録したものはどのようになりますか。解答らんの図に書き入れなさい。

エ　バトン　**オ**　ばあい

問5　次の文の〰〰線部の言葉を修飾《しゅうしょく》している言葉を――線部**ア**～**ク**の中からすべて選び、その記号を書きなさい。

ア宇宙船《うちゅうせん》の　**イ**窓《まど》から　**ウ**外を　**エ**ながめると、　**オ**そこには　**カ**大きな　**キ**青い　地球が　**ク**あった。

問6　次の文章は、帰りの会で司会が学級の児童に向けて話した言葉の一部です。この中に、敬語《けいご》が正しく使われていない部分が一か所あります。正しく使われていない部分と、それを正しい敬語《けいご》に直した言葉をそれぞれ書きなさい。

> みなさん、今日の朝会を覚えていますか。わたしは、校長先生が申していた「礼を正す」という言葉が心に残っています。校長先生からいただいた言葉の意味を考え、明日は心をこめてあいさつをしていきましょう。

問7　次の①～⑤の――線部の漢字には読みがなを書き、カナは漢字で書きなさい。また、⑥の‖線部は、送りがなもふくめて書きなさい。

① 自ら宿題に取りかかる。
② 失敗の原因をさぐる。
③ 書道の大家である友人の祖父に助言をもらった。
④ 関係者はタダちに集まってください。
⑤ レンメンと続いてきた伝統を受けつぐ。
⑥ 雪の中、喜びイサンで飛び出した。

【資料】

問2　あとの**【グラフ】**は、「国語が乱《みだ》れていると思うか」という質問に対する調査結果をまとめたものです。ここから読み取れることと、それをもとにした自分の意見を、次の〔**きまり**〕にしたがって書きなさい。

〔**きまり**〕
・自分の意見とその理由を具体的に書くこと。
・二つの文で書くこと。

【グラフ】　国語が乱《みだ》れていると思うか

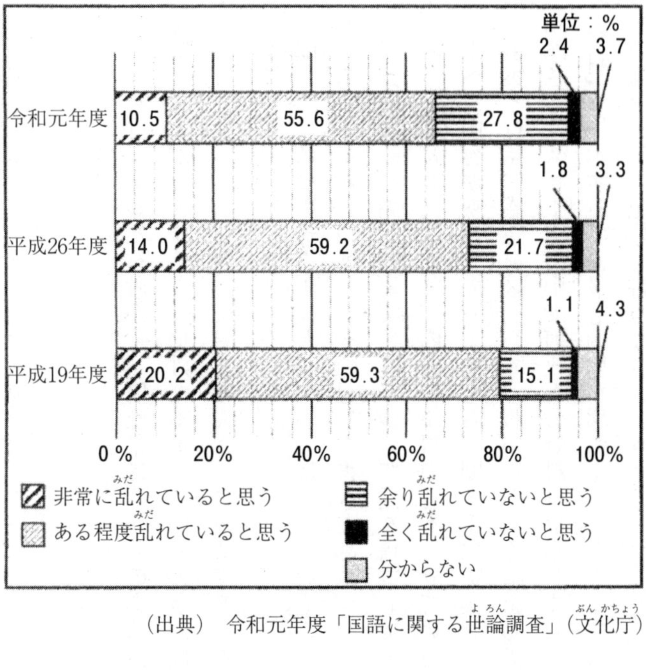

（出典）　令和元年度「国語に関する世論《よろん》調査」（文化庁《ぶんかちょう》）

問3　「太」を書くとき、字の外形として正しいものはどれですか。次の**ア**～**オ**の中から一つ選び、その記号を書きなさい。

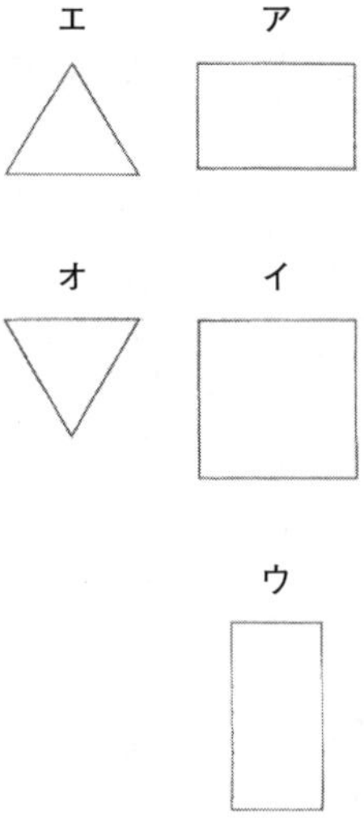

問4　国語辞典を使って、次の**ア**～**オ**の言葉をひいたとき、二番目にのっているのはどれですか。一つ選び、その記号を書きなさい。

ア　はと　　**イ**　ハート　　**ウ**　パート

ウ　数値《すうち》を用いて表現することで根拠《こんきょ》の正確性を高めている。

エ　比ゆを用いることで具体的な場面を想像できるようにしている。

問5　④小さな体の者が生き残り　とありますが、それはなぜだと考えられますか。次の空らんに合うように**十五字以内**で書きなさい。

エサの少ない島に生息していたので、小さな体のほうが［　　　　］から。

問6　⑤新たな進化をつくり出す　とはどういうことだと筆者は考えていますか。「標準」、「時代」という言葉を使って、次の空らんに合うように**四十字以上五十字以内**で書きなさい。

はずれ者が、［　　　　　　　　］ということ。

二

次の各問いに答えなさい。

問1　二郎《じろう》さんの小学校では、国語の時間に、埼玉県にゆかりのある作家を調べて発表することになりました。次は、二郎《じろう》さんが調べた作家について発表しているときの**【スピーチ】**の一部と**【資料】**の一部です。これを読んで、あとの問いに答えなさい。

【スピーチ】

みなさん、校歌を歌うとき、だれが作ったものか気になったことはありませんか。今回わたしが発表するのは、埼玉県内の学校の校歌の作詞《さくし》を手がけたこともある、神保光太郎《じんぼこうたろう》さんです。

（ア）

わたしの家の近くにある別所沼公園《べっしょぬまこうえん》に、神保光太郎《じんぼこうたろう》さんの詩を刻《きざ》み込《こ》んだ石碑《せきひ》が建っています。今回、彼《かれ》を選んだきっかけは、この石碑《せきひ》を見つけたことでした。別所沼公園《べっしょぬまこうえん》を散歩しているときに目に留まり、調べてみようと思ったのです。

（イ）

神保光太郎《じんぼこうたろう》さんは山形県出身の詩人ですが、埼玉県内でも十校を超《こ》える学校の校歌を作詞《さくし》しています。なぜなのでしょうか。神保光太郎《じんぼこうたろう》さんは、別所沼《べっしょぬま》の近くに住み、ここを活動の拠点《きょてん》としていたのです。

（ウ）

彼《かれ》は『日本浪曼派《にほんろまんは》』という同人誌《どうじんし》を創刊《そうかん》しましたが、その誌名《しめい》は別所沼《べっしょぬま》を散策《さんさく》中に思いついたといわれています。こんなに身近なところに有名な作家がいたことに、おどろきました。

また、昭和四十一年には、浦和《うらわ》に建てられた埼玉会館の完成を祝って「埼玉のこころ」と題した詩を書いています。この詩はもとは埼玉会館の玄関《げんかん》ホールに掲《かか》げられていたといいます。彼《かれ》は埼玉の文化の発展《はってん》に尽《つ》くした人だったのです。

（エ）

…（省略）…

今回は、身近にあった石碑《せきひ》から、埼玉県にゆかりのある詩人のことを知ることができました。何げなく歩いているとき、周りにあるものにちょっと目を向けてみませんか。これまで知らなかった、意外な発見があるかもしれません。

(1)　二郎《じろう》さんのスピーチの工夫《くふう》として当てはまらないものを、次の**ア**～**エ**の中から一つ選び、その記号を書きなさい。

ア　自分の体験や調べた事実にもとづいて話を構成している。

イ　聞き手の質問に答えて、内容に説得力をもたせている。

ウ　調べた内容から自分の考えをもち、聞き手に提案している。

エ　事実と意見、感想を区別して、わかりやすく話をしている。

(2)　二郎《じろう》さんはスピーチの中で何枚《なんまい》かの資料を提示しました。次の**【資料】**を提示するのに最も適切な場所を、**（ア）**～**（エ）**の中から一つ選び、その記号を書きなさい。

　ニュージーランドに棲《す》むキウィは、飛べない鳥です。鳥が飛べないなんて、おかしいですよね。じつは、キウィの祖先は飛ぶことのできる鳥だったと考えられています。ところが、その中に飛ぶことの苦手な個体が生まれました。鳥なのに飛べないなんて、本当にはずれ者です。ただ、ニュージーランドには、キウィを襲《おそ》う猛獣《もうじゅう》がいなかったので、飛んで逃《に》げる必要がありません。飛ぶのが苦手な鳥は、飛ぶことが少ないので、エネルギーを使いません。その分、エサも少なくてすむかもしれませんし、節約したエネルギーでたくさん卵《たまご》を産むことができるかもしれません。こうして飛ぶのが苦手な「はずれ者」が、飛ぶのが苦手な子孫をたくさん産み、飛べない鳥に進化していったと考えられているのです。

　あるいは、ブラキオサウルスは、全長二五メートルを超《こ》えるような巨大《きょだい》な恐竜《きょうりゅう》です。ところが、ブラキオサウルスの仲間のエウロパサウルスは、馬くらいの大きさしかありません。ブラキオサウルスの仲間にしては、とても小さな体なのです。

　エウロパサウルスの祖先は巨大《きょだい》な恐竜《きょうりゅう》だったと考えられています。ところが、エウロパサウルスはエサの少ない島で進化をしました。そのとき、④小さな体の者が生き残り、やがて、小さな恐竜《きょうりゅう》へと進化を遂《と》げたのです。

　⑤新たな進化をつくり出すのは、常に※正規分布のすみっこにいるはずれ者なのです。

※正規分布…平均付近が一番高く、平均から離《はな》れるにつれて緩《ゆる》やかに低くなっていく、左右対称《たいしょう》な釣《つ》り鐘《がね》型の分布。

問1　①実験などではあまりに平均値《へいきんち》からはずれたものは、取り除《のぞ》いて良いとありますが、それはなぜですか。適切なものを、次のア～エの中から一つ選び、その記号を書きなさい。

ア　自然界には存在《そんざい》しない虚《うつ》ろな存在《そんざい》であるから。

イ　平均値《へいきんち》が上がることが約束されているから。

ウ　平均値《へいきんち》がずれてしまう可能性があるから。

エ　自然界には平均値《へいきんち》に近い値《あたい》しかないから。

問2　②生物はたくさんの解答を作り続けますとありますが、具体的にどうするのですか。本文中から**二十四字**で書きぬきなさい。

問3　③「はずれ者」が進化をつくっていると思わせる例は見られますについてオオシモフリエダシャクを用いて説明したものとして適切なものを、次の**ア**～**エ**の中から一つ選び、その記号を書きなさい。

ア　木の幹が黒くなってしまったため、「はずれ者」であった白いガの身を隠《かく》す場所が見つからなくなり、黒いガだけが多く観察されるようになったということ。

イ　工場のススで真っ黒になってしまった木の幹に似せた「はずれ者」を、白いガが生み出したことによって、初めて黒いガに進化することができたということ。

ウ　工場のススで黒くなったガは白いガの「はずれ者」となってしまったが、鳥に食べられずに済《す》んだので、今でも黒いガのグループは存在《そんざい》しているということ。

エ　白い木の幹に身を隠《かく》す白いガの「はずれ者」として黒いガが生まれたが、身を隠《かく》す環境《かんきょう》が変化したことで、黒いガだけが生き残るようになったということ。

問4　□の部分の表現の特徴《とくちょう》を説明したものとして適切なものを、次の**ア**～**エ**の中から一つ選び、その記号を書きなさい。

ア　問いかける言葉を用いることで読み手をひきつけている。

イ　資料から適切なところを引用することで説得力を高めている。

二〇二一年度 埼玉大学教育学部附属中学校

【国語】

一 次の文章は、稲垣栄洋《いながきひでひろ》著『はずれ者が進化をつくる　生き物をめぐる個性の秘密《ひみつ》』の一節です。よく読んで、あとの問いに答えなさい。

人間が複雑な自然界を理解するときに「平均値《へいきんち》」はとても便利です。そのため、人間は平均値《へいきんち》を大切にします。そして、とにかく平均値《へいきんち》と比べたがるのです。

平均値《へいきんち》を大切にすると、平均値《へいきんち》からはずれているものが邪魔《じゃま》になるような気になってしまいます。

みんなが平均値《へいきんち》に近い値《あたい》なのに、一つだけ平均値《へいきんち》からポツンと離《はな》れていると、何だかおかしな感じがします。何より、ポツンと離《はな》れた値《あたい》があることによって、大切な平均値《へいきんち》がずれてしまっている可能性もあります。

そのため、①実験などではあまりに平均値《へいきんち》からはずれたものは、取《と》り除《のぞ》いて良いということになっています。

はずれ者を取《と》り除《のぞ》けば、平均値《へいきんち》はより理論的《りろんてき》に正しくなります。値《あたい》の低いはずれ者をなかったことにすれば、平均値《へいきんち》は上がるかもしれません。

こうしてときに「平均値《へいきんち》」という、自然界には存在《そんざい》しない虚《うつ》ろな存《そん》在《ざい》のために、はずれ者は取《と》り除《のぞ》かれてしまうのです。

しかし、実際の自然界には「平均値《へいきんち》」はありません。「ふつう」もありません。あるのは、さまざまなものが存在《そんざい》している「多様性」です。

生物はバラバラであろうとします。そして、はずれ者に見えるような平均値《へいきんち》から遠く離《はな》れた個体をわざわざ生み出し続けるのです。

どうしてでしょうか。

自然界には、正解がありません。ですから、②生物はたくさんの解答を作り続けます。それが、多様性を生み続けるということです。条件によっては、人間から見るとはずれ者に見えるものが、優《すぐ》れた能力を発揮《はっき》するかもしれません。

かつて、それまで経験したことがないような大きな環境《かんきょう》の変化に直面したとき、その環境《かんきょう》に適応したのは、平均値《へいきんち》から大きく離《はな》れたはずれ者でした。

そして、やがては、「はずれ者」と呼《よ》ばれた個体が、標準になっていきます。そして、そのはずれ者がつくり出した集団の中から、さらにはずれた者が、新たな環境《かんきょう》へと適応していきます。こうなると古い時代の平均とはまったく違《ちが》った存在《そんざい》となります。

じつは生物の進化は、こうして起こってきたと考えられています。

進化というのは、長い歴史の中で起こることなので、残念ながら、私《わたし》たちは進化を観察することはできません。

しかし、③「はずれ者」が進化をつくっていると思わせる例は見られます。

たとえば、オオシモフリエダシャクという白いガは、白い木の幹に止まって身を隠《かく》します。が、ときどき黒色のガが現れます。白色のガの中で、黒色のガははずれ者です。ところが、街に工場が作られ、工場の煙突《えんとつ》から出るススによって、木の幹が真っ黒になると、目立たない黒いガだけが、鳥に食べられることなく生き残りました。そして、黒いガのグループができていったのです。

2021年度
埼玉大学教育学部附属中学校 ▶解説と解答

算 数 ※試験時間・満点…非公表

解 答

[1] **問1** $1\frac{1}{2}$ **問2** 8通り **問3** 135まい **問4** 2400m **問5** 15cm **問6** 18度 [2] (例) 解説の図を参照のこと。 [3] 2025 [4] **問1** ①，③ **問2** 正しくない／**理由**…(例) 解説を参照のこと。

解 説

[1] 四則計算，場合の数，整数の性質，速さ，水の深さと体積，角度

問1 $\frac{1}{4}\times(8-4\div2)=\frac{1}{4}\times(8-2)=\frac{1}{4}\times6=\frac{3}{2}=1\frac{1}{2}$

問2 メインメニューからハンバーガーを選んだ場合，残りの金額は，500－140＝360(円)だから，2通りのサイドメニューと2通りのドリンクのどちらも選ぶことができる。よって，この場合の組み合わせは，2×2＝4(通り)である。また，メインメニューからエッグバーガーを選んだ場合，残りの金額は，500－200＝300(円)なので，フライドポテトとバニラシェイクの組み合わせだけは選ぶことができない。よって，この場合の組み合わせは，4－1＝3(通り)となる。さらに，メインメニューからダブルバーガーを選んだ場合，残りの金額は，500－260＝240(円)だから，選ぶことができる組み合わせはアップルパイとオレンジジュースの1通りだけである。したがって，全部で，4＋3＋1＝8(通り)とわかる。

問3 正方形の1辺の長さは6と10の公倍数になる。また，右の図①の計算から，6と10の最小公倍数は，2×3×5＝30と求められるので，正方形の1辺の長さは30の倍数になる。よって，小さい方から3番目の正方形の1辺の長さは，30×3＝90(cm)だから，たて方向に，90÷6＝15(まい)，横方向に，90÷10＝9(まい)のタイルを使うことになる。したがって，必要なタイルのまい数は，15×9＝135(まい)である。

図①

```
2) 6  10
   3   5
```

問4 2人の進行のようすは右の図②のようになる。イの長さはアの長さの，12÷5＝2.4(倍)なので，イの長さは，250×2.4＝600(m)とわかる。よって，ひかるさんは，16－12＝4(分)で600m走ったから，ひかるさんの速さは毎分，600÷4＝150(m)となる。したがって，スタート地点からゴール地点までの長さは，150×16＝2400(m)と求められる。

図②

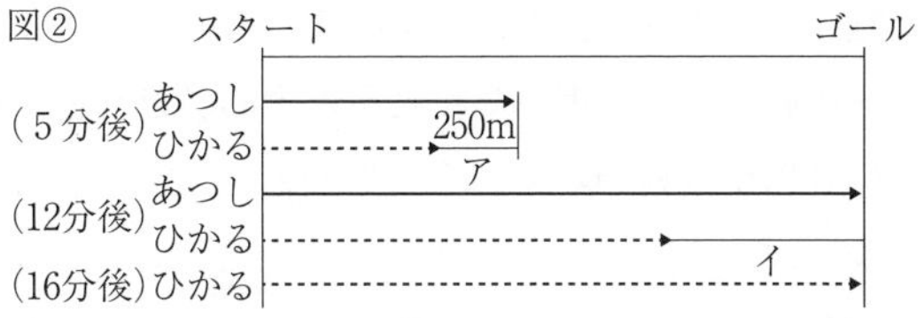

〔**ほかの考え方**〕 2人が5分で走った長さの差が250mなので，2人の速さの差は毎分，250÷5＝50(m)である。あつしさんとひかるさんがゴールをするまでにかかった時間の比は，12：16＝3：4だから，速さの比は，$\frac{1}{3}:\frac{1}{4}$＝4：3とわかり，この比の1にあたる速さは毎分，50÷(4－3)＝50(m)なので，ひかるさんの速さは毎分，50×3＝150(m)と求めることもできる。

問５　２つの重りは完全に水の中にしずむから，２つの重りの体積の分だけ水面が上がる。２つの重りの体積はそれぞれ，$8\times8\times3.14\times5=320\times3.14$($\mathrm{cm}^3$)，$6\times6\times3.14\times5=180\times3.14$($\mathrm{cm}^3$)なので，２つの重りの体積の合計は，$320\times3.14+180\times3.14=(320+180)\times3.14=500\times3.14$($\mathrm{cm}^3$)とわかる。さらに，容器の底面積は，$10\times10\times3.14=100\times3.14$($\mathrm{cm}^2$)だから，上がる水面の高さを□cmとすると，$100\times3.14\times□=500\times3.14$と表すことができる。よって，$100\times□=500$より，$□=500\div100=5$(cm)と求められるので，容器の底からの水面の高さは，$10+5=15$(cm)になる。

問６　右の図③で，５つの三角形OAB，OBC，OCD，ODE，OEAは合同な二等辺三角形である。よって，角AOBと角BOCの大きさは，それぞれ，$360\div5=72$(度)だから，角AOCの大きさは，$72\times2=144$(度)とわかる。また，三角形OACはOA＝OCの二等辺三角形なので，角アの大きさは，$(180-144)\div2=18$(度)と求められる。

図③

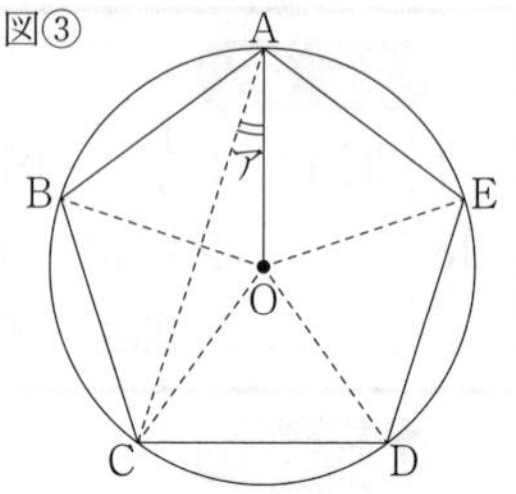

[2] 立体図形―展開図

ひもが通る４つの面を展開図に表すと，たとえば右のようになる(かげをつけた面と斜線《しゃせん》をつけた面は同じ面を表す)。ひもは展開図上ではAとB′を結ぶ直線になり，点線部分を図のように移動すると，ひもが通る部分は太実線のようになる。

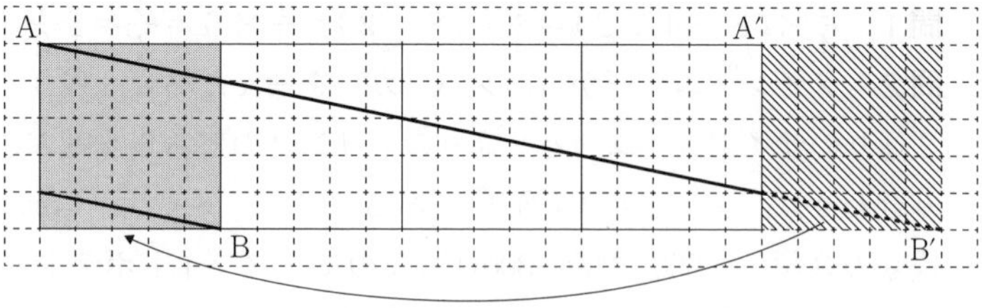

[3] 数列

１の段の和は，$1+2+3+\cdots+9=(1+9)\times9\div2=45$である。また，２の段の数は，１の段の数をそれぞれ２倍にしたものだから，２の段の和は，１の段の和の２倍であり，(45×2)と表すことができる。同様に考えると，３の段の和は(45×3)，４の段の和は(45×4)，…，９の段の和は(45×9)となるので，すべての和は，$45\times1+45\times2+45\times3+\cdots+45\times9=45\times(1+2+3+\cdots+9)=45\times45=2025$と求められる。

[4] 表とグラフ

問１　東小学校にある芸術の本の数を知るためには，①と③の資料が必要である。実際に求めると，③の資料から，東小学校にある本の数は全部で6400さつとわかる。また，①の資料から，そのうちの８％が芸術の本であることがわかるから，東小学校にある芸術の本の数は，$6400\times0.08=512$(さつ)となる。

問２　④の資料から，西小学校の６年生の人数は80人とわかる。そのうち，10月に借りた本の数が５さつ以上だった人の割合は15％なので，その人数は，$80\times0.15=12$(人)となる。一方，東小学校の場合，④の資料から，６年生の人数は150人とわかる。また，②の資料から，そのうち10月に借りた本の数が５さつ以上だった人の割合は12％とわかるから，その人数は，$150\times0.12=18$(人)と求められる。よって，東小学校の人数のほうが多いので，きょうこさんの考えは正しくない。

社　会　※試験時間・満点…非公表

解　答

1 **問1**　**A**　北緯　**B**　東経　**問2**　**C**　(例)　乾燥した　**D**　(例)　一年を通じて降水量が少ない　**問3**　白神山地　**問4**　ア　**問5**　エ　**問6**　(例)　インターネットがふきゅうし，電話のかわりに電子メールやSNSを利用する人が増えた　2 **問1**　イ　**問2**　中尊寺　**問3**　ウ　**問4**　(例)　幕府が，日本近海にあらわれた外国船を打ち払ったこと。(幕府が，天保のききんに適切な対応をとれなかったこと。)　**問5**　イ　3 **問1**　教育　**問2**　ウ　**問3**　平和主義　**問4**　**B**　選挙　**C**　(例)　政治に反映させることができる

解　説

1　日本の国土や気候，産業についての問題

問1　日本の国土は，０度の緯線(赤道)より北側(上側)，０度の経線(本初子午線)より東側(右側)に位置するので，緯度は「北緯」，経度は「東経」で表す。

問2　日本列島では，一般に夏は南東の季節風の影響を受けて太平洋側で，冬は北西の季節風の影響を受けて日本海側で降水量が多くなる。瀬戸内海に面する高松市(香川県)は，夏の南東季節風が四国山地に，冬の北西季節風が中国山地にさえぎられるので，夏も冬も季節風が乾燥《かんそう》した風となって吹《ふ》いてくる。そのため，高松市が属する瀬戸内の気候には，一年を通じて比較《ひかく》的温暖で降水量が少ないという特色がある。

問3　青森県と秋田県の県境にまたがる白神山地は，世界最大級のブナの原生林が残されていることや，動植物の多様な生態系が育まれていることから，1993年にユネスコ(国連教育科学文化機関)の世界自然遺産に登録された。

問4　第二次世界大戦後の日本における食生活の変化や，貿易の自由化によって農産物の輸入量が増えたことなどから，2018年の日本の食料自給率はカロリーベースで約37%と低くなっている。グラフにおいて，1960年から2018年にかけて自給率がほぼ100%のＡは米，自給率がほぼ100%だった1960年から2018年には80%程度に下がっているＢは野菜，1970年から2018年にかけて自給率が20%を下回っているＣは小麦である。よって，アがあてはまる。統計資料は『日本国勢図会』2020／21年版による。

問5　中京工業地帯は1990年から2000年にかけて，阪神工業地帯は1990年から2010年にかけて出荷額が下がったが，その後は上がっている。しかし，京浜工業地帯の出荷額は，1990年より下がり続けている。よって，エが誤っている。なお，資料にある2017年の京浜工業地帯の出荷額等は，正しくは25兆9961億円である。

問6　表１より，国内電話の通信回数が年々減っていることがわかる。一方，表２・表３からは，インターネットの利用者数や人口ふきゅう率が年々増加していることや，インターネットの機能・サービス利用率では，電子メールの送受信が70.8%，SNSの利用が46.7%と高いことが読み取れる。したがって，国内電話の通信回数が減ったのは，インターネットがふきゅうし，電子メールやSNSを利用する人が増えたからだと考えられる。

2 感染症の歴史を題材にした問題

問１　奈良時代の741年，聖武天皇が国ごとに国分寺や国分尼《に》寺を建てさせる命令を出したので，この地図からは当時の国の分布を知ることができる。なお，藩校は，江戸時代に各藩が武士の子弟のために設立した教育機関である。

問２　平安時代の後半，東北地方では奥州藤原氏が平泉(岩手県)を根拠《こんきょ》地として３代にわたり栄え，初代の清衡《きよひら》により屋根・壁《かべ》・柱などを金ぱくでおおった中尊寺金色堂が建てられた。中尊寺を中心とする平泉の仏教遺跡群は，2011年にユネスコの世界文化遺産に登録されている。

問３　疫病《えきびょう》で亡《な》くなった死者の霊《れい》をなだめるために始まったのはウの祇園《ぎおん》祭である。祇園祭は京都の八坂神社の祭礼で，平安時代に始まり，室町時代に応仁の乱(1467～77年)で中断したが，のちに京都町衆の手で復興されて現在にいたる。なお，アは平安時代の貴族らが興じた蹴鞠《けまり》を再現した京都下鴨《しもがも》神社の「蹴鞠初め」，イは江戸時代に幕府がキリシタンを見つけるために実施した絵踏，エは明治時代に鹿鳴館《ろくめいかん》で行われた舞踏《ぶとう》会のようすである。

問４　江戸時代後期にあたる天保《てんぽう》期の江戸幕府は，日本近海にあらわれる外国船や，全国的な米不足に見まわれた天保のききんへの対応にせまられた。1837年には，日本人漂流民を送り届けて交易をはかろうとしたアメリカ船モリソン号を，1825年に出した異国船打払令にもとづいて幕府が追い払うモリソン号事件が起こった。そのさい，来航の目的もきかずにモリソン号を撃退《げきたい》した幕府の対応を，蘭学者の渡辺崋山《かざん》や高野長英が批判したため，処罰《しょばつ》された(蛮社《ばんしゃ》の獄《ごく》)。また，天保のききんでは，生活に苦しむ人たちへ適切な対応をとらない幕府や各藩に不満を持ち，1837年，大坂町奉行所の元役人で陽明学者の大塩平八郎や国学者の生田《いくた》万《よろず》が反乱を起こした。

問５　1894年には，朝鮮をめぐる日本と清(中国)の対立を原因として日清戦争が起こった。翌95年にこの戦争に勝利した日本は下関条約により，中国から多額の賠償《ばいしょう》金や台湾などの領土を得た。また，1904年には，朝鮮と満州(中国東北部)をめぐる日本とロシアの対立などを原因として日露戦争が起こった。翌05年にこの戦争に勝利した日本はポーツマス条約により，ロシアから南満州鉄道の利権や樺太《からふと》(サハリン)の南半分などの領土を得た。よって，イがあてはまる。

3 国民の権利や義務についての問題

問１　日本国憲法は，第26条で教育を受ける権利と，教育を受けさせる義務を定めている。この条文では，すべての国民に教育を受ける権利を認め，また子どもに普通教育を受けさせる義務を負うと規定している。

問２　裁判員制度では，裁判員は満20歳以上の有権者の中からくじと面接で選ばれ，重大な刑事裁判の第一審に参加する。よって，ウが誤っている。なお，成人年齢を満18歳以上に引き下げる民法や少年法の改正にともない，2023年以降は裁判員も満18歳に引き下げられる予定である。

問３　日本国憲法の三原則は，「国民主権」「基本的人権の尊重」「平和主義」である。平和主義の原則は憲法の前文と第９条に定められており，同条２項では，この原則を実現するため，戦力を持たない，国の交戦権を認めないとしている。

問４　日本では，国民が選挙で選んだ代表者である国会議員が集まって議会(国会)をつくり，物事を話し合って決める議会制民主主義(間接民主主義)をとっている。議会制民主主義では，国民は選挙を通して，自分たちの意見を政治に反映させることができる。

理　科　※試験時間・満点…非公表

解　答

1 **問1**　ア　**問2**　イ　**問3**　右の図　**問4**　A／(例)　トンボ　**2** **問1**　3 mL　**問2**　イ　**問3**　イ　**問4**　(例)　水の温度が変化しても，食塩が50mLの水にとける量はほとんど変化しないから。　**3** **問1**　(例)　ふりこが10往復する時間をはかってその値を10で割ることを数回行い，それらの平均を求める。　**問2**　**AとB**…エ　**AとC**…×　**AとD**…イ　**問3**　(例)　おもりの位置を下げると，ふりこの長さが短くなるため，往復する時間を短くすることができる。　**4** **問1**　南西　**問2**　オリオン座　**問3**　(例)　解説の図を参照のこと。

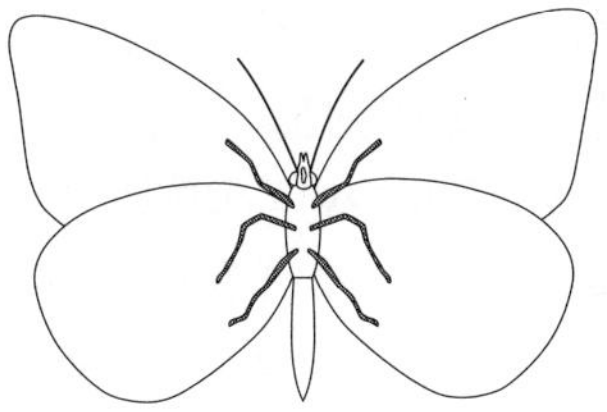

解　説

1 **モンシロチョウについての問題**

問1　モンシロチョウの幼虫は遠いきょりを移動するのが難しいので，卵からかえったときにえさがすぐ近くにないと死んでしまうおそれが高くなる。そこで，モンシロチョウの親が幼虫のえさとなるキャベツなどの植物の葉に卵を産みつければ，卵からかえった幼虫が確実にえさを食べられ，それだけ成虫にまで成長する可能性が高くなるといえる。

問2　アはアゲハの幼虫，イはモンシロチョウの幼虫，ウはトンボの幼虫(ヤゴと呼ばれる)，エはカブトムシなどの幼虫である。

問3　モンシロチョウのようなこん虫は，体が頭・胸・腹の3つに分かれていて，胸に3対(6本)の足をもつ。

問4　モンシロチョウは「たまご→幼虫→さなぎ→成虫」の順に育ち，このような育ち方を完全変態という。完全変態をするこん虫にはほかにハチ，カブトムシ，アリ，ハエなどがいる。一方，「たまご→幼虫→成虫」の順に育つ育ち方を不完全変態という。不完全変態をするこん虫にはトンボ，セミ，カマキリ，バッタなどがいる。

2 **もののとけ方についての問題**

問1　メスシリンダーで水の量をはかりとるときは，水面のへこんだ部分で目盛りを読む。図のメスシリンダーに入っている水は47.0mLと読めるので，あと，50－47＝3(mL)加えれば50mLになる。

問2　結果Ⅰは，水の量は50mLで同じになっているが，水の温度が異なっている。そして，水の温度が高いほど，水にとけたホウ酸の量が多くなっている。このことから，水の温度が上がるにしたがって，とけるホウ酸の量は多くなることがわかる。

問3　結果Ⅰより，60℃の水50mL(50g)にとけたホウ酸は約7gとわかる。つまり，60℃の水50mLにホウ酸をとけるだけとかしたとき，ビーカーの重さをのぞいた全体の重さは，50＋7＝57(g)となっている。このホウ酸の水よう液を理科室に1日置いておくと，水よう液の温度が下がって，とけていたホウ酸の一部がつぶとなって現れるが，このときホウ酸はビーカーの外に出ていったり，外から入ってきたりはしない。水にとけて見えなくなっていたホウ酸の一部がつぶとなって見えるようになっただけである。したがって，ビーカーの重さをのぞいた全体の重さは57gのまま変わっていない。なお，ここでは水の蒸発は考えないものとした。

問4　結果Ⅱを見ると，食塩の場合は水の温度が変わってもとける量がほとんど変わらないことがわかる。そのため，理科室に１日置いておいたとき，水よう液の温度が下がっても食塩のつぶはほとんど現れない。

3 ふりこについての問題

問１　ふりこが１往復する時間を実験で調べるのは，おもりをはなすときの手のぶれや，ストップウォッチをおすタイミングのずれなどによって誤差が生じるため，正確にはかるのはとても難しい。そこで，たとえば10往復する時間をはかり，その値を10で割って１往復する時間を求めれば，誤差を小さくすることができ，正確な値に近づく。さらに，この操作を何度も行って，それらの平均の値を求めると，より正確な値に近づく。

問２　**AとB**…両者はふれはばだけがちがい，Bのふれはばは Aの，20÷10＝２(倍)になっているが，１往復する時間が同じである。よって，ふりこのふれはばが２倍になっても，１往復する時間は変化しないといえる。　**AとC**…両者はふりこの長さだけがちがい，Cのふりこの長さはAの，50÷25＝２(倍)となっているが，Cの１往復する時間はAの，1.4÷１＝1.4(倍)になっている。したがって，当てはまるものはない。　**AとD**…両者はおもりの重さだけがちがい，Dのおもりの重さはAの，100÷50＝２(倍)だが，１往復する時間は同じである。よって，おもりの重さが２倍になっても，１往復する時間は変化しないといえる。

問３　問２で考えたことから，ふりこの長さが長いほど，ふりこの１往復する時間は長くなると考えられる。よって，メトロノームのふりこが往復する時間を短くするには，ふりこの長さを短くすればよい。メトロノームでは，ふれる棒の支点からおもりの位置までの長さがふりこの長さにあたるから，おもりの位置を下げると，ふりこの長さが短くなり，１往復する時間を短くすることができる。

4 星座と星座早見についての問題

問１　星座早見は，観察したい方角を下にして持ち，上にかざして使う。図１では，南と西のまん中を下にして持っているので，南西の方角を観察している。

問２　オリオン座は，３つ並んだ星とそれを四角に囲む４つの星が目印となる冬の代表的な星座の一つである。オリオン座が東の地平線からのぼるときは，３つ並んだ星がたてに連なって見える。

問３　オリオン座はおよそ半日かけて，東の地平線から南の空を通って西の地平線まで動くように見える(春分・秋分の日の太陽とほぼ同じ道すじをえがく)。これは約12時間で180度動くことになるから，１時間当たりでは，180÷12＝15(度)動くといえる。よって，３時間後には西へ，15×３＝45(度)動くので，解答に示したような位置にくる。また，オリオン座の向きも時計回りにおよそ45度回した向きになる。

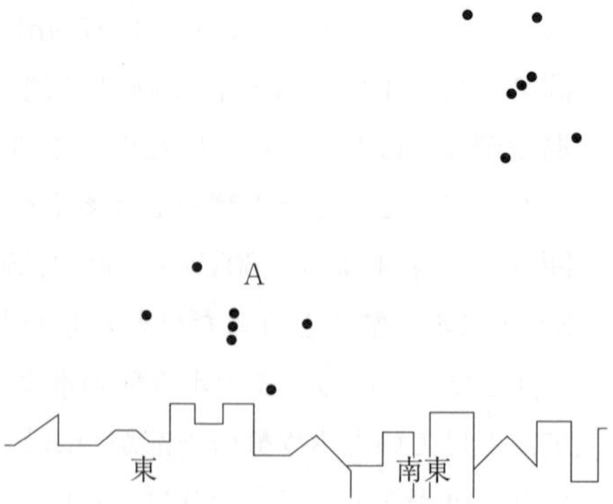

国　語　※試験時間・満点…非公表

解　答

一　**問1**　ウ　**問2**　平均値から遠く離れた個体をわざわざ生み出し続ける　**問3**　エ　**問4**　ア　**問5**　(例)　エネルギーを節約できる　**問6**　(例)　大きな環境の変化に適応し，やがてそれが標準となり，古い時代の平均とはまったく違った存在となる　二　**問1**　(1)　イ　(2)　ウ　**問2**　(例)　このグラフから，年度によって増減はあるものの，国語が乱れていると感じる人の割合は常に過半数をこえていることがわかる。私も，聞きなれない外来語などを耳にしたときに，なぜ日本語で表現しないのかと不思議に思うことがあり，国語の乱れを感じている。　**問3**　イ　**問4**　イ　**問5**　カ，キ　**問6**　申して→おっしゃって(話されて，お話になって)　**問7**　①　みずか(ら)　②　げんいん　③　たいか　④～⑥　下記を参照のこと。

●漢字の書き取り

二　**問7**　④　直(ちに)　⑤　連綿　⑥　勇ん

解　説

一　**出典は稲垣栄洋《いながきひでひろ》の『はずれ者が進化をつくる　生き物をめぐる個性の秘密』による。**自然界に存在する「平均値から遠く離《はな》れた」はずれ者によって生物は進化してきたと述べられている。

問1　複雑な自然界を理解するさい「平均値」を重要視する人間にとって，「ポツンと離れた値」の存在はそこにずれを生じさせかねない邪魔《じゃま》な存在となる。そのため，「実験などではあまりに平均値からはずれたものは，取り除いて良い」ことになると述べられている。「はずれ者を取り除けば，平均値はより理論的に正しく」なるのである。

問2　「正解」のない自然界において，「平均値」に近い存在ばかりでは大きな環境《かんきょう》の変化に適応できない可能性がある。だから，生物は「たくさんの解答」，つまり「平均値から遠く離れた個体をわざわざ生み出し続ける」のである。

問3　「白い木の幹に止まって身を隠《かく》」し，外敵から逃《のが》れてきた「白色」のオオシモフリエダシャクという種にときどき現れる「黒色のガ」は当初「はずれ者」とされていた。しかし「工場の煙突《えんとつ》から出るススによって，木の幹が真っ黒」になったとき，その環境の変化に適応して生きのびることのできた「黒色のガのグループができていった」のだから，エが合う。

問4　「鳥が飛べないなんて，おかしいですよね」と語りかけることで，筆者は読み手を引きつけているので，アがよい。なお，「資料」の引用は見られないので，イは合わない。また，「数値」を根拠《こんきょ》とした主張はなされていないので，ウも正しくない。さらに，「比ゆ」が用いられている部分もないので，エもふさわしくない。

問5　キウィの中では「飛ぶのが苦手な鳥」が「はずれ者」とされていたが，外敵のいないニュージーランドでは，わざわざエネルギーを消費して「飛んで逃《に》げる必要」はなかった。そのため「飛ぶのが苦手な鳥」のほうがエサも少なくてすみ，節約したエネルギーでたくさん卵を産むことができるだろうと筆者は述べている。エウロパサウルスの場合も同様に，「エサの少ない」環境に適応し，生きていくうえでエネルギーを節約できるのは，「巨大《きょだい》な恐竜《きょうりゅう》」ではなく，はずれ者である

「小さな体の者」だったので,「小さな恐竜へと進化」できたのである。

問6　本文の中ほどの「かつて〜」で始まる段落とその次の段落で，生物が「それまで経験したことがないような大きな環境の変化に直面したとき，その環境に適応したのは，平均値から大きく離れたはずれ者」であり，やがて「『はずれ者』と呼ばれた個体が，標準」になると説明されている。こうして誕生した新たな「標準」は「古い時代の平均とはまったく違《ちが》った存在」となるが，このような過程こそ「進化」というのだと筆者は述べている。

二　埼玉県にゆかりのある作家についての【スピーチ】と【資料】,【グラフ】を読んで答える問題，漢字の知識，国語辞典の引き方，ことばのかかり受け，敬語の知識，漢字の読みと書き取り

問1　(1)　聞き手からの質疑応答なしに【スピーチ】は終了しているので，イがふさわしくない。　(2)　示された【資料】は『日本浪曼《ろまん》派』という同人誌の写真なので，この雑誌について話す直前に提示するとよい。

問2　グラフの読み取りの場合，数値が最も大きなものに着目すると考えやすい。また自分の意見については，根拠《こんきょ》となる体験や見聞などを示して，説得力をもたせるようにする。

問3　一画目の横棒の長さも考えて字の外形をとらえていく。アの外形の漢字には「四」や「皿」など，ウの外形の漢字には「月」や「目」など，エの外形の漢字は「人」や「小」など，オの外形の漢字には「下」や「丁」などがある。

問4　国語辞典の見出し語は五十音順に並べられ，最初の字が同じ場合は二番目の字の，二番目の字も同じ場合は三番目の字の五十音順になる。また，清音(「はひふへほ」など)の後に濁音《だくおん》(「ばびぶべぼ」など)，そして半濁音(「ぱぴぷぺぽ」など)が続く。さらに，のばす音の「ー」(音引き)は，「あいうえお」におきかえるが,「あいうえお」の字よりあとになる。オ「ばあい」とイ「ハート」を比べたとき，一番目の字は「ば」と「は」であるが，これは同じ「は」とみなし，二番目の字の「あ」と「ー」で比べる。よって，オ「ばあい」→イ「ハート」→ウ「パート」→ア「はと」→エ「バトン」の順となる。

問5　ことばのかかり受けでは，直接つなげてみて意味のまとまる部分が答えになる。「そこに」「あった」のは,「大きな」地球であり，かつ「青い」地球である。

問6　「申す」は「話す」の謙譲《けんじょう》語。動作の主体は「校長先生」なのだから,「おっしゃる」「話される」などの尊敬語を用いるのがよい。

問7　①　「自ら」は,“自分から”という意味。　②　ものごとが起こるもと，わけ。　③　学問や芸術の方面で特にすぐれている人。　④　音読みは「チョク」「ジキ」で,「直通」「正直」などがある。　⑤　とぎれることなく長く続いていること。　⑥　音読みは「ユウ」で,「勇者」などの熟語がある。

2020年度　埼玉大学教育学部附属中学校

〔電　話〕（048）862－２２１４
〔所在地〕〒336-0021　埼玉県さいたま市南区別所４－２－５
〔交　通〕JR京浜東北線－「浦和駅」より徒歩20分，
埼京線－「中浦和駅」より徒歩10分

※本年度の試験時間・満点は非公表です。

【算　数】

1　次の各問いに答えなさい。

問１　$5.1\times\frac{7}{6}+1.5\div\frac{6}{7}$ を計算しなさい。

問２　次の①～④の式に表されることがらを，あとの**ア**～**オ**から選び，記号を書きなさい。

① $30+x=y$　　② $30-x=y$　　③ $30\times x=y$　　④ $30\div x=y$

ア　折り紙が30まいあります。x 人で等分すると１人分は y まいになります。

イ　家から駅まで歩くと30分かかります。家から駅までの道のりが x mのとき，速さは分速 y mです。

ウ　30ページの本があります。x ページ読んだときの残りは y ページです。

エ　底辺が30cm，高さが x cm の平行四辺形があります。面積は y cm^2 です。

オ　30円のあめと x 円のチョコレートを買います。代金は y 円です。

問３　右の図のような**A**と**B**の２つのダイヤル錠《じょう》があります。**A**は０～９までの10個の数が３つならんだものです。**B**は１～６までの６個の数が４つならんだものです。**A**と**B**を比べたとき，つくることができる数の組み合わせは，どちらが何通り多くなるといえるかを書きなさい。ただし，どちらも同じときは「どちらも同じ」と書きなさい。

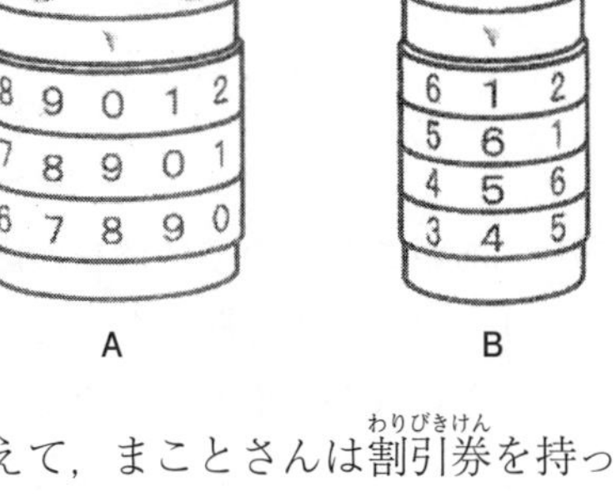

問４　まことさんは，休日に洋服を買いに行きました。その店では，全品10％引きセールをしていました。それに加えて，まことさんは割引券《わりびきけん》を持っていたため，10％引きしたねだんから，さらに20％引きしたねだんで買うことができました。このとき，定価が3000円の洋服を，まことさんはいくらで買うことができたかを求めなさい。ただし，消費税は考えないこととします。

問５　右の折れ線グラフは，**A社**と**B社**における１月～３月までの売り上げの変化を表しています。このグラフから読み取れることとして，次の**ア**～**エ**の中で誤《あやま》っているものを１つ選び，記号を書きなさい。

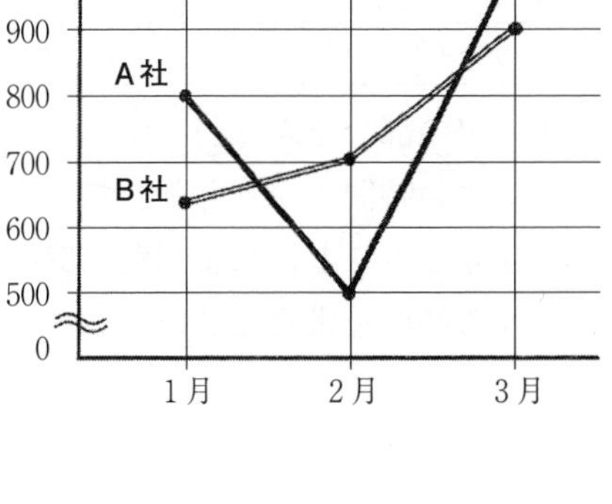

ア　**A社**の売り上げは１月から２月にかけて減ったが，２月から３月にかけては増えた。

イ　２月から３月にかけては，**B社**よりも**A社**の方が売り上げが増えた。

ウ　１月から３月の売り上げの合計では**B社**よりも**A社**の方が多い。

エ　**B社**の売り上げは２月に対して３月は２倍以上に増えた。

問６　右の図のような円柱の形をした缶《かん》に入ったジュースを，円柱の形をしたコップに移します。このとき，移した先のコップには，何cmの高さのところまでジュースが入るか答えなさい。ただし，缶《かん》やコップの厚みは考えないものとします。

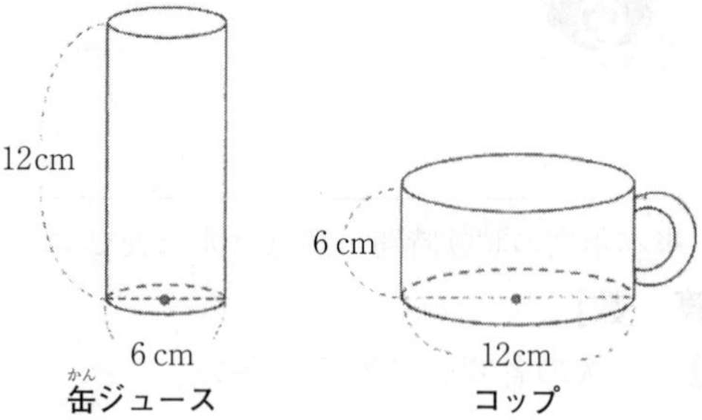

2　２まいの三角定規を，下の**図１**のように重ねました。このとき，かげ( )の付いている部分の面積を求めなさい。

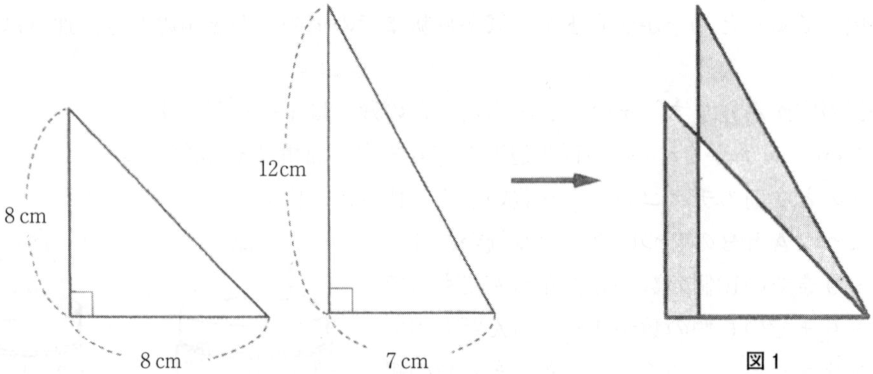

図１

3　あいこさんの家には右の**図２**のような形の田んぼがあり，収《しゅう》かくの時期になったので稲《いね》をかりとることにしました。収《しゅう》かく用の機械を１台使って**ア**の部分の稲《いね》をかりとってみたところ，かりとった面積に対して，収《しゅう》かくできた米の重さ，かかった時間の関係は下の**表**のようになりました。このとき，以下の問いに答えなさい。

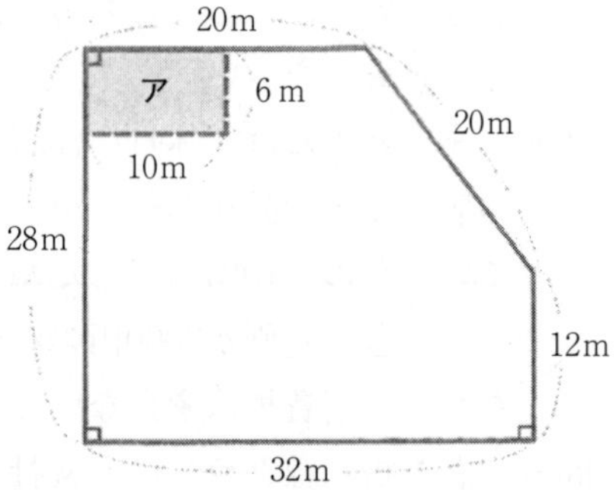

図２

表

かりとった面積(m^2)	20	30	60
収《しゅう》かくできた米の重さ(kg)	14	21	42
かかった時間(分)	4	6	12

問１　**ア**の部分をふくむ，すべての稲《いね》をかりとったときに収《しゅう》かくできる米の重さを求めなさい。

問２　短い時間でかりとりを終わらせるために，同じ機械をさらに３台借りて，合計４台で稲《いね》をかりとることにしました。**ア**の部分をのぞいた，残りの部分の稲《いね》をすべてかりとるためにかかる時間を求めなさい。

4　円の面積を求める公式は「半径×半径×円周率」です。円の面積がなぜこの公式で求めることができるのかを，必要に応じて下の図を用いて説明しなさい。

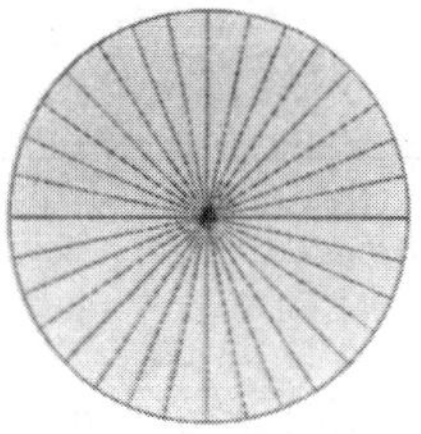

図3

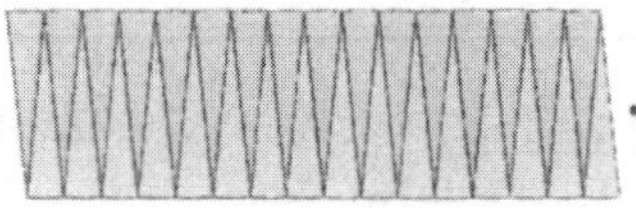

図4

図5

【社　会】

1　彩子《あやこ》さんは，ショッピングモールの見学をして，さまざまな店があることがわかりました。彩子《あやこ》さんがまとめた**記録**を読んで，下の各問いに答えなさい。

彩子《あやこ》さんの記録

- スポーツ用品店には，①アメリカ合衆国《がっしゅうこく》で特に人気のある野球の用品がたくさんありました。
- 楽器店にあったピアノの部品は，②大工場や中小工場でつくられていることがわかりました。
- 食料品売り場には，③私《わたし》が住んでいる地域《ちいき》の生産物が多いことがわかりました。
- 展示場《てんじじょう》には，全国各地の④米が並《なら》べられていて，新潟県《にいがたけん》の米がおいしいとわかりました。
- ショッピングモールでは，多くの⑤電気が使われていることがわかりました。

問１　下線部①について，アメリカ合衆国《がっしゅうこく》の特色として誤《あやま》っているものを，次の**ア**～**エ**の中から一つ選び，その記号を書きなさい。

ア　アメリカ合衆国《がっしゅうこく》は，砂《さ》ばくが多く，石油が日本への輸出品の第１位となっている。

イ　アメリカ合衆国《がっしゅうこく》は，さまざまな人種や民族の人々がくらす多文化社会である。

ウ　アメリカ合衆国《がっしゅうこく》の日本からの輸入品の多くは，自動車や機械類である。

エ　アメリカ合衆国《がっしゅうこく》の国土の東には大西洋《たいせいよう》，西には太平洋《たいへいよう》があり，国内に時差がある。

問２　下線部②について，彩子《あやこ》さんは，日本国内の工場の特色について調べると，**資料１**が見つかりました。**資料１**を読み取り，考えたこととして正しいものを，次の**ア**～**エ**の中から一つ選び，その記号を書きなさい。

資料１　大工場と中小工場の割合《わりあい》(2014年度)

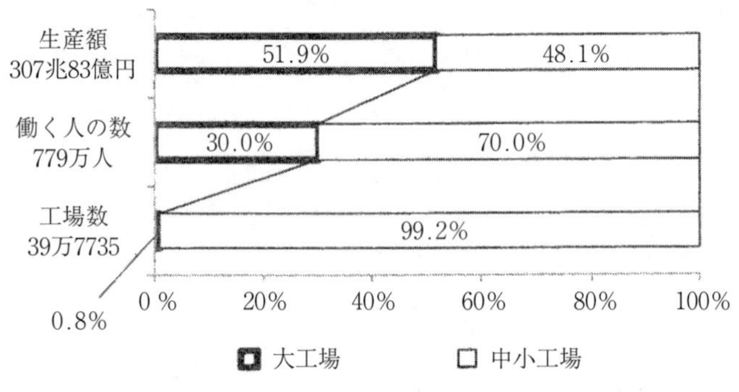

日本国勢図会《にほんこくせいずえ》 2016/17

ア　大工場も中小工場も，働く人一人あたりの生産額は変わらないと考えた。

イ　大工場も中小工場も，一つの工場あたりの生産額は変わらないと考えた。

ウ　日本の工場のほとんどは大工場であり，多くの人が働いていると考えた。

エ　大工場は，中小工場よりも一つの工場の中で働く人の数が多いと考えた。

問３　下線部③について，彩子《あやこ》さんの地域《ちいき》でつくられた食料品は，その地域《ちいき》で消費されることが多いことがわかりました。このような取り組みを何というか書きなさい。

問４　下線部④について，彩子《あやこ》さんは，おいしい米をつくるための工夫《くふう》を調べると，次のページの**資料２**が見つかりました。おいしい米をつくるための工夫《くふう》として誤《あやま》っているものを，下の**ア**～**エ**の中から一つ選び，その記号を書きなさい。

資料2　月ごとの米づくりの様子

1・2月	3月	4月	5月	6月	7月	8月	9月	10月	11月	12月
雪のため休み	種まき・苗《なえ》づくり		田おこし しろかき	田植え	水の管理　除草《じょそう》 肥料を与《あた》える		稲《いね》かり・かんそう 出荷《しゅっか》		機械や道具の整備	雪のため休み

ア　健康な土で苗《なえ》づくりを行う。

イ　稲《いね》を守るために除草《じょそう》する。

ウ　稲《いね》かりをしたらかんそうせずに出荷《しゅっか》する。

エ　稲《いね》の成長に必要な肥料を与《あた》える。

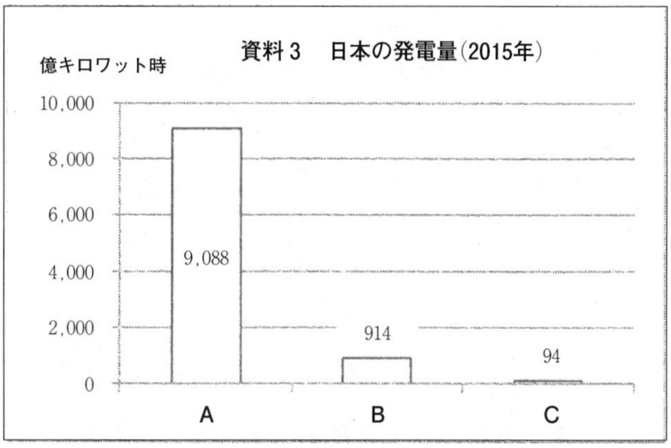

日本国勢図会《にほんこくせいずえ》 2017/18

問5　下線部⑤について，彩子《あやこ》さんが調べると，**資料3**が見つかりました。**資料3**のA～Cの内訳《うちわけ》の組み合わせとして正しいものを，次の**ア**～**エ**の中から一つ選び，その記号を書きなさい。

ア　A─水力　B─原子力　C─火力

イ　A─火力　B─原子力　C─水力

ウ　A─火力　B─水力　C─原子力

エ　A─原子力　B─水力　C─火力

問6　彩子《あやこ》さんは，ショッピングモールで売られている商品の生産国を調べるにあたり，次のような範囲《はんい》に分け，**世界の略図**にまとめることにしました。日本が位置する範囲《はんい》として正しいものを，**世界の略図**の**ア**～**エ**の中から一つ選び，その記号を書きなさい。

世界の略図

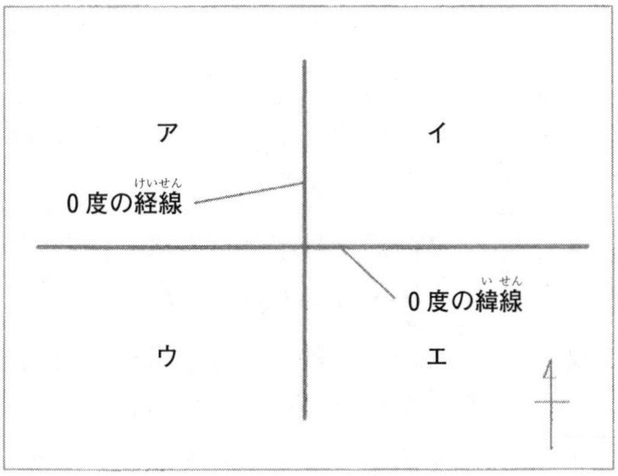

2 彩子《あやこ》さんは，近年来日者が多いことに関心をもち，歴史の学習の中から海外との関係について振《ふ》り返《かえ》り，**年表**に整理しました。**年表**をもとに下の各問いに答えなさい。

年表

時代	年	できごと
奈良時代《ならじだい》	754	鑑真《がんじん》が①日本にやってくる
鎌倉時代《かまくらじだい》	1274 1281	元《げん》がせめてくる 再び元《げん》がせめてくる } ②元寇《げんこう》
室町時代《むろまちじだい》	1549	キリスト教が伝わる
江戸時代《えどじだい》	1641 1853	③鎖国《さこく》が完成する ペリーが④浦賀《うらが》にやってくる
明治時代《めいじじだい》	1894 1904	⑤日清戦争《にっしんせんそう》(～1895) ⑥日露戦争《にちろせんそう》(～1905)
昭和時代《しょうわじだい》	1941 1964	太平洋戦争(～1945) ⑦オリンピック東京大会

問1　**A**・**B**の船は下線部①・④の際に使われた船です。船が日本に来た目的について説明している文の組み合わせとして正しいものを，下の**ア**～**エ**の中から一つ選び，その記号を書きなさい。

A

B

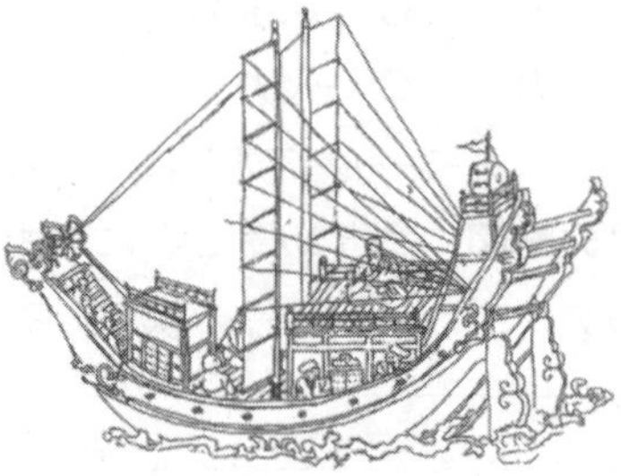

	①	④
ア	**A**の船で日本と行き来し，開国を求めた手紙を持ってきました。	**B**の船で日本と行き来し，大陸の文化をもたらしました。
イ	**A**の船で日本と行き来し，大陸の文化をもたらしました。	**B**の船で日本と行き来し，開国を求めた手紙を持ってきました。
ウ	**B**の船で日本と行き来し，大陸の文化をもたらしました。	**A**の船で日本と行き来し，開国を求めた手紙を持ってきました。
エ	**B**の船で日本と行き来し，開国を求めた手紙を持ってきました。	**A**の船で日本と行き来し，大陸の文化をもたらしました。

問2　下線部②の後に起こった鎌倉時代《かまくらじだい》の社会の変化について正しく述べているものを，次の**ア**～**エ**の中から一つ選び，その記号を書きなさい。

ア　幕府《ばくふ》は，大名を親藩《しんぱん》・譜代《ふだい》・外様《とざま》の三つに分けて，各地に工夫《くふう》して配置しました。

イ　幕府《ばくふ》は，ほうびの土地をあたえることができず，御家人《ごけにん》との関係がくずれました。

ウ　幕府《ばくふ》は，積極的に明《みん》との貿易を行い，文化を守ったり育てたりしました。

エ　幕府《ばくふ》は，武家諸法度《ぶけしょはっと》というきまりを定め，大名たちを治めていきました。

問3　下線部③は，幕府《ばくふ》が定めた制度です。それについて書かれた**説明文**Ⅰの［A］，［B］にあてはまる語の組み合わせとして正しいものを，下の**ア**～**エ**の中から一つ選び，その記号を書きなさい。

説明文Ⅰ

幕府《ばくふ》は，キリスト教の広まりに危機《きき》感をもち，キリスト教信者を見つけ出すために［A］を行って，キリスト教の取《と》り締《し》まりを強めました。さらに貿易を行う相手の国をキリスト教を広めるおそれのない［B］と中国に限り，貿易港も長崎《ながさき》だけとしました。

	A	B
ア	一揆《いっき》	オランダ
イ	一揆《いっき》	スペイン
ウ	絵ふみ	スペイン
エ	絵ふみ	オランダ

問4　下線部⑤・⑥のできごとの後に，日本と世界の国々の関係はどのように変わったのか，**不平等条約**という語を使い書きなさい。

問5　下線部⑦の後に，沖縄《おきなわ》が日本に復帰したことについて書かれた**説明文**Ⅱの［C］にあてはまる語を，**沖縄本島周辺《おきなわほんとうしゅうへん》のイラスト**を参考に書きなさい。

説明文Ⅱ

沖縄県《おきなわけん》は人々の努力が実り，1972年に日本に返還《へんかん》されました。しかし，**沖縄本島周辺《おきなわほんとうしゅうへん》のイラスト**中でぬられている部分（　　）は［C］に使われています。［C］は県の面積の約一割《わり》にあたります。

沖縄本島周辺《おきなわほんとうしゅうへん》のイラスト

3　彩子《あやこ》さんは，住んでいる市に新しく建設された児童館について調査するために，**調べたいこと**をまとめました。**調べたいこと**を読んで，あとの各問いに答えなさい。

児童館について調べたいこと　①　実施《じっし》している活動　②　利用者　③　利用費　④　建設の理由

問1　**調べたいこと**①について，調べ方として誤《あやま》っているものを，次の**ア**～**エ**の中から一つ選び，その記号を書きなさい。

ア　実際に行き，児童館の活動を見学したり，体験したりする。

イ　児童館で働いている人や，市役所の担当《たんとう》の人にインタビューをする。

ウ　インターネットを使って，児童館や市役所のホームページを見る。

エ　昔の地図を使って，児童館が建設される前の土地の様子を調べる。

問2　**調べたいこと**②を次にまとめました。**まとめⅠ**の［A］にあてはまる語を書きなさい。

写真

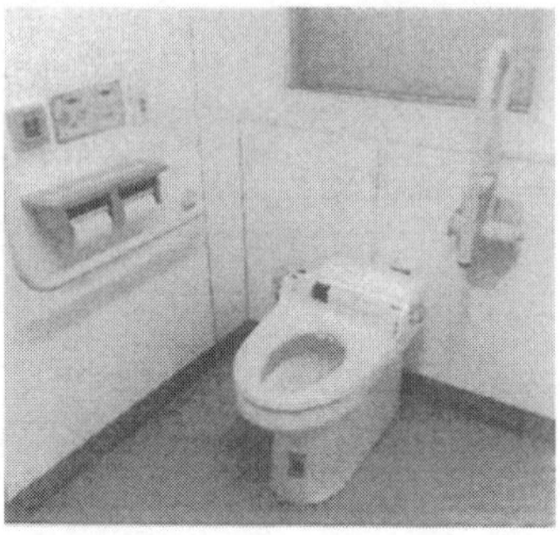

> **まとめⅠ**　児童館は小さな子どもだけでなく，お年寄りなどさまざまな利用者がいることがわかりました。そのため右の**写真**のように，広くスペースがとられていたり，手すりがあったりする多目的トイレがあり，どのような人でも使いやすいように［　A　］の考えでつくられていることがわかりました。

問3　**調べたいこと**③を調べると，無料で利用できるものが多いことがわかりました。このような公共的な事業の運営費用として使われる，住民が納《おさ》めるものを何というか書きなさい。

問4　**調べたいこと**④を次にまとめました。**まとめⅡ**の［B］，［C］にあてはまる文の組み合わせとして最も正しいものを，下の**ア**～**エ**の中から一つ選び，その記号を書きなさい。

> **まとめⅡ**　わたしたちの市では，住民のねがいを反映《はんえい》させた政治を行っていることがわかりました。**資料**を見ると［　B　］の人口が増加していることがわかります。そのことから将来《しょうらい》，わたしたちの市では［　C　］を支《し》援《えん》する政治を行うべきだと考えました。

資料　**彩子《あやこ》さんの市の人口の移り変わりとその予測**

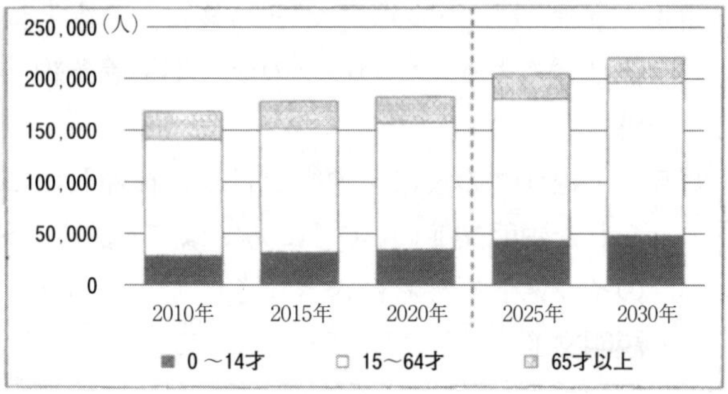

	B	C
ア	0～14才	子育てをする親
イ	0～14才	障《しょう》がいのある人
ウ	65才以上	子育てをする親
エ	65才以上	障《しょう》がいのある人

【理　科】

1　水そうでメダカを飼い，からだやたまごのようすを観察することにしました。これについて，次の各問いに答えなさい。

問1　**図1**は，おすのメダカのスケッチです。メダカのおすとめすを見分けることができるひれは，どのひれですか。**図1**の**ア**～**エ**の中からすべて選び，その記号を書きなさい。

図1

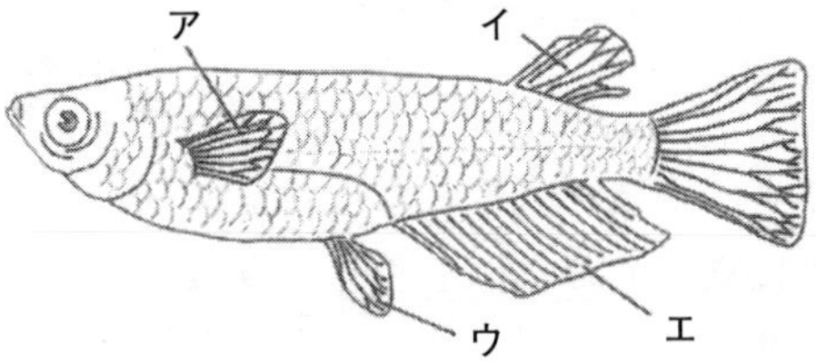

問2　メダカを飼っている水そうは**図2**のようなものです。たまごをとるのに最も適当なところはどこですか。下の**ア**～**エ**の中から一つ選び，その記号を書きなさい。

図2

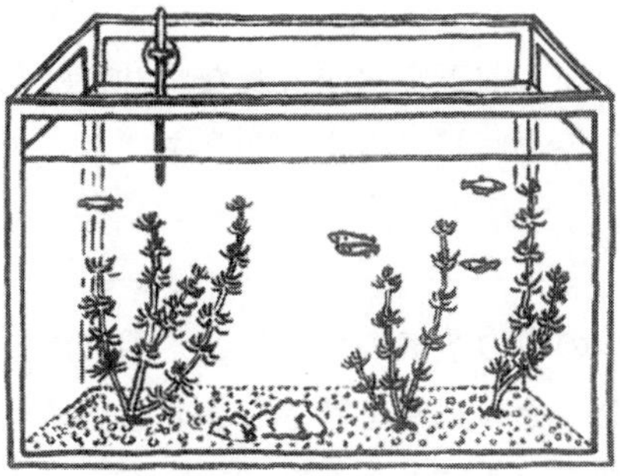

ア　水そうの底の小石　　**イ**　水そうのかべ
ウ　おすのメダカのひれ　　**エ**　水草

問3　メダカのたまごが育つと，たまごのようすはどのように変化していきますか。次の①～④を育つ順に正しくならべかえたものを，下の**ア**～**エ**の中から一つ選び，その記号を書きなさい。

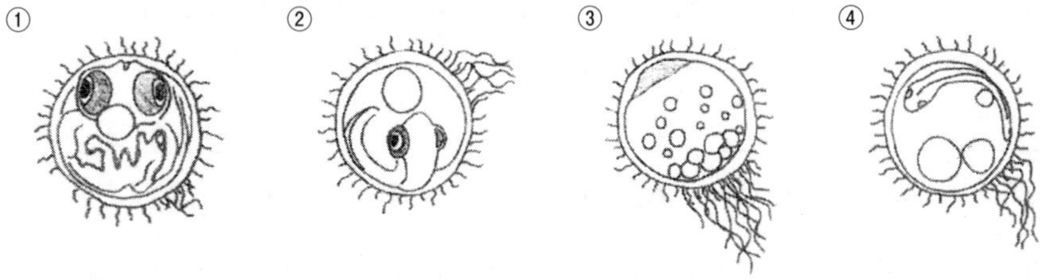

ア　③→②→④→①　　**イ**　③→④→①→②
ウ　③→④→②→①　　**エ**　④→③→①→②

問4　**図3**は，たまごからかえったばかりのメダカのスケッチです。このメダカには**X**のようなふくろ状のものが観察できました。ふ化してから2～3日間の**X**の役割《やくわり》は何ですか。簡単《かんたん》に書きなさい。

図3

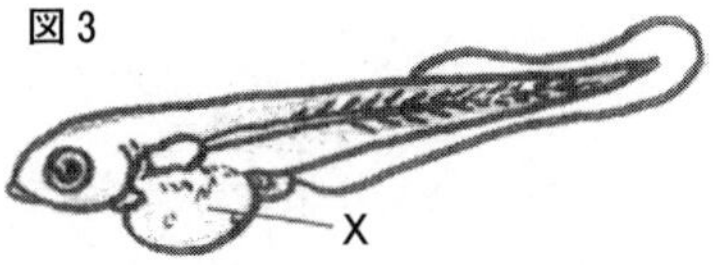

2　空気でっぽうについて，たろうさんとはなこさんが話をしています。これについて，下の各問いに答えなさい。

たろう：空気でっぽうをつくって遊ぼうよ。

はなこ：いいわよ。

たろう：つつに空気を閉《と》じこめるために，**図1**のように前玉，後玉をはめて準備するよ。玉は新聞紙を丸めてつめてみよう。

図1

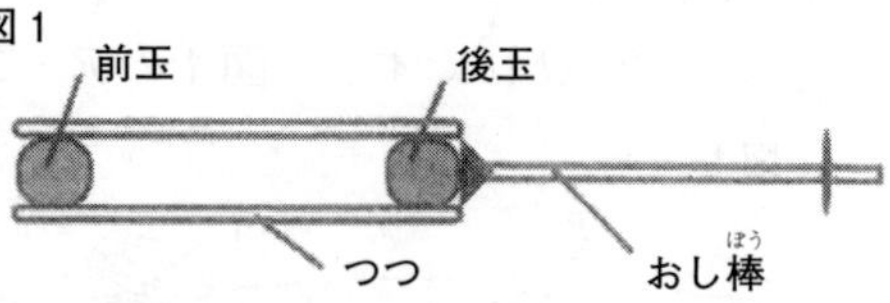

はなこ：たろうさんの**図1**のつつの中には，本当に空気が閉《と》じこめられているのかしら。

たろう：空気は目に見えないけど，①つつを机《つくえ》に立てておし棒《ぼう》をおしてみると，手ごたえがあるから中に空気が入っていると言えそう。

◇◇

たろう：いろいろやってみたけれど，おし棒《ぼう》を速くおすと前玉がよく飛んだね。②かわいた新聞紙の玉はうまく飛ばなかったけれど，新聞紙をぬらしてみたらよく飛んだなあ。

はなこ：空気のかわりに水を入れたらどうなるのかな。前玉を水がもれない材料に変えて，③つついっぱいに水を入れて同じようにおし棒《ぼう》をおしてみましょうよ。

たろう：やってみよう。

問1　下線部①について，おし棒《ぼう》をおしていくと「つつの中の空気の体積」と「手ごたえ」はどうなっていきますか。次の**ア**～**エ**の中から一つ選び，その記号を書きなさい。

ア　つつの中の空気の体積は小さくなっていき，手ごたえは大きくなっていく。

イ　つつの中の空気の体積は小さくなっていき，手ごたえは小さくなっていく。

ウ　つつの中の空気の体積は変わらずに，手ごたえは大きくなっていく。

エ　つつの中の空気の体積は変わらずに，手ごたえは小さくなっていく。

問2　下線部①のような方法以外に，つつの中に空気が入っていることを確かめるにはどのような方法がありますか。簡単《かんたん》に書きなさい。

問3　下線部②のように，かわいた新聞紙よりもぬらした新聞紙の方がよく飛んだ理由は何だと考えられますか。その理由を説明した次の文の空らん**A**と**B**に当てはまることばを書きなさい。

新聞紙をぬらしてつめることで(　**A**　)なって，空気が(　**B**　)から。

問4　下線部③のように，空気でっぽうのつつに空気のかわりに水をいっぱいに入れたら，前玉の飛び方はどうなると考えられますか。結果とその理由を簡単《かんたん》に書きなさい。

3 たろうさんは家族といっしょに，山の中にある川原で川遊びをしています。これについて，次の各問いに答えなさい。

問1 **図1**は，たろうさんが川遊びをしている川の地図です。この地図では，同じ高さの場所が10mごとに結んであります。また，太い線は川を表しています。この川はどちらの向きに流れていますか。次の**ア**～**エ**の中から一つ選び，その記号を書きなさい。

図1

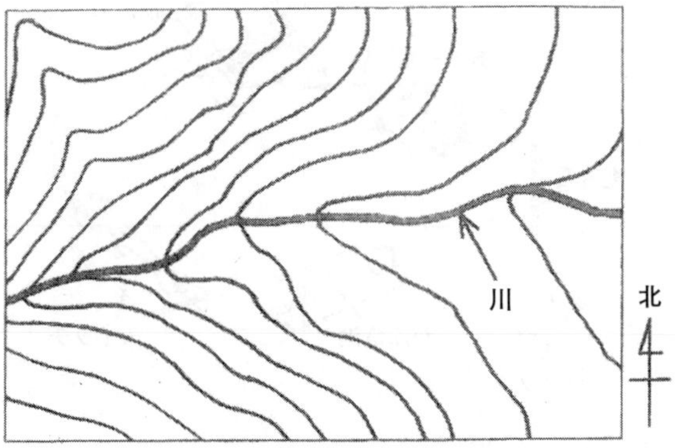

ア 北から南
イ 南から北
ウ 東から西
エ 西から東

問2 たろうさんは，川原の石がどれも丸みをおびていることに気づきました。川原にある石が丸みをおびているのはなぜですか。その理由を簡単《かんたん》に書きなさい。

問3 たろうさんが**図2**のような川が曲がっているところで水遊びをしているとき，**図**中の**A**点から**B**点に向かって歩くと，深さが場所によってちがうことに気づきました。**A**点から**B**点に向かうまでの深さの変化を図で表したものとして適切なものを，次の**ア**～**エ**の中から一つ選び，その記号を書きなさい。

図2

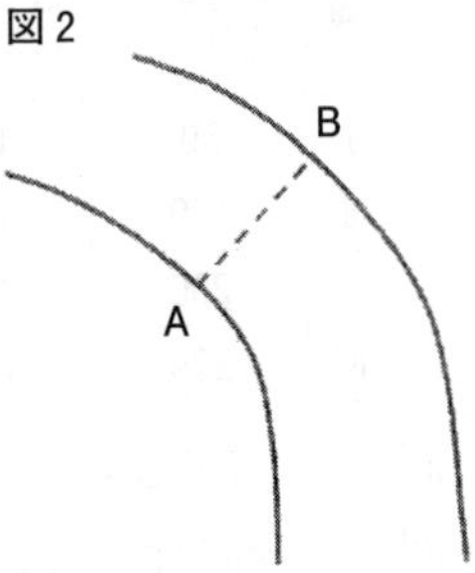

ア
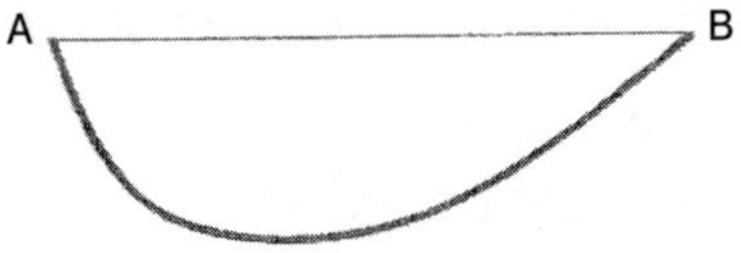

イ

ウ

エ

問4 たろうさんのお父さんが，空の雲を見ながら「かみなりも聞こえるし，このあと大雨がふるかもしれないから帰ろう。」と言いました。たろうさんのお父さんがこのように判断したのは，どのような雲を見たからだと考えられますか。次の**ア**～**エ**の中から一つ選び，その記号を書きなさい。

ア 積雲(わた雲)
イ 積らん雲
ウ けん雲
エ らんそう雲

4　**図1**のような電磁石《でんじしゃく》を作って，電磁石《でんじしゃく》のはたらきが強くなる条件を調べました。実験結果は下の**表1**のようになりました。これについて，以下の各問いに答えなさい。

図1

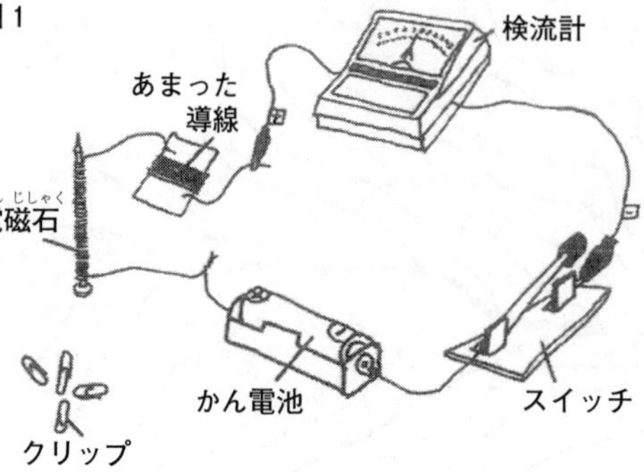

表1

実験	コイルのまき数(回)	電池の数(こ)	電流の大きさ(A)	つりあげたクリップの数(こ)		
				1回め	2回め	3回め
Ⅰ	50	1	0.7	1	2	1
Ⅱ	100	2	1.3	7	6	6
Ⅲ	200	1	0.7	7	7	6
Ⅳ	200	2	1.3	15	16	15

問1　この実験を行うときの安全上の注意点は何ですか。簡単《かんたん》に書きなさい。

問2　今回行った実験から，①コイルのまき数が増えると電磁石《でんじしゃく》のはたらきが強くなること，②流れる電流の大きさが大きくなると電磁石《でんじしゃく》のはたらきが強くなることがわかりました。それぞれのことは，実験Ⅰ～Ⅳのどの実験を比べることでいえますか。次の**ア**～**カ**の中から当てはまるものをすべて選び，その記号をそれぞれ書きなさい。

ア　実験Ⅰと実験Ⅱ　　**イ**　実験Ⅰと実験Ⅲ　　**ウ**　実験Ⅰと実験Ⅳ
エ　実験Ⅱと実験Ⅲ　　**オ**　実験Ⅱと実験Ⅳ　　**カ**　実験Ⅲと実験Ⅳ

問3　**図2**は，電磁石《でんじしゃく》を利用したベル(電れい)のつくりを模式的《もしきてき》に表したものです。次の文は，＜ベルが鳴るしくみ＞を説明したものです。この**A**～**D**に当てはまる文として，適切なものを下の**ア**～**エ**からそれぞれ一つずつ選び，その記号を書きなさい。

＜ベルが鳴るしくみ＞
① ベルのスイッチを入れる。
② （　**A**　）
③ （　**B**　）
④ （　**C**　）
⑤ （　**D**　）
⑥ ②～⑤の動きがくり返されて，ベルが鳴り続ける。

図2

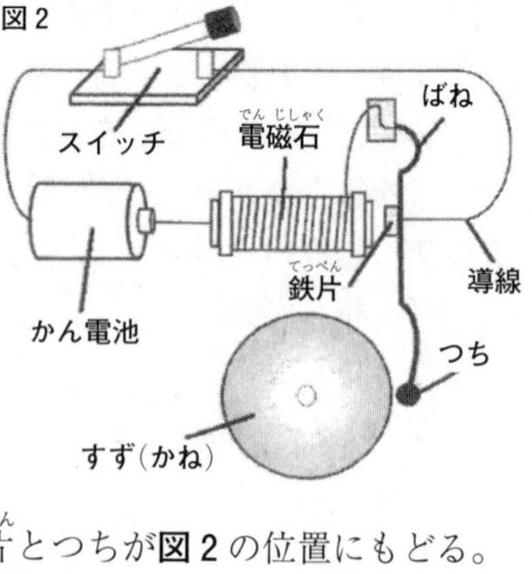

ア　導線に電流が流れなくなる。　　**イ**　ばねの力で鉄片《てっぺん》とつちが**図2**の位置にもどる。
ウ　導線に電流が流れる。　　**エ**　電磁石《でんじしゃく》が鉄片《てっぺん》を引きよせて，つちがすずをうつ。

(2)　【話し合い】の□は、青山さんが今井さんの意見を簡単《かんたん》にまとめた言葉が入ります。□の部分はあなたならどのように話しますか。実際の言葉を考えて一文で書きなさい。

(3)　「委員の読み聞かせ」以外にも、活動を行うとしたら、あなたはどの活動を行うと良いと思いますか。【資料】の《活動案》の中から一つ選び、次の〔きまり〕にしたがって書きなさい。

〔きまり〕・自分の意見とその理由を具体的に書くこと。
・二つの文で書くこと。

問2　原稿《げんこう》用紙の使い方で正しいものを、次のア〜エの中から一つ選び、その記号を書きなさい。

ア
　大事なテストなので、夜の十時まで勉強した。
そのため、朝はなかなか起きられなかった。

イ
　野球を始めたのは、小学二年生の冬休みだっ
た。毎日のつらい練習をこなして、今がある。

ウ
「次回の委員会の予定を伝えます。持ち物は
、軍手とペンです。必ず持ってきてください。」

エ
　今年の修学旅行先は、日光だった。楽しか
った思い出とともに卒業までがんばりたい。

問3　次の慣用句の□に共通して当てはまる言葉を書きなさい。

・□が切れる
・□をひねる
・□に入れる

問4　「くち」を漢字で書く場合、画の接し方として正しいものはどれですか。次のア〜エの中から一つ選び、その記号を書きなさい。

ア

イ

ウ

エ

問5　次の古典の文を声に出して読むとき、——線部はどのように読みますか。あとの【例】にならって、すべてひらがなで書きなさい。

三寸《さんずん》ばかりなる人、いとうつくしうてゐたり。

【例】　いふもの→いうもの

問6　次の①〜⑤の——線部の漢字には読みがなを書き、カナは漢字で書きなさい。また、⑥の＝＝線部は、送りがなもふくめて書きなさい。

①　みんなの思いに応える。
②　お客様のコートを預かる。
③　有益な情報を得る。
④　姉がマフラーをアむ。
⑤　友だちを家にショウタイする。
⑥　サイワイなことに雪がやんだ。

二　次の各問いに答えなさい。

問1　青山さんの通う小学校には、読書週間があります。図書委員会では読書週間に向けて、様々な準備を行っています。次は、委員長の青山さんが司会となり、読書週間に委員会が行う活動を決めているときの**【話し合い】**の一部と、参考にした**【資料】**の一部です。これを読んで、あとの問いに答えなさい。

【話し合い】

青山：活動案が今のところ四つ出ました。それではここからは実際に何を行っていくか決めていきたいと思います。何か意見はありますか。田中さん、どうぞ。

田中：はい。読み聞かせは、今まで続けてきたので、今年も行ったほうが良いと思います。

今井：ずっと続けているから続けるというのではなく、読書週間のねらいに合った活動を選ぶべきだと思います。

青山：今井さん、良い意見ですが、手を挙げて、指名されてから話をしてくださいね。田中さん、今井さんの意見についてはどうですか。

田中：そうですね。毎年同じ活動ではありますが、図書館での読み聞かせを楽しみにしてくれている人は多いので、図書館に来る人を増やすねらいも達成できると思います。

青山：図書館に来る人を増やすために読み聞かせを行うということでしたが、他に意見はありませんか。では、竹内さん。

竹内：読み聞かせには賛成です。しかし、やり方を変えてみてはどうでしょうか。今までは図書館で休み時間に行っていましたが、朝読書の時間に、クラスのみんなに向けて読み聞かせをするのはどうでしょうか。

青山：確かに今までのやり方も好評ではありましたが、そもそも本好きの人しか来ていなかったように思います。みなさんはいかがですか。今井さん、どうぞ。

今井：竹内さんの意見に賛成です。今までは低学年向けの絵本を読み聞かせすることが多かったけれど、自分のクラスで読み聞かせをするなら、みんなが読んでいない本を選べるから、良いと思います。

青山：つまり、［　　　　　　　］。読み聞かせは朝読書の時間に行うということで良いでしょうか。

【資料】

図書委員会　資料

読書週間にむけて

《ねらい》
- 様々な種類の本を読んでもらう。
- 図書館に来る人数を増やす。

《活動案》
- 委員の読み聞かせ
- おすすめ本のポスター作り
- 図書館クイズ
- 手づくりしおりのプレゼント

(1)　司会の青山さんがしている話し合いの進め方の工夫《くふう》として当てはまらないものを、次の**ア**～**エ**の中から一つ選び、その記号を書きなさい。

ア　話し合う事柄《ことがら》などを発言者に示している。
イ　意見が出ないときは考える時間をとっている。
ウ　話し合いで出てきた意見を整理している。
エ　自分の意見を述べたあとに発言を求めている。

分以下にするといった方法、つまり、ゆでる、すりおろす、水にさらす、乾燥《かんそう》させる、あるいは発酵《はっこう》させるなど、いくつかの処理《しょり》を施《ほどこ》すことによって、通常、シアン化物濃度《のうど》は問題ないレベルまで少なくなります。

一方、甘味《かんみ》種は、シアン化物濃度《のうど》が十分に低いため、処理《しょり》せずゆでる程度でそのまま食べられます。

カッサバがシアン化物を含《ふく》むのは、害虫や哺乳動物《ほにゅうどうぶつ》から身を守るためではないかと考えられています。私《わたし》たちにとってシアン化物は厄介《やっかい》ですが、一方、病害虫に強く、哺乳動物《ほにゅうどうぶつ》からも身を守れる能力は、大規模《だいきぼ》の商業生産に適していると考えることができます。したがって、現状では小規模《しょうきぼ》の生産圃場《ほじょう》で栽培《さいばい》されていますが、今後世界の食糧《しょくりょう》事情によっては大規模《だいきぼ》農業に発展《はってん》していくかもしれません。

※圃場《ほじょう》…農作物を育てる場所のこと。
※酵素《こうそ》…体内で起こる化学反応を円滑《えんかつ》に進める物質のこと。

問1　①そのイメージ　とありますが、どのようなイメージですか。適切なものを、次の**ア**～**エ**の中から一つ選び、その記号を書きなさい。

ア　タピオカが麺《めん》の本に載《の》ることに疑問《ぎもん》をもつというイメージ
イ　タピオカはデザートやドリンクに使われるというイメージ
ウ　タピオカは現実的には麺《めん》にも多く使われるというイメージ
エ　タピオカとはカッサバから得られるものだというイメージ

問2　［　］段落《だんらく》が文章全体で果たしている役割《やくわり》として適切なものを、次の**ア**～**エ**の中から一つ選び、その記号を書きなさい。

ア　本題を導くために文章全体への問いかけを示す役割《やくわり》
イ　本題に先がけて筆者の論《ろん》の主張を明確に述べる役割《やくわり》
ウ　本題に入る前に題材の基本的な事柄《ことがら》を説明する役割《やくわり》
エ　本題に関係する題材についての実体験を述べる役割《やくわり》

問3　②カッサバの主要な生産地　について説明したものとして適切なものを、次の**ア**～**エ**の中から一つ選び、その記号を書きなさい。

ア　アフリカは主要な生産地であるが、生産性が低いため生産量は南アメリカを下回っている。
イ　アジアは現在世界総生産の約40%を占《し》めるまでに成長しており、生産性も増加を続けている。
ウ　アフリカの生産量は約2億９０００万ｔで、生産性は低いが主要な生産地であるといえる。
エ　アジアは１９６０年代から急激《きゅうげき》に生産量を伸《の》ばし始め、生産性もアフリカと肩《かた》を並《なら》べている。

問4　③これ　が指す内容を「こと」に続く形で本文中から十一字で書きぬきなさい。

問5　④苦味種　を人が安全に食べるために行っている処理《しょり》を具体的に表した一文を探《さが》し、はじめとおわりの**五字**を書きぬきなさい。（句読点も字数に含《ふく》みます。）

問6　この文章からわかる筆者のカッサバへの評価を次のようにまとめました。空らんに合うように、「土壌《どじょう》」「害虫」という言葉を使って**四十五字以上六十字以内**で書きなさい。

カッサバは、［　　　　　　　　］ため、生産を伸《の》ばしやすく、大規模《だいきぼ》の商業生産にも適した穀物《こくもつ》であるといえる。

二〇二〇年度 埼玉大学教育学部附属中学校

【国語】

一 次の文章は、山田昌治《やまだまさはる》著《ちょ》『麺《めん》の科学』の一節です。よく読んで、あとの問いに答えなさい。

タピオカがなぜ麺《めん》の本に出てくるのか、疑問《ぎもん》に思った方もいるでしょう。タピオカといえば、たびたびタピオカ入りデザートやタピオカドリンクで話題になるので、①そのイメージが強いと思いますが、麺《めん》にも多く使われているのです。

タピオカとはカッサバ(*Manihot esculenta*)の根茎《こんけい》から得られるデンプンのことで、別名マンディオカ(ブラジル、パラグアイ、アルゼンチン)、ユカ(上記以外のスペイン語圏《けん》)、あるいはマニオク(アフリカのフランス語圏《けん》)があり、熱帯における最も重要な根菜です。カッサバの起源《きげん》やどのように進化してきたかについてはまだよくわかっていませんが、標高の低い熱帯アメリカが原産であることはおおむね受け入れられています。

カッサバは、15世紀にヨーロッパからの植民地開拓者《かいたくしゃ》が到着《とうちゃく》したころには、すでに南北アメリカおよびカリブ海沿岸《えんがん》一帯に広く分布していました。カッサバがアフリカに初めて伝わったのは16世紀、アジアにはその後になります。

1960年代の終わりまで、アフリカおよび南アメリカが②カッサバの主要な生産地でした。しかし、その後アジアの占《し》める割合《わりあい》が急《きゅう》激《げき》に伸《の》び、現在ではアフリカと肩《かた》を並《なら》べ、世界総生産の約40%を生産するまでに至《いた》っています。南アメリカにおける作物の生産性はこの20年間でわずかながら減少し、現在では年間約12t(トン)/ha(ヘクタール)と推定《すいてい》されています。アジアでは常に増加を続けており、現在は年間約13t/haと推定《すいてい》されています。アフリカは停滞《ていたい》を続け年間約7t/haとなっています。改良された遺伝子《いでんし》型の作物を適切な農業環《かん》境《きょう》で植えて行う一般的《いっぱんてき》な穀物《こくもつ》の大規模《だいきぼ》商業生産では、40t/haの生産性があることと比較《ひかく》すると、これらの収量《しゅうりょう》はかなり低いといえます。

とはいえ、カッサバの世界生産量は2017年現在、約2億9000万tで人類の重要な食糧資源《しょくりょうしげん》といえるでしょう。カッサバは小規《しょうき》模《ぼ》の生産※圃場《ほじょう》に植えられ、さらには、利用可能な水および土壌《どじょう》栄養が欠乏《けつぼう》している土地でも高収量《こうしゅうりょう》をあげられるため、生産を伸《の》ばしやすい作物です。カッサバそのものを食べるという習慣は減っているものの、それ以上に動物飼料およびデンプン生産としての新しい利用法が近年急激《きゅうげき》に増えています。

人の食料としては、昔からサツマイモに似た、根の部分をゆでて食べるというのが標準的な調理法で、③これは今日でも世界の多くの地域《ちいき》で同じです。カッサバには、大きく分けて④苦味種と甘味《かんみ》種があります。

苦味種は、熱帯アメリカの全域《ぜんいき》に広く分布し、表皮にシアン化合物(青酸配糖体《せいさんはいとうたい》)のリナマリンとロトストラリンを多く含《ふく》むため、処理《しょり》をした後にのみ消費することが可能です。リナマリンおよびロトストラリンは、カッサバの根の細胞《さいぼう》が破壊《はかい》された際に放出される※酵素《こうそ》リナマラーゼと接触《せっしょく》すると、毒物であるシアン化水素酸(青酸)に変換《へんかん》されます。そのため古くから、何らかの処理《しょり》を施《ほどこ》すことが試みられてきました。水溶性《すいようせい》である青酸配糖体《せいさんはいとうたい》を、水に溶《と》かして除《のぞ》く、カッサバの細胞内酵素《さいぼうないこうそ》で分解する、微生物《びせいぶつ》が持つ酵素《こうそ》で分解する、加熱により半

2020年度
埼玉大学教育学部附属中学校 ▶解説と解答

算 数 ※試験時間・満点…非公表

解 答

[1] **問1** 7.7 **問2** ① オ ② ウ ③ エ ④ ア **問3** Bが296通り多くなる **問4** 2160円 **問5** エ **問6** 3 cm [2] 25cm^2 [3] **問1** 560kg **問2** 37分 [4] (例) 解説を参照のこと。

解 説

[1] 計算のくふう，文字式，場合の数，割合と比，グラフ，体積

問1 $A\times C+B\times C=(A+B)\times C$となることを利用すると，$5.1\times\frac{7}{6}+1.5\div\frac{6}{7}=5.1\times\frac{7}{6}+1.5\times\frac{7}{6}=(5.1+1.5)\times\frac{7}{6}=6.6\times\frac{7}{6}=6.6\div 6\times 7=1.1\times 7=7.7$

問2 アのことがらを式に表すと，$30\div x=y$となり，ウのことがらを式に表すと，$30-x=y$となり，オのことがらを式に表すと，$30+x=y$となる。また，(速さ)＝(道のり)÷(時間)より，イのことがらを式に表すと，$x\div 30=y$となり，(平行四辺形の面積)＝(底辺)×(高さ)より，エのことがらを式に表すと，$30\times x=y$となる。よって，①はオ，②はウ，③はエ，④はアである。

問3 Aの場合，3つの段のすべてに10通りの数を表すことができるから，全部で，$10\times10\times10=1000$(通り)の組み合わせができる。また，Bの場合，4つの段のすべてに6通りの数を表すことができるので，全部で，$6\times6\times6\times6=1296$(通り)の組み合わせができる。よって，Bの方が，$1296-1000=296$(通り)多くなる。

問4 10%引きにすると，もとの金額の，$1-0.1=0.9$(倍)のねだんで買うことができ，20%引きにすると，もとの金額の，$1-0.2=0.8$(倍)のねだんで買うことができる。よって，定価が3000円の洋服は，$3000\times0.9\times0.8=2160$(円)で買うことができる。

問5 A社の売り上げは，1月は800万円，2月は500万円，3月は1000万円である。よって，1月から2月にかけて減り，2月から3月にかけて増えているから，アは正しい。また，2月から3月にかけて，A社の売り上げは5目もり分(500万円)増え，B社の売り上げは2目もり分(200万円)増えている。つまり，B社よりもA社の方が多いので，イは正しい。次に，1月から3月の売り上げの合計は，A社が，$800+500+1000=2300$(万円)，B社が約，$640+700+900=2240$(万円)である。つまり，B社よりもA社の方が多いから，ウは正しい。さらに，B社の3月の売り上げは2月の売り上げの，$900\div700=1.2\cdots$(倍)である。これは2倍以上ではないので，エは正しくない。よって，誤っているのはエである。

問6 缶《かん》ジュースとコップの底面の円の半径の比は，$(6\div2):(12\div2)=3:6=1:2$だから，底面積の比は，$(1\times1):(2\times2)=1:4$である。よって，缶ジュースとコップに同じ量のジュースを入れたときの水面の高さの比は，$\frac{1}{1}:\frac{1}{4}=4:1$になるので，コップに入れたときの水面の高さは，$12\times\frac{1}{4}=3$ (cm)と求められる。

2 平面図形―面積

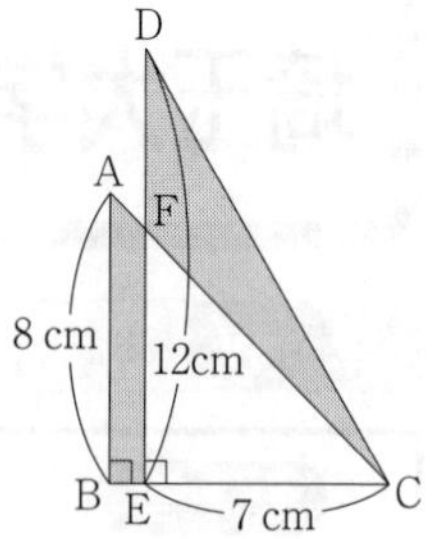

右の図で，三角形ABCは直角二等辺三角形だから，角ACBの大きさは45度である。よって，三角形FECも直角二等辺三角形なので，FEの長さは7cmとなり，台形ABEFの面積は，$(7+8)\times(8-7)\div2=7.5$ (cm^2)と求められる。また，DFの長さは，$12-7=5$ (cm)だから，三角形DFCの面積は，$5\times7\div2=17.5(cm^2)$である。したがって，かげの付いている部分の面積は，$7.5+17.5=25(cm^2)$とわかる。

3 正比例と反比例

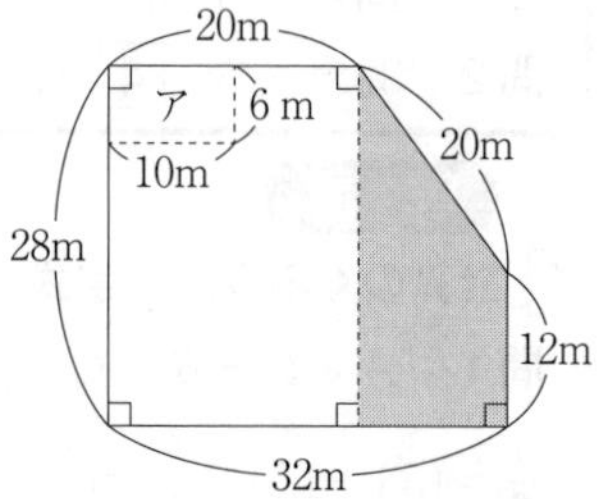

問1　田んぼ全体を右の図のように長方形と台形に分けると，長方形の面積は，$28\times20=560(m^2)$，台形の面積は，$(12+28)\times(32-20)\div2=240(m^2)$だから，田んぼ全体の面積は，$560+240=800(m^2)$と求められる。また，問題文中の表から，「かりとった面積」と「収かくできた米の重さ」は正比例することがわかる。そこで，田んぼ全体と表中の$20m^2$を比べると，かりとった面積は，$800\div20=40$(倍)なので，収かくできる米の重さも40倍になり，$14\times40=560$(kg)とわかる。

問2　アの部分をのぞいた面積は，$800-6\times10=740(m^2)$である。「かりとった面積」と「かかった時間」は正比例するので，機械1台でこの部分をかりとるのにかかる時間は，$20m^2$にかかった時間の，$740\div20=37$(倍)であり，$4\times37=148$(分)になる。一方，「機械の台数」と「かかる時間」は反比例するから，「機械の台数」を4倍にすると，「かかる時間」は$\frac{1}{4}$になる。よって，残りの部分にかかる時間は，$148\times\frac{1}{4}=37$(分)と求められる。

4 平面図形―面積

下の図①は円を32等分したものであり，図②は，これらを交互《こうご》に並べかえたものである。図②で，アの長さは円の半径に等しく，イの長さは円周の長さの半分に等しくなる。ここで，円周の長さは，(直径)×(円周率)で求めることができるから，イの長さは，(直径)×(円周率)÷2＝(直径)÷2×(円周率)＝(半径)×(円周率)となる。よって，円をさらに細かく等分すると，円の面積は下の図③のような長方形の面積に等しくなるので，円の面積は，(半径)×(半径)×(円周率)で求められることがわかる。

図①

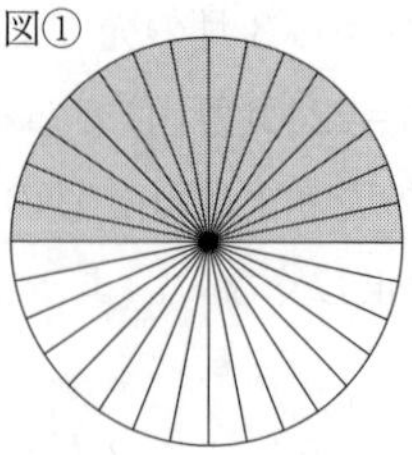

図②

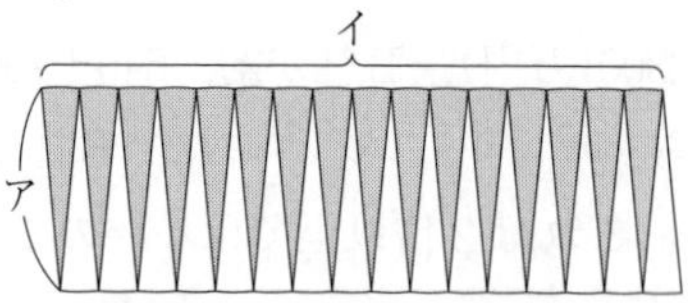

図③

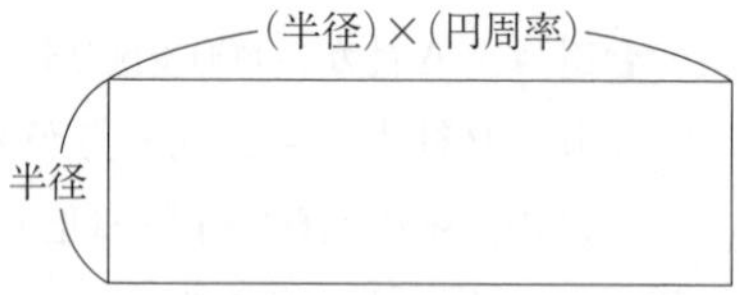

社　会　※試験時間・満点…非公表

解　答

1　**問1**　ア　**問2**　エ　**問3**　地産地消　**問4**　ウ　**問5**　ウ　**問6**　イ

2　**問1**　ウ　**問2**　イ　**問3**　エ　**問4**　(例)　幕末に結んだ不平等条約の改正に成功し，欧米諸国と対等な立場に立つことができるようになった。　**問5**　アメリカ軍基地

3　**問1**　エ　**問2**　ユニバーサルデザイン　**問3**　税金　**問4**　ア

解　説

1　日本の貿易や産業，発電についての問題

問1　アメリカ合衆国から日本への輸出品の第1位は機械類となっており，航空機類，医薬品がこれにつぐ。また，国土の西部や南西部には砂ばくもあるが，草原や山地，大きな湖など，さまざまな地形が見られる。よって，アが誤っている。なお，砂ばくが多く，石油(原油)が日本への輸出品の第1位となっている国としては，サウジアラビアやアラブ首長国連邦などがあげられる。統計資料は『日本国勢図会』2020／21年版による。

問2　ア　大工場のほうが働く人の数が少ないにもかかわらず，生産額は中小工場より多いのだから，働く人一人あたりの生産額は，中小工場よりも大工場のほうが多くなる。　イ　大工場の占《し》める割合は日本の工場数の0.8％にすぎないが，生産額は中小工場よりも多いのだから，一つの工場あたりの生産額は大工場のほうが多い。　ウ　日本の工場の99.2％は中小工場で，働く人の数も中小工場のほうが多い。　エ　全体の工場数の0.8％しかない大工場で，働く人の30.0％が働いているのだから，中小工場と比べて一つの工場の中で働く人の数は多くなる。よって，正しい。

問3　地元でとれた農産物や水産物を地元で消費することを「地産地消」という。消費者は新鮮《しんせん》さや安心，値段の安さが期待でき，生産者は安定的に供給が行えるうえ，それまでの流通経路を通さなくてすむため，利益も大きくなる。また，輸送にともなう環境《かんきょう》への負担を減らすとともに，食料自給率を高めるなどの効果もある。

問4　資料2には，9月・10月の作業として「稲かり・かんそう」があげられているので，ウが誤っている。

問5　日本では発電量の多くを，天然ガスや石炭などを用いた火力発電にたよっている。また，2011年3月11日に東日本大震災が発生し，東京電力の福島第一原子力発電所で重大な事故が起こると，国内の原子力発電所はつぎつぎと稼働《かどう》を停止し，原子力発電による発電量は非常に少なくなった。よって，ウが正しい。

問6　日本は，おおよそ北緯20～45度，東経122～153度の間に位置している。これは，0度の経線よりも東(右側)，0度の緯線よりも北(上側)にあたるので，イがあてはまる。

2　各時代の歴史的なことがらについての問題

問1　Aは，1853年にアメリカ使節のペリーが浦賀(神奈川県)に来航したときに乗っていた黒船(蒸気船)で，ペリーはアメリカ大統領の国書(手紙)を手渡し，江戸幕府に開国するよう求めた。Bは，7世紀から9世紀にかけて唐(中国)との間を行き来した遣唐使が乗った遣唐使船で，遣唐使には多くの留学生や学問僧が同行し，彼らによってさまざまな知識や文物が大陸から日本にもたらさ

れた。

問2　鎌倉幕府とこれに従う御家人は，土地を仲立ちとした主従関係で結ばれており，幕府は功績があった御家人にほうびとして土地をあたえるなどしていた。しかし，文永の役(1274年)と弘安の役(1281年)の２度にわたって元軍が襲来《しゅうらい》すると，幕府と御家人はこれを追い返すことに成功したものの，新しい土地を得られたわけではなかった。そのため，幕府は大きな負担を強いられた御家人に十分なほうびをあたえることができず，幕府に対する不満をつのらせた御家人と幕府の関係は，しだいにくずれていった。なお，アとエは江戸幕府，ウは室町幕府について述べた文である。

問3　江戸幕府は，スペイン・ポルトガルの領土的野心や，主君より神に従うことを重んじるキリスト教信者の強い信仰《しんこう》心と団結力をおそれたため，キリスト教を禁止した。そして，キリスト教信者を見つけ出すため，九州地方を中心として，キリストやマリアが描《えが》かれた板をふませる「絵ふみ」を行った。また，幕府はキリスト教禁止を徹底《てってい》するため，1624年にスペイン船，1639年にポルトガル船の来航を禁止し，1641年には平戸にあったオランダ商館を長崎の出島(扇形《おうぎがた》の埋《う》め立て地)に移して鎖国を完成させた。これ以後，長崎が唯一《ゆいいつ》の貿易港とされ，キリスト教を広めるおそれのないオランダと清(中国)の２国のみが，江戸幕府との貿易を許された。

問4　日清戦争直前の1894年７月，外務大臣の陸奥宗光《むつむねみつ》がイギリスとの交渉《こうしょう》で領事裁判権(治外法権)の撤廃《てっぱい》に成功した。その後，日露戦争を経て，1911年に外務大臣の小村寿太郎《じゅたろう》がアメリカとの交渉で関税自主権の回復に成功したことにより，江戸幕府が幕末に欧米《おうべい》諸国と結んだ不平等条約の改正が達成された。その結果，日本は欧米諸国と対等な立場に立つことができるようになった。

問5　沖縄県は太平洋戦争末期にアメリカ軍によって占領され，そのさいに多くの基地が建設された。1972年に沖縄県が日本へと返還されたあとも，日米安全保障条約などにもとづき，沖縄県には多くのアメリカ軍基地が残された。現在でも沖縄県には，日本にあるアメリカ軍専用施設《しせつ》(基地など，アメリカ軍が専用としている施設や区域)の面積の約70％が集中しており，これは沖縄県全体の面積の約８％にあたる。

3　地方の政治についての問題

問1　調べたいこと①は「実施している活動」で，いま現在児童館が実施している活動について調べなくてはならないのだから，昔の地図を使ってそのころのようすを調べるというエは，調べ方として誤っている。

問2　障がいのあるなしや，国籍・人種・性別・年齢のちがいにかかわらず，だれもが使いやすいようにものをデザインしようという考え方を，ユニバーサルデザインという。

問3　国や地方公共団体が活動の財源とするために国民から集めるお金を税金という。児童館の運営や公園の管理・整備，ゴミ処理，消防，警察のような公共的な事業の運営費用には，税金が用いられる。

問4　資料より，2010～20年にかけて，65才以上の人口がほぼ横ばいであるのに対し，０～14才の人口は増加していることが読み取れる。また，０～14才の人口はその後も増加傾向《けいこう》となることが予測されている。こうしたことから，彩子《あやこ》さんが住んでいる市では将来，保育所や児童館を増やす，子育てをするのに十分な育児手当を支給していくといったように，子育てをする親を支援《しえん》する政治を行っていく必要があると考えられる。

理科 ※試験時間・満点…非公表

解答

1 問1 イ，エ 問2 エ 問3 ウ 問4 (例) 成長に必要な栄養分をたくわえている。 2 問1 ア 問2 (例) つつの先を水中に入れておし棒をおすと，空気のあわが出る。 問3 A (例) つつと玉の間にすき間がなく B (例) おしちぢめられやすくなる 問4 (例) 水は空気のようにおしちぢめることができないため，うまく飛ばない。
3 問1 エ 問2 (例) 川の水によって運ばれる間に角がけずられるから。 問3 イ 問4 イ 4 問1 (例) 実験中は電磁石が熱くなるので，スイッチを入れたままにしない。 問2 ① イ，オ ② カ 問3 A ウ B エ C ア D イ

解説

1 メダカの飼い方と育ち方についての問題

問1 メダカのおすとめすは，イの背びれとエのしりびれの形で見分けることができる。おすは，背びれに切れこみがあり，しりびれが平行四辺形に近い形をしているが，めすは背びれに切れこみがなく，しりびれは三角形に近い形をしている。

問2 めすがたまごを産むと，おすは精子をかけ受精させる。めすはたまごを腹につけたまま泳いでいるが，しばらくすると水草にたまごをからみつかせる。

問3 産みつけられたばかりのたまごには長い毛がついており，小さな油球が散らばっている(③)。油球はしだいに集まって大きいつぶになり，一方ではからだのもととなるものができる(④)。それはしばらくするとメダカらしいすがたに育ち(②)，さらに成長して，くるくるとさかんに動くようになる(①)と，まもなくからをやぶって出てくる。

問4 たまごからかえったばかりのメダカは，2～3日間は水底などでじっとしていて，腹部のふくろ状のもの(図3のX)にたくわえられている栄養分を使ってくらす。

2 空気でっぽうについての問題

問1 閉じこめたつつの中の空気をおすと，空気の体積は小さくなっていく。また，空気の体積がおされて小さくなっていくほど，もとの体積にもどろうとする力が大きくなっていくため，おし棒をおしていくと，手ごたえは大きくなっていく。

問2 たとえば，つつの先を水中に入れ，おし棒をおすと，つつの先から空気のあわが出てくるので，つつの中に空気が入っていることを確かめることができる。また，つつの先にせっけん水をつけてまくをつくり，おし棒をおすと，まくがシャボン玉のようにふくらむことでも確かめられる。

問3 新聞紙をぬらしてつめることで，つつと玉の間のすき間がなくなって，空気がもれにくくなる。そのため，空気をおしちぢめやすくなり，空気がもとの体積にもどろうとする力が大きくはたらいて，前玉が飛びやすくなる。

問4 水は空気のようにおしちぢめることができない。よって，つつに水をいっぱいに入れた場合は前玉がほとんど飛ばず，飛び出たらすぐに落ちる。

3 川遊びをテーマにした地球分野の問題

問1 川が流れる谷底の標高は周辺に比べて低くなっているため，川を横切る等高線(同じ高さの

場所を結んだ線)は上流側に曲がりくねる。図1の場合は南北(上下)に走る等高線が西(左)側に曲がりくねっていることから，西側が上流であることがわかる。つまり，この川は西から東に流れている。

問2　流れる水は川底や川岸などをけずりとり，岩や石を運び，運んだものを積もらせるはたらきがある。けずりとられた石は，川の水によって運ばれる間に川底や川岸にぶつかるなどして，角がとれて丸みをおびていく。

問3　川が曲がって流れている部分では，曲がりの外側ほど流れが速く，川が深くなっている。図2では，B点が曲がりの外側にあたるので，A点からB点に向かってだんだんと深くなり，イのようになっている。

問4　積らん雲は縦長にもくもくと大きく発達する雲で，せまいはん囲に強い雨を降らせたり，かみなりを発生させたりする。山の中の川遊びでは，積らん雲が接近して急に暗くなったり，かみなりが聞こえたりしたら，上流に降った雨によって川が増水するおそれがあるので，すぐに川の近くからはなれる必要がある。

4　電磁石についての問題

問1　コイルに電流を流したままにすると，コイルが発熱してやけどをするおそれがあるので，スイッチを入れたままにせず，実験するときだけスイッチを入れる。

問2　①　コイルのまき数と電磁石のはたらきの関係を比べるには，コイルのまき数だけを変え，ほかの条件(電池の数や電流の大きさ)は同じにする必要がある。したがって，実験Ⅰと実験Ⅲ，または実験Ⅱと実験Ⅳを比べればよい。　②　電流の大きさ(と電池の数)が異なり，コイルのまき数が同じ，実験Ⅲと実験Ⅳを比べればよい。

問3　ベルのスイッチを入れると導線に電流が流れ，電磁石がはたらいて鉄片を引きよせて，つちがすずをうつ。電磁石が鉄片を引きつけると，ばねとつちの間で導線と接していた部分が導線からはなれて導線に電流が流れなくなり，電磁石のはたらきがなくなって，ばねの力により鉄片とつちが図2の位置にもどる。すると，導線にふたたび電流が流れるため電磁石がはたらく。この動きがくり返されて，ベルは鳴り続ける。

国　語　※試験時間・満点…非公表

解　答

一　**問1**　イ　**問2**　ウ　**問3**　イ　**問4**　根の部分をゆでて食べる　**問5**　水溶性であ～なります。　**問6**　(例)　(カッサバは，)利用可能な水および土壌栄養が欠乏している土地でも高収量をあげられ，シアン化合物を含むため害虫や哺乳動物からも身を守れる(ため，生産を伸ばしやすく，大規模の商業生産にも適した穀物であるといえる。)　二　**問1**　(1)　イ　(2)　(例)　自分のクラスで読み聞かせをすれば，みんなが読んでいない様々な種類の本を選べるから良いということですね　(3)　(例)　私は「図書館クイズ」をするのがよいと思います。様々な本に関連するクイズを通じて興味を持ってもらえれば，様々な本を手にするきっかけになると思うからです。　**問2**　エ　**問3**　頭　**問4**　イ　**問5**　うつくしゅうていたり

問6 ① こた(える)　② あず(かる)　③ ゆうえき　④～⑥ 下記を参照のこと。

●漢字の書き取り

二 問6 ④ 編(む)　⑤ 招待　⑥ 幸い

解　説

一 出典は山田《やまだ》昌治《まさはる》の『麺《めん》の科学』による。麺の素材としても使われる，タピオカの原料であるカッサバについて説明されている。

問1 「その」とあるので直前に注目する。「タピオカ」といえば「デザート」や「ドリンク」に用いられるイメージが強いが，実は「麺にも多く使われている」のだから，イがふさわしい。

問2 この段落で筆者は，「タピオカ」が「カッサバの根茎《こんけい》から得られるデンプン」であることを示したうえで，「カッサバ」について「標高の低い熱帯アメリカ」を原産とする，「熱帯における最も重要な根菜」だと紹介《しょうかい》している。このような「基本的な事柄《ことがら》」を確認《かくにん》し，続く内容につなげているので，ウが選べる。

問3 ア 「アフリカ」の「生産量は南アメリカを下回っている」が合わない。1960年代の終わりまでは「アフリカ」と「南アメリカ」が「カッサバの主要な生産地」だったが，現在では「アジア」が「アフリカ」と「肩《かた》を並べ」，「世界総生産の約40%を生産」していると述べられているので，南アメリカの生産量を上回っているものとわかる。　ウ 「アフリカの生産量は約2億9000万t」が合わない。筆者は「世界生産量」が「2億9000万t」だと述べている。　エ 「アジア」は「生産性もアフリカと肩を並べている」という部分が合わない。アジアの生産性は「年間約13t/ha」であるのに対し，アフリカは「年間約7t/ha」なので，「肩を並べている」とはいえない。

問4 直前に注目する。「今日でも世界の多くの地域で同じ」だといえるのは，「根の部分をゆでて食べる」というカッサバの「標準的な調理法」である。

問5 「苦味種」のカッサバの表皮には「シアン化合物」が多く含《ふく》まれるため，それを処理した後にのみ消費することが可能であることをおさえる。具体的には，「ゆでる，すりおろす，水にさらす，乾燥《かんそう》させる，あるいは発酵《はっこう》させるなど」があり，こうすることで「シアン化物濃度《のうど》は問題ないレベルまで少なく」なるため，安全に食べることができると述べられている。

問6 本文の中ほどに，カッサバは「利用可能な水および土壌《どじょう》栄養が欠乏《けつぼう》している土地でも高収量をあげられる」ので「生産を伸《の》ばしやすい」とある。また，最後の段落では，「カッサバがシアン化物を含むのは，害虫や哺乳《ほにゅう》動物から身を守るため」であり，そのような穀物だから「大規模の商業生産に適している」と説明されている。

二 読書週間に向けての【話し合い】と【資料】を読んで答える問題，原稿《げんこう》用紙の使い方，慣用句の完成，漢字の筆順，古典の知識，漢字の読みと書き取り

問1 (1) 【話し合い】では次々に意見が示されているので，イの「意見が出ないときは考える時間をとっている」が合わない。　(2) 「今井さんの意見」は，「自分のクラスで読み聞かせをするなら，みんなが読んでいない本を選べるから，良い」ということである。この意見が《ねらい》として示されている二つの内容のどちらに結びつくかを示したうえでまとめるとよい。　(3) 「委員の読み聞かせ」のほかに示されている《活動案》は，「おすすめ本のポスター作り」「図書館クイズ」「手づくりしおりのプレゼント」の三つである。これらの活動が「様々な種類の本を読んでもらう」，あるいは，「図書館に来る人数を増やす」という《ねらい》とどのように結びつくかという観点から理由を考え，意見をまとめるとよい。

問2　原稿用紙は，一マスに一字ずつ書くことが原則。マスをはみ出して書かれた，アやイは合わない。また，書き出しの一マス目は空けることや，句読点が行末に来る場合は，その行の最後の一字と同じマスに入れるきまりがあるので，ウもふさわしくない。

問3　「頭が切れる」は，“物事に対する考え方がするどく，すぐれている”という意味。「頭をひねる」は，あれこれと考えをめぐらすようす。「頭に入れる」は，“記憶《きおく》にとどめる”という意味。

問4　第三画は，一画目の下の少し手前から書き始め，第二画目の最後の部分から少し出るようにして書く。

問5　「うつくしうて」は「うつくしゅうて」と書く。また，「ゐ」は古文特有の仮名で「い」に直す。

問6　①　音読みは「オウ」で，「応答」などの熟語がある。　②　音読みは「ヨ」で「預金」などの熟語がある。　③　利益やためになること。　④　音読みは「ヘン」で，「編集」などの熟語がある。　⑤　客を招いてもてなすこと。　⑥　音読みは「コウ」で，「幸福」などの熟語がある。

2019年度　埼玉大学附属中学校

〔電　話〕 (048) 862－２２１４
〔所在地〕 〒336-0021　埼玉県さいたま市南区別所４－２－５
〔交　通〕 JR京浜東北線―「浦和駅」より徒歩20分，
埼京線―「中浦和駅」より徒歩10分

※本年度の試験時間・満点は非公表です。

【算　数】

1　次の各問いに答えなさい。

問１　3＋7÷0.5×2を計算しなさい。

問２　次の表は，ある学校の保健室で集計した，１か月におけるけがの種類とけがをした場所についてまとめたものです。このとき，表から読み取れることとして正しいものを，下の**ア**～**エ**の中からすべて選び，その記号を書きなさい。

		けがの場所				合計
		校庭	体育館	教室	廊下《ろうか》・階段《かいだん》	
けがの種類	打ぼく	9	5	13	4	31
	すりきず	5	3	0	2	10
	ねんざ	4	8	0	2	14
	鼻出血	0	0	2	1	3
	きりきず	0	0	2	0	2
合計		18	16	17	9	60

ア　けがの種類として最も多いのは打ぼくで，けがの場所として最も多いのは校庭なので，校庭で打ぼくをした人が最も多い。

イ　すりきずのけがの半分は体育館と廊下《ろうか》・階段《かいだん》でおきている。

ウ　体育館でおこるけがのうち，半分はねんざである。

エ　教室でおこるけがは全体の25％より少ない。

問３　下の**ア**～**オ**の図は，都道府県のマークを表しています。これらの図を，右のような表に分類してまとめます。解答用紙の表に，**ア**～**オ**の記号を書き入れ，表を完成させなさい。

	点対称《てんたいしょう》である	点対称《てんたいしょう》ではない
線対称《せんたいしょう》である		
線対称《せんたいしょう》ではない		

ア

京都府

イ

東京都

ウ

埼玉県《さいたまけん》

エ

福島県

オ

北海道

問４　回転ずしに来ています。回転のレーンの長さがどれくらいなのかを求めようと思います。まず，自分の席からとなりの席までに皿が流れる時間を測ったところ，６秒かかりました。次に，同じ皿が１周回って戻《もど》ってくる時間を測ったところ，11分かかりました。自分の席からとなりの席までの長さを0.7mとするとき，レーンの長さは何mになるか求めなさい。

問5　右の**図1**のような底面が直角二等辺三角形である三角柱の容器があります。この容器に水を入れたところ，底から9cmの深さまで水が入りました。この容器にふたをして水がこぼれないようにし，㋐の面が下になるように容器をたおしたところ，**図2**のようになりました。このとき，水面は底から何cmの深さになるか求めなさい。

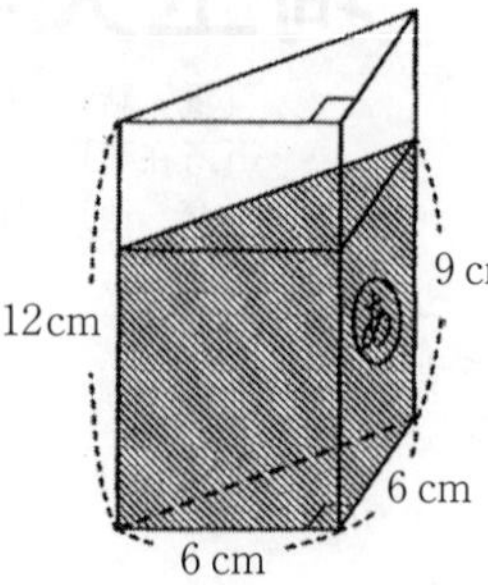

図1

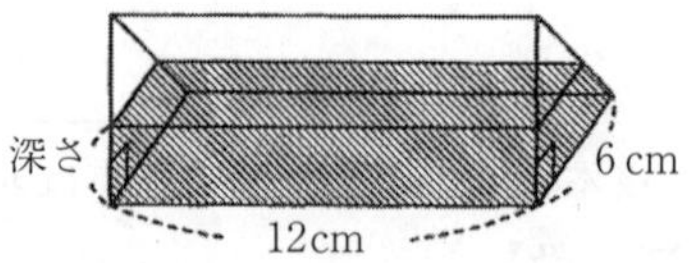

図2

問6　三角コーンとバーを使って，右の図のような駐車場《ちゅうしゃじょう》をつくろうと思います。20台分の駐車場《ちゅうしゃじょう》をつくるとき，三角コーンとバーはそれぞれ何個ずつ必要になるか求めなさい。

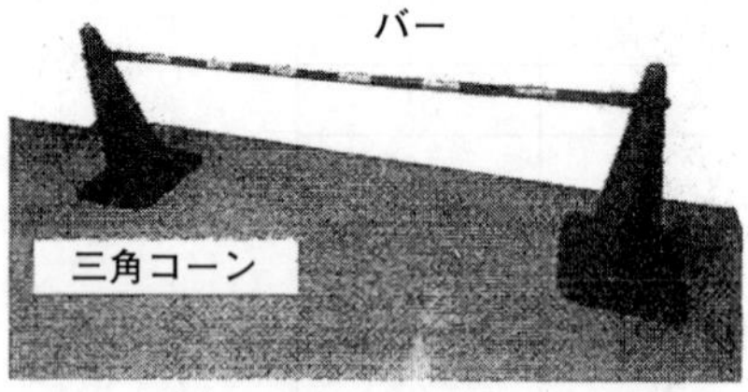

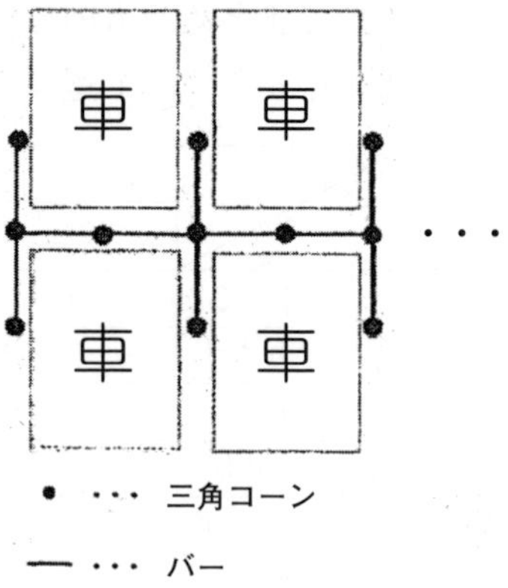

2　5枚《まい》のカードがありそれぞれ1，2，3，4，5の数が書かれています。このとき次の各問いに答えなさい。

1　2　3　4　5

問1　この5枚《まい》のカードから4枚《まい》を選び，それを並《なら》べて4けたの整数をつくるときにできる最も大きい6の倍数を書きなさい。

問2　この5枚《まい》のカードから2枚《まい》を選び，一方を分母に，もう一方を分子にして分数をつくります。このときにつくることができる分数をすべて足すといくつになるかを求めなさい。

3　右の三角形ABCと合同な三角形をかくときに，てつやさんは，辺BCの長さ，辺ABの長さ，角Bの大きさの「2つの辺の長さとその間の角の大きさ」を調べることで頂点《ちょうてん》Aを見つけ，合同な三角形をかきました。

しかし，だいきさんは，「間の角ではない角を調べてもかけないだろうか」と考え，辺BCの長さ，辺ABの長さ，角Cの大きさの3つを使ってかくことにしました。このとき，これらを使ってかいた三角形は，必ず図の三角形と合同になるといえるでしょうか。解答用紙の「いえる」「いえない」のいずれかを○で囲み，その理由を図をかいて説明しなさい。ただし，図をかくときには三角定規やコンパスを使い，コンパスを使ってかいた線は消さないで残しておきなさい。

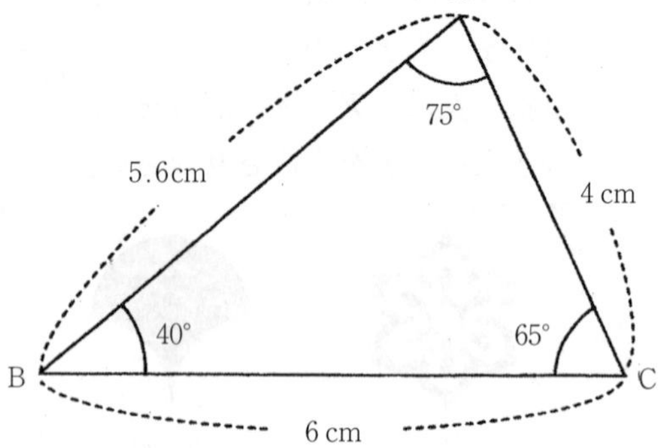

【社　会】

1　彩子《あやこ》さんは，冬休みに東海道《とうかいどう》・山陽新幹線《さんようしんかんせん》を利用して，東京から博多《はかた》まで向かいました。彩《あや》子《こ》さんが途中《とちゅう》下車をしながら，各地で書いた次の記録を読んで，下の各問いに答えなさい。

彩子さんの記録

①三河安城駅《みかわあんじょうえき》で降《お》りて風景をスケッチしました。

名古屋周辺は，多くの②自動車の関連工場がありました。

米原駅《まいばらえき》を通過すると，車窓《しゃそう》から水田が見えました。しかし，③全国的に水田は減ってきています。

広島は，多くの特産物がありましたが，その中で特に，④かきが名物であることが分かりました。

博多駅《はかたえき》のある⑤福岡県《ふくおかけん》は，さまざまな産業がさかんであり，多くの人でにぎわっていました。

地図

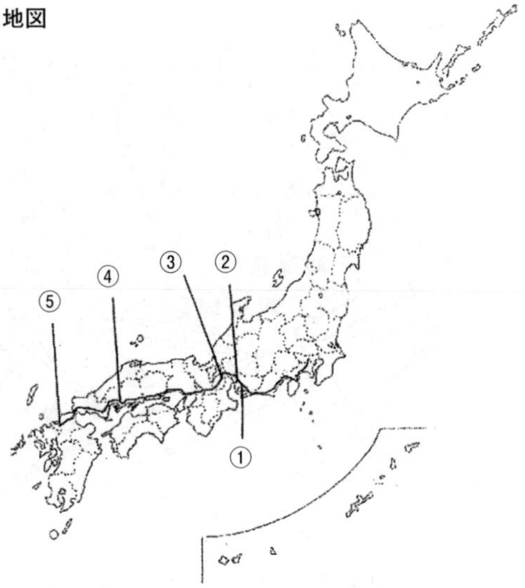

問１　彩子《あやこ》さんは，**地図**中の東海道新幹線《とうかいどうしんかんせん》が，東京駅から新大阪駅《しんおおさかえき》に着くまでに通る都府県名を次のように示しました。次の［A］～［D］にあてはまるものの組み合わせとして正しいものを，下の**ア**～**エ**の中から１つ選び，その記号を書きなさい。

東京→神奈川《かながわ》→静岡《しずおか》→［A］→［B］→［C］→［D］→大阪《おおさか》

ア　A―愛知　B―岐阜《ぎふ》　C―滋賀《しが》　D―京都
イ　A―愛知　B―滋賀《しが》　C―岐阜《ぎふ》　D―京都
ウ　A―岐阜《ぎふ》　B―三重《みえ》　C―滋賀《しが》　D―京都
エ　A―岐阜《ぎふ》　B―愛知　C―京都　D―奈良《なら》

問２　下線部①の周辺地図は**資料１**です。彩子《あやこ》さんが**資料１**の A 地点から，矢印の方向に向いて風景をスケッチしたものとして正しいものを，次の**ア**～**エ**の中から１つ選び，その記号を書きなさい。

資料１

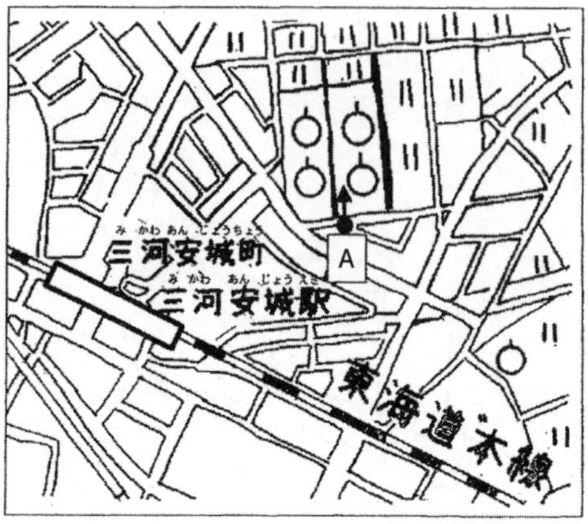

地理院地図より作成

ア

イ

ウ

エ

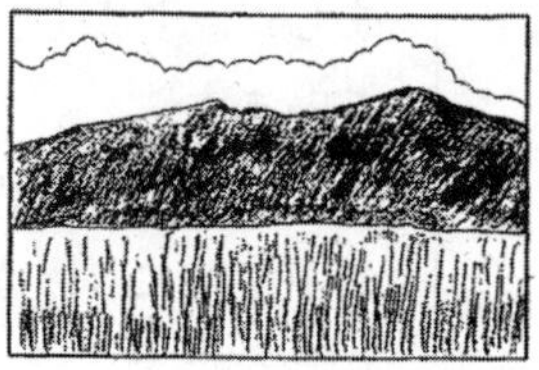

問３　下線部②について，名古屋周辺における自動車の関連工場の特色として正しいものを，次の**ア**～**エ**の中から１つ選び，その記号を書きなさい。

ア　組み立て工場がつくった部品を，消費者に早く届《とど》けるための工場。

イ　組み立て工場がつくった部品を，必要な時刻《じこく》に届《とど》けるための工場。

ウ　組み立て工場が必要な部品を，消費者に早く届《とど》けるための工場。

エ　組み立て工場が必要な部品を，必要な時刻《じこく》に届《とど》けるための工場。

問４　下線部③の理由について，彩子《あやこ》さんが調べると，次の**資料２**，**資料３**が見つかりました。２つの**資料**から読み取れる日本の稲作《いなさく》の課題を２つ書きなさい。

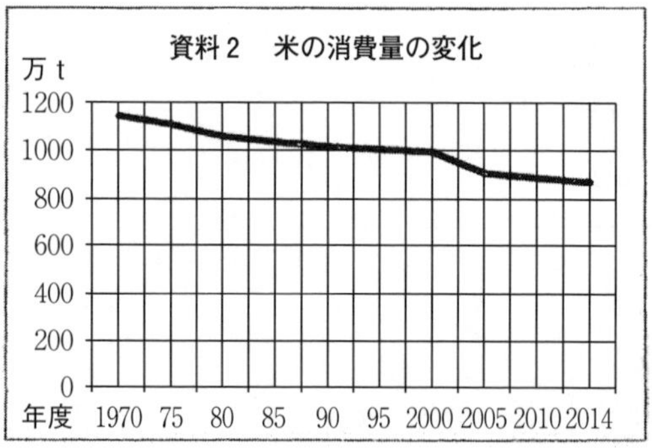

平成26年度　食糧需給表《しょくりょうじゅきゅうひょう》

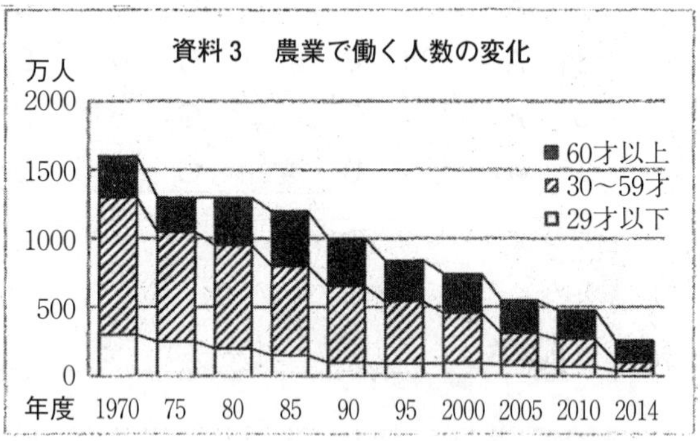

平成26年度　日本統計年表

問５　下線部④のように，水産物を人の手で育てて生産する漁業を何というか書きなさい。

問6　下線部⑤について，彩子《あやこ》さんは福岡県《ふくおかけん》についての統計データを調べました。福岡県《ふくおかけん》の統計にあたるものを，次の**ア**～**エ**の中から1つ選び，その記号を書きなさい。

ア

人　　口	543万人
1月平均気温	－3.6℃
8月平均気温	22.3℃
ふるさと自慢《じまん》	バター

イ

人　　口	512万人
1月平均気温	6.6℃
8月平均気温	28.1℃
ふるさと自慢《じまん》	からし明太子《めんたいこ》

ウ

人　　口	146万人
1月平均気温	17.0℃
8月平均気温	28.7℃
ふるさと自慢《じまん》	パイナップル

エ

人　　口	886万人
1月平均気温	6.0℃
8月平均気温	28.8℃
ふるさと自慢《じまん》	たこ焼き

総務省統計局「統計でみる都道府県のすがた　2018」より作成

2　彩子《あやこ》さんは元号《げんごう》が変わることから，元号《げんごう》に関することをノートにまとめました。それについて下の各問いに答えなさい。

教科書に登場する元号《げんごう》→大化《たいか》・明治《めいじ》・大正《たいしょう》・昭和《しょうわ》・平成《へいせい》

○大化の改新（大化《たいか》）

天皇《てんのう》中心の政治を実現しようと考えた中大兄皇子《なかのおおえのおうじ》（後の天智天皇《てんじてんのう》）や中臣鎌足《なかとみのかまたり》（後の藤《ふじ》原鎌足《わらのかまたり》）は645年，蘇我《そが》氏をたおしました。中国から帰国した留学生らとともに①天皇《てんのう》を中心とする国づくりを始めました。

○明治維新《いしん》（明治《めいじ》）

江戸幕府《えどばくふ》に代わって天皇《てんのう》を中心とした政府がつくられました。幕府《ばくふ》をたおすために活躍《かつやく》した薩摩藩《さつまはん》や長州藩《ちょうしゅうはん》の人々を中心に政治や②社会の改革を進めていきました。

○大正デモクラシー（大正《たいしょう》）

第一次世界大戦後，人々の民主主義への意識は高まり，普通選挙《ふつうせんきょ》を求める運動が広まりました。1925（大正《たいしょう》14）年③選挙権《せんきょけん》が認《みと》められました。

○戦後の復興（昭和《しょうわ》）

日本は④新しい国をつくることを目指して政治や社会の改革《かいかく》を行い，産業を復興させていきました。1964（昭和《しょうわ》39）年にはオリンピックを開催《かいさい》しました。

○よりよい社会にするために（平成《へいせい》）

日本は「よりよく，より豊かに生きたい。」と努力を積み重ねてきました。1997（平成《へいせい》9）年に［　⑤　］の伝統や文化を守る法律《ほうりつ》が定められ，人権《じんけん》についての課題に取り組んでいます。

問1　下線部①について，誤《あやま》っているものを，次の**ア**～**エ**の中から1つ選び，その記号を書きなさい。

ア　国を治めるための法律《ほうりつ》をつくりました。

イ　仏教を重んじ各地に国分寺をつくりました。

ウ　中国の都にならった都がつくられました。

エ　力をもった豪族《ごうぞく》があつまって政府をつくりました。

問２　下線部②について，次の**資料**のようにまちの様子に変化が見られました。

資料１

資料２

(1)　**資料１**は江戸時代の様子を表した絵です。その江戸時代の中頃《なかごろ》に蘭学《らんがく》を学び『解体新書』を出版した人物を，次の**ア**～**エ**の中から１つ選び，その記号を書きなさい。

ア　杉田玄白《すぎたげんぱく》　　**イ**　本居宣長《もとおりのりなが》　　**ウ**　歌川広重《うたがわひろしげ》　　**エ**　近松門左衛門《ちかまつもんざえもん》

(2)　**資料１**の頃《ころ》から**資料２**の頃《ころ》にかけてまちの様子にどのような変化がありましたか。**資料**中から具体的な変化を読み取り書きなさい。

問３　下線部③について述べた次の**文**の X と Y に入る語の組み合わせとして正しいものを，下の**ア**～**エ**の中から１つ選び，その記号を書きなさい。

文

X 以上の男性すべてに選挙権《せんきょけん》が認《みと》められました。女性の選挙権《せんきょけん》は Y 。

ア　X　25才　Y　認《みと》められました
イ　X　25才　Y　認《みと》められませんでした
ウ　X　20才　Y　認《みと》められました
エ　X　20才　Y　認《みと》められませんでした

問４　下線部④としての教育が進む中，それまで使われた教科書は右のように墨《すみ》で塗《ぬ》られました。なぜ，それまで使われた教科書の内容が塗《ぬ》られたのですか。その理由を書きなさい。

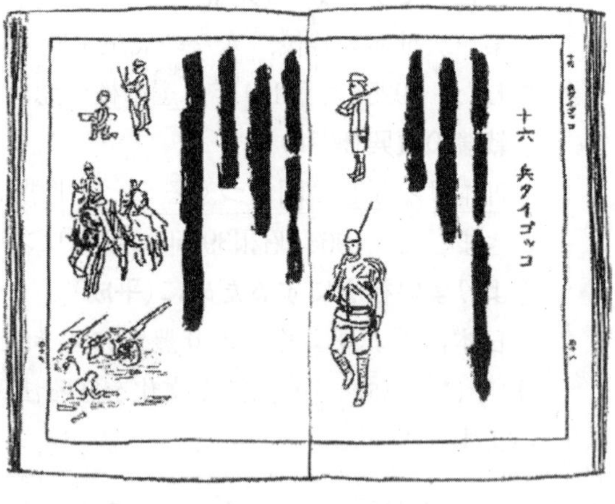

問５　⑤ は，2008(平成《へいせい》20)年に先住民として認《みと》められました。その先住民の名《めい》称《しょう》を書きなさい。

3　彩子《あやこ》さんは日本には多くの災害被害《ひがい》がもたらされている現状から，災害に対する国やまちの取組などについて調べました。資料を見て下の各問いに答えなさい。

問１　次ページの**資料１**は岩手県陸前高田市《いわてけんりくぜんたかたし》の2011年のようすです。資料のような状況《じょうきょう》から，何という災害によってもたらされたものですか。次の X にあてはまる災害名を書きなさい。

地震《じしん》の後に起きた［ X ］による被害《ひがい》

資料1　被災《ひさい》した陸前高田市《りくぜんたかたし》

問2　災害時には**資料2**のような政治の働きによって，被災《ひさい》した人たちや地域《ちいき》を支援《しえん》しますが，**資料2**の［ A ］に入る語句を，次の**ア**～**エ**の中から1つ選び，その記号を書きなさい。

ア　他の都道府県　　**イ**　他の市町村
ウ　日本赤十字社《にほんせきじゅうじしゃ》　　**エ**　自衛隊

資料2　被災《ひさい》した地域《ちいき》を支援《しえん》する政治のしくみ

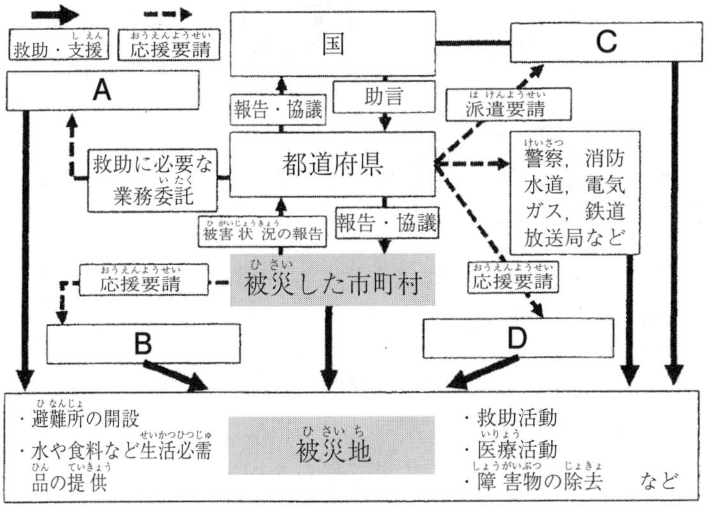

問3　彩子《あやこ》さんの住むまちの防災対策《たいさく》の取組として**資料3**のような**ハザードマップ**を作成しています。この**ハザードマップ**から読み取れることとして最も適切なものを，次の**ア**～**エ**の中から1つ選び，その記号を書きなさい。

ア　地震《じしん》に対しての防災情報
イ　がけ崩《くず》れに対しての防災情報
ウ　洪水《こうずい》に対しての防災情報
エ　火災に対しての防災情報

資料3　ハザードマップ

問4　災害に対して，国や市町村が進める取組だけでなく，地域《ちいき》の人々の助け合いや，自分や自分の家族を守ることを合わせて行っていくことが大事です。そのことに関連する次の［ Y ］にあてはまる語を書きなさい。

実際の災害時には，国内や国外から多くの［ Y ］が来て，がれきの撤去《てっきょ》や炊《た》き出しによって被災地《ひさいち》を支えました。

【理　科】

1　埼玉県《さいたまけん》のある場所で7月7日の午後9時に夜空の観察を行いました。**図1**は東の空に見えた夏の大三角に関係する星座《せいざ》を，**図2**は南の空に見えたさそり座《ざ》を示したものです。これについて，下の各問いに答えなさい。

図1

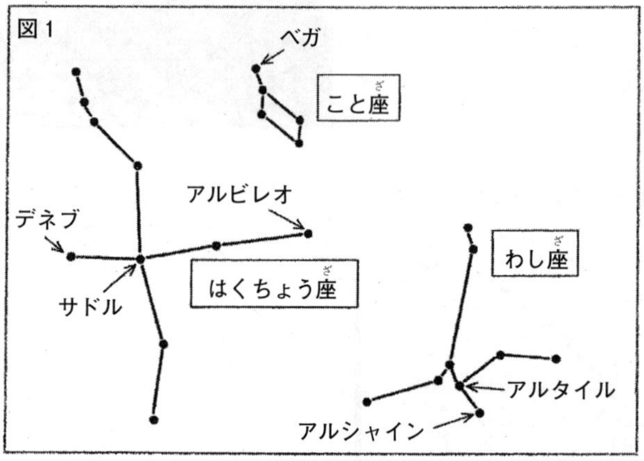

図2

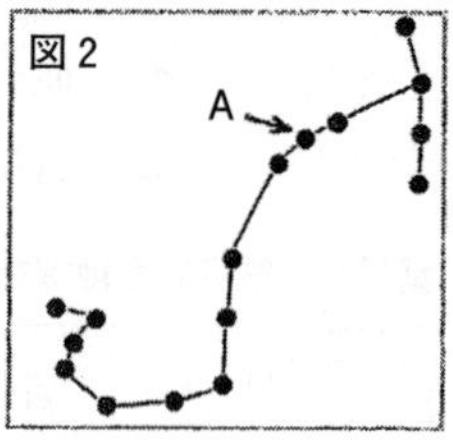

問1　観察するときに星座《せいざ》早見を使って星座《せいざ》をさがしました。星座《せいざ》早見の使い方を示した下の文の□に入る言葉は何ですか。その言葉を書きなさい。

> ①　星座《せいざ》早見の時刻《じこく》の目もりと月日の目もりを，観察する月日の時刻《じこく》に合わせる。
> ②　自分の立っている場所での方位を確かめる。
> ③　□の文字が下になるようにして星座《せいざ》早見を頭上にかざすように持ち，観察したい星や星座《せいざ》をさがす。

問2　**図1**で，夏の大三角を形づくる星はどれですか。解答らんの星を定規を用いて線でつなぎ，夏の大三角の形を示しなさい。

問3　**図2**のさそり座《ざ》を形づくる星の中で**A**の星は特に明るく光っていました。この星は何という名前の星ですか。また，この星は何色に光って見えますか。それぞれ書きなさい。

問4　さそり座《ざ》の星のならび方は，数時間後どうなっていきますか。次の**ア**～**エ**の中から1つ選び，その記号を書きなさい。

ア

変わらない

イ

向きが左右逆になる

ウ

形はそのままで星と星の間がせまくなる

エ

星の位置がずれる

2　植物の花のつくりや実のでき方を調べるために，アサガオとヘチマを育てて次の〔観察〕と〔実験〕を行いました。これについて，下の各問いに答えなさい。

〔観察〕

(1)　アサガオとヘチマのつぼみができてから花がさくまで毎日観察し，その様子をスケッチした。

(2)　アサガオの花のおしべから花粉を採取してスライドガラスにのせ，けんび鏡でその形や色を観察した。

〔実験〕

アサガオのつぼみ１つとヘチマのめばなのつぼみ１つを選び，**図１**のようにそれぞれにふくろをかぶせ，つぼみの根もとをモールでしばって，１か月おいておいた。

図１

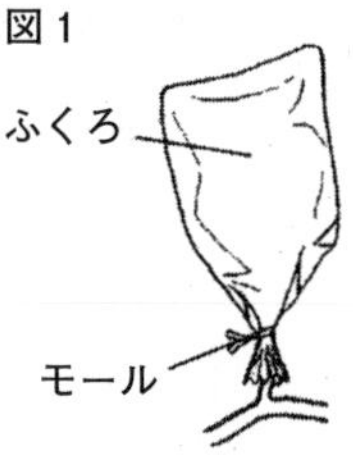

問１　アサガオのつぼみのスケッチとして適切なものはどれですか。次の**ア**～**エ**の中から１つ選び，その記号を書きなさい。

ア　**イ**　**ウ**　**エ**

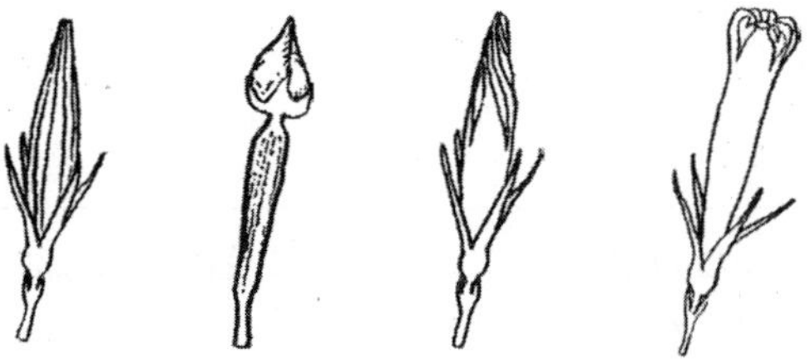

問２　〔観察〕の(2)で，けんび鏡はどのようにそうさすればよいですか。次の**ア**～**エ**のけんび鏡のそうさを，正しい順序にならべかえ，その記号を書きなさい。

ア　スライドガラスをステージの上におく。

イ　接眼レンズをのぞきながら調節ねじを回し，はっきりと見えるようにする。

ウ　対物レンズをいちばん低い倍率にする。

エ　横から見ながら調節ねじを回し，対物レンズにスライドガラスをできるだけ近づける。

問３　〔実験〕で実のでき方を調べるために，花にふくろをかぶせるのはなぜですか。その理由を簡単《かんたん》に書きなさい。

問４　〔実験〕で１か月後，アサガオには実ができたが，ヘチマには実ができませんでした。アサガオとちがい，ヘチマでは実ができなかったのはなぜですか。その理由を簡単《かんたん》に書きなさい。

3 温度による水のようすの変化を調べるために，次の〔実験〕を行いました。これについて，下の各問いに答えなさい。

〔実験〕

(1) 水の入ったビーカーにアルミニウムはくでふたをして，小さな穴《あな》を2つあけた。

(2) 穴《あな》の1つには温度計をさし，もう1つはそのままにして，**図1**のように装置《そうち》を組み立てた。

(3) 水を熱し，1分ごとに14分間温度をはかり，そのときの水のようすを記録した。

〔結果〕

加熱時間(分)	0	1	2	3	4	5	6	7	8	…
水の温度(℃)	18	26	39	53	66	78	90	98	98	…

・3分後：ビーカーの底から，あわが出てきた。
・5分後：ふっとう石から大きなあわが出てきた。
・7分後：大きなあわがさかんに出るようになった。
　　　　穴《あな》から湯気もさかんに出ていた。
・8～14分後：大きなあわがさかんに出ていた。

図1

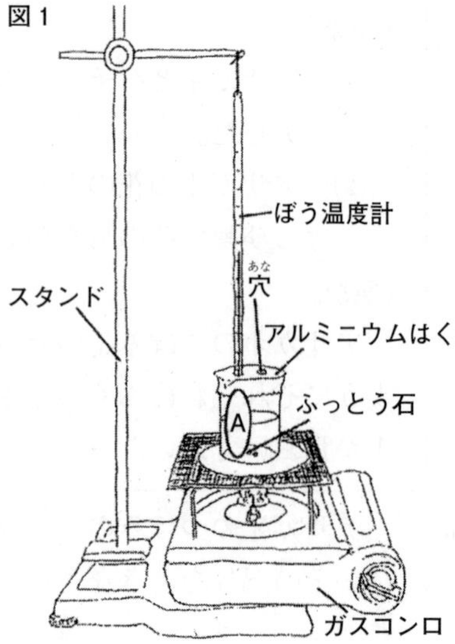

問1 **図1**の装置《そうち》の**A**の部分で，ぼう温度計の液だめがどこになるように設置すればよいですか。次の**ア**～**エ**の中から1つ選び，その記号を書きなさい。

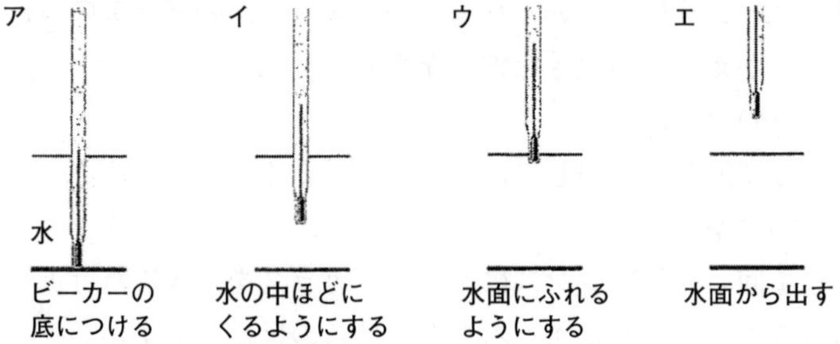

問2 〔実験〕で9分後から14分後のときの温度はどのようになったと考えられますか。簡単《かんたん》に書きなさい。

問3 **図2**は7分後のときの，ふたにあけた穴《あな》の近くのようすです。①，②の部分で，水はそれぞれどのようなようすですか。次の**ア**～**エ**の中から1つ選び，その記号を書きなさい。

図2

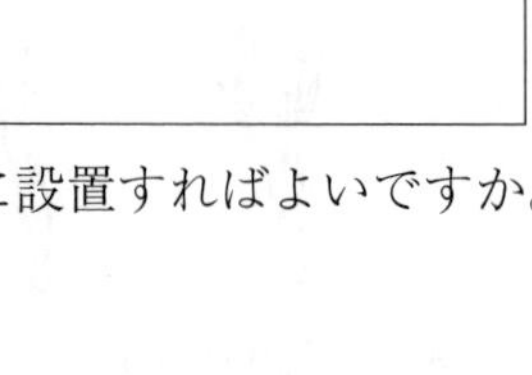

ア ① 気体 ② 気体　**イ** ① 気体 ② 液体
ウ ① 液体 ② 気体　**エ** ① 液体 ② 液体

問4 〔実験〕で14分後に加熱をやめて，アルミニウムはくのふたをゆっくりめくると，ふたのうら側に水てきがついていました。これはなぜですか。次の文の □ に入る言葉をそれぞれ書きなさい。

| X | がふたで | Y | て，水にもどったから。 |

4 てこのはたらきを利用したものについて調べ，わかったことを〔調べてわかったこと〕のようにまとめました。これについて，下の各問いに答えなさい。

〔調べてわかったこと〕

(1) てこのはたらきを利用した道具には，はさみ，くぎぬきなどがあり，てこのはたらきを利用した道具は，支点，力点，作用点の位置によって次の**A**～**C**の３種類に分けることができる。

A 支点が力点と作用点の間にあるもの

B 作用点が支点と力点の間にあるもの

C 力点が支点と作用点の間にあるもの

(2) 庭の手入れをしている職人さんは，**図１**や**図２**のように木のぼうや木片《もくへん》を使って大きな石をもち上げることがある。**図１**のような方法を**【もちてこ】**，**図２**を**【はねてこ】**といい，てこのはたらきを利用している。

図１

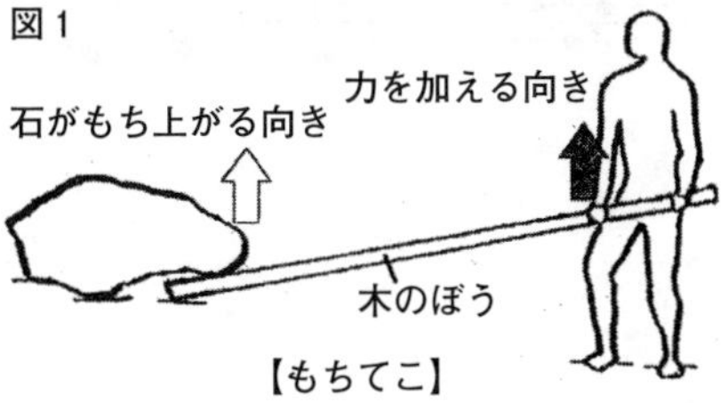

図２

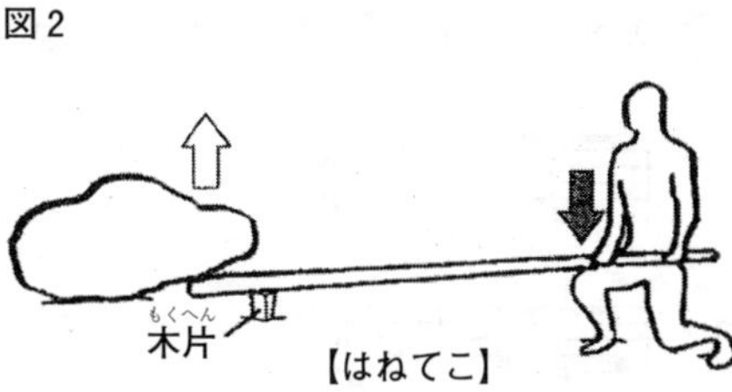

問１ はさみを使っているとき，支点，力点，作用点はどの位置になりますか。右の**例**にならって解答らんの図に書き入れなさい。

例

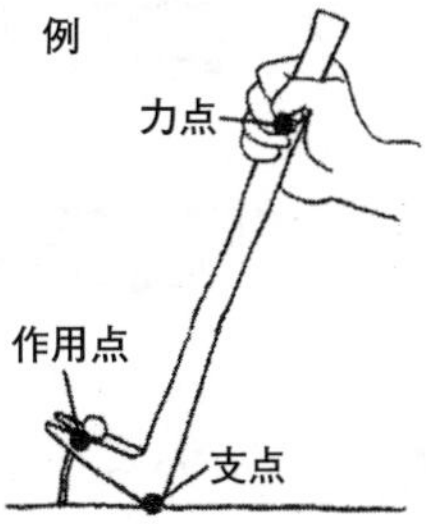

問２ 〔調べてわかったこと〕の(1)の**B**にあてはまる道具にはどのようなものがありますか。１つ書きなさい。

問３ **【もちてこ】**として使っているときの木のぼうは，〔調べてわかったこと〕の(1)の**A**～**C**のどの種類のてこにあてはまりますか。１つ選び，その記号を書きなさい。

問４ **【はねてこ】**において，より小さな力で石をもち上げるにはどのようにしたらよいですか。次の**ア**～**エ**の中から適切なものをすべて選び，その記号を書きなさい。

ア 石と木片《もくへん》の間のきょりを短くする。

イ 石と木片《もくへん》の間のきょりを長くする。

ウ 木片《もくへん》と力を加えるところの間のきょりを短くする。

エ 木片《もくへん》と力を加えるところの間のきょりを長くする。

【音　楽】

1～**4** は放送を聴《き》いて答えなさい。

1　これから演奏《えんそう》する曲は３拍子《びょうし》ですか，４拍子《びょうし》ですか。３拍子《びょうし》なら「３」，４拍子《びょうし》なら「４」と書きなさい。

2　これから**ア**～**ウ**の３曲を放送します。その中から２曲を選び，記号と曲名を書きなさい。

ア

イ

ウ

3　音楽を聴《き》いて楽譜《がくふ》を選ぶ問題です。※印で示された小節にあてはまるものを次の**ア**～**エ**の中から１つ選び，記号を書きなさい。

ア 

イ 

ウ 

エ 

4　これから，次の旋律《せんりつ》に和音の伴奏《ばんそう》をつけた**ア**～**エ**の４通りの演奏《えんそう》を放送します。楽譜《がくふ》に示されているⅠ，Ⅳ，Ⅴ，Ⅰの和音進行のとおりに演奏《えんそう》されているものを**ア**～**エ**の中から１つ選び，記号を書きなさい。

Ⅰ　　　Ⅳ　　　Ⅴ　　　Ⅰ

ア

イ

ウ

エ

5　次の楽譜《がくふ》は4分の3拍子《びょうし》，4小節のリズムの楽譜《がくふ》で，一部分に音符《おんぷ》や休符《きゅうふ》がすでに書かれています。6種類以上の音符《おんぷ》や休符《きゅうふ》を使い，楽譜《がくふ》を完成させなさい。ただし，すでに書かれている音符《おんぷ》や休符《きゅうふ》を使用してもかまいません。

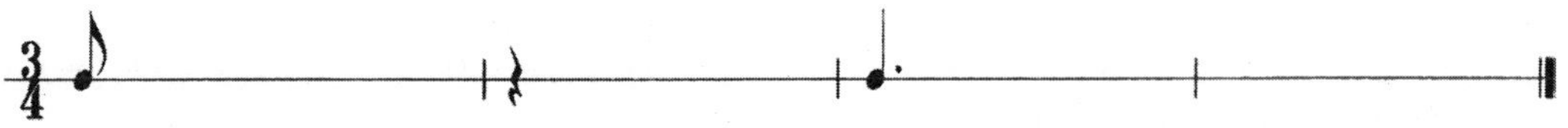

6　次の楽譜《がくふ》はイ短調の旋律《せんりつ》です。この楽譜《がくふ》について，あとの各問いに答えなさい。

問1　上の楽譜《がくふ》を演奏《えんそう》するとき，半音上げて演奏《えんそう》したほうがよい音があります。その音の階名を書きなさい。また，その音は上の楽譜《がくふ》の旋律《せんりつ》の中で，いくつ使われていますか。その個数を書きなさい。

問2　太郎《たろう》さんは，上の楽譜《がくふ》を演奏《えんそう》するとき，次のように演奏《えんそう》したいと考えました。

太郎《たろう》さんの考え 　3小節目が一番盛《も》り上がるように演奏《えんそう》し，4小節目は，だんだん弱くしてやさしく終わるように演奏《えんそう》します。

太郎《たろう》さんの考えと合うように，上の楽譜《がくふ》の □ にふさわしい強弱記号を書きなさい。

7　次の楽譜《がくふ》を演奏《えんそう》すると何小節になりますか。その小節数を数字で書きなさい。

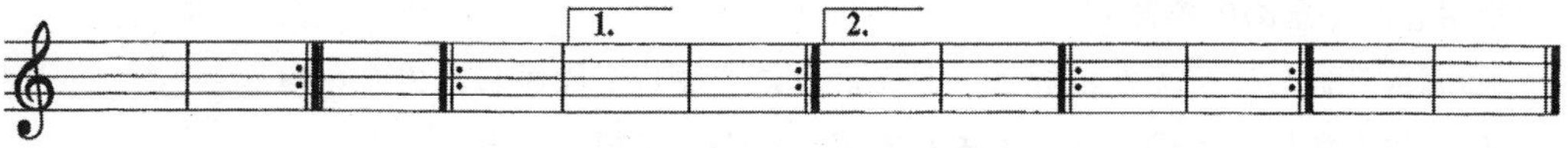

【図　工】

1　次の問題をよく読んで，解答用紙に絵とその絵についての説明をかきなさい。

なお，問題用紙のあいているところに下がきをしてもかまいません。

〈問題〉

あなたは，もうすぐ中学生となります。

そんなある夜に，夢を見ました。

その夢は，あなたの心の中を表したような不思議な夢です。

目の前には大きな窓《まど》があり，窓《まど》の外は「中学生になった自分の気持ち」をイメージできるような世界が広がっています。

下の**《絵をかくための条件》**にしたがい，《注意》をよく読んで，〈解答らん〉の窓枠《まどわく》に「中学生になった自分の気持ちをイメージできるような世界」の絵をかきなさい。

また，下の**《説明を書くための条件》**にしたがい，絵にこめた思いについての説明を書きなさい。

《絵をかくための条件》

○絵にどのような思いをこめるのかをよく考え，美しく仕上げること。

○クレヨンの特ちょうを生かし，工夫《くふう》して色をつけること。

○窓枠《まどわく》を通して見えた世界を想像し，工夫《くふう》して構成を考えること。

《注意》

○２Ｂ以上のこさのえんぴつを使ってもかまいません。

○コンパスと定規を使ってもかまいません。

○色は何色《なんしょく》使ってもかまいません。

《説明を書くための条件》

○窓枠《まどわく》を通して見えた世界は，どのように工夫《くふう》して構成したのかを書くこと。

○つけた色は，どのように工夫《くふう》して表したのかを書くこと。

【家　庭】

1　ご飯とみそしるについて，次の各問いに答えなさい。

問１　次のグラフは，ご飯と，みその原材料である大豆(乾燥《かんそう》)の成分の割合《わりあい》を表したものです。

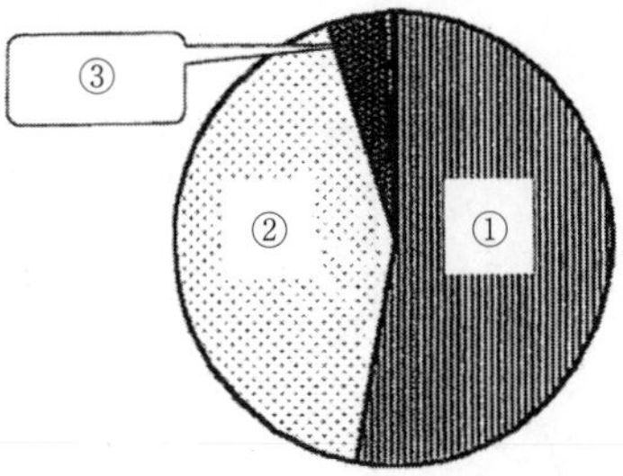

ご飯

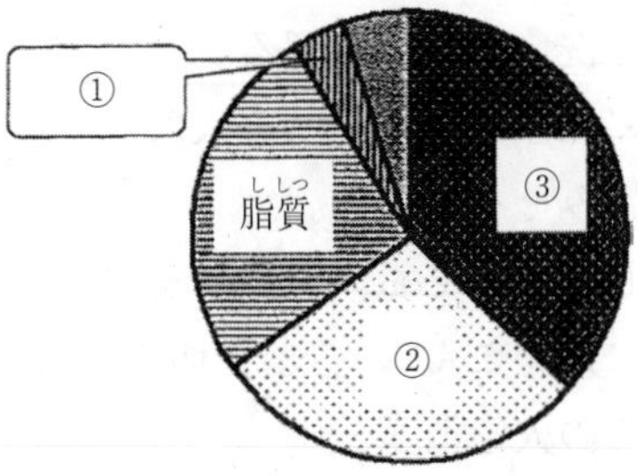

大豆(乾燥《かんそう》)

(1)　①～③それぞれにあてはまる成分の組み合わせとして正しいものを，次の**ア**～**エ**の中から１つ選び，その記号を書きなさい。

ア　①　炭水化物　②　水分　③　たんぱく質
イ　①　炭水化物　②　たんぱく質　③　水分
ウ　①　水分　②　たんぱく質　③　炭水化物
エ　①　水分　②　炭水化物　③　たんぱく質

(2)　食品は，体内でのおもなはたらきによって，３つの食品のグループに分けることができます。大豆(乾燥《かんそう》)は，どの食品のグループに分けることができますか。次の(　)にあてはまる言葉を書きなさい。

おもに(　　　　)もとになる食品

問２　次の文章は，およそ茶わん１ぱい分のご飯のたき方について，書かれたものです。(①)～(③)にあてはまる語句の組み合わせとして正しいものを，次の**ア**～**エ**の中から１つ選び，その記号を書きなさい。

まず，米を80ｇ計量し，洗《あら》う。水をよく切り，必要な分量の水をはかる。必要な分量の水は，約(　①　)ｇである。米と水を文化なべに移し，吸水《きゅうすい》させる。その後，点火し，ふっとうするまでは(　②　)火でたく。水が引いて，ふたが動かなくなったら(　③　)火でたく。最後に火を消し，蒸《む》らす。

ア　①　120　②　強　③　弱
イ　①　120　②　弱　③　中
ウ　①　150　②　強　③　弱
エ　①　150　②　弱　③　中

問３　次の「みそしるのつくり方」の**ア**～**カ**は，正しい順番ではありません。**ア**を最初に，**カ**を最後にして正しい順番にならべかえ，その順に記号を書きなさい。

> 「みそしるのつくり方」
> **ア**　野菜を洗《あら》い，材料を切る。
> **イ**　なべにねぎ(うす切り)を入れる。
> **ウ**　なべにみそを入れる。
> **エ**　煮干《にぼ》しを入れておいたなべをこんろにかけ，だしをとる。
> **オ**　なべにだいこん(いちょう切り)を入れる。
> **カ**　こんろの火を消す。

2　商品についている表示やマークについて，(①)，(②)にあてはまる語句の組み合わせとして正しいものを，次の**ア**～**エ**の中から１つ選び，その記号を書きなさい。

> ・食品についている表示の「おいしく食べることのできる期限」のことを，(①)という。
> ・右のマークは，「環境保全《かんきょうほぜん》に役立つと認《みと》められた商品」につけられる(②)マークです。

(環境省ホームページより)

ア　①　賞味期限　②　エコ　　**イ**　①　賞味期限　②　グリーン
ウ　①　消費期限　②　エコ　　**エ**　①　消費期限　②　グリーン

3　手ぬいで，右の図のような「はさみケース」を，フェルトでつくりたいと思います。次の各問いに答えなさい。

問１　フェルトを切る時に必要なさいほう道具の名前を書きなさい。

問２　手ぬいをするときの使いやすい糸の長さは，どのくらいですか。次の(　)にあてはまる言葉を書きなさい。

> 使いやすい糸の長さは，自分の(　　)の長さくらいです。

問３　手ぬいで，よりじょうぶにぬうためには，どのようなぬい方をすればよいですか。２本どりでぬう方法以外で１つ考え，10文字以内で書きなさい。

4　Ａさんは，家族の一員として，食事の後の食器洗《あら》いを担当《たんとう》することになりました。毎日仕事を続けていくために，環境《かんきょう》を考えて洗《あら》い方を工夫することにしました。次の(①)，(②)にあてはまる言葉を書きなさい。

> ・付いているよごれの量が(①)ものから洗《あら》う。
> ・油でよごれた食器は，洗《せん》ざいを使って洗《あら》う前に(②)から洗《あら》う。

(2) 【会話】の□には、大野さんの最後の質問の言葉が入ります。あなたならどのように話しますか。【取材メモ】をもとに、実際の言葉を考えて書きなさい。

問2　次のグラフは、「家の手伝いをしているか」という質問に対する回答をまとめたものです。小学六年生と中学三年生の結果を比《ひ》較《かく》してわかることと、それをもとにした自分の意見を書きなさい。

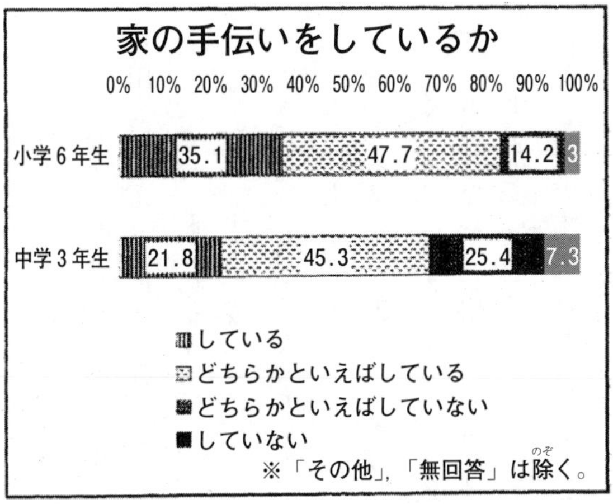

出典　平成28年度「全国学力・学習状況《じょうきょう》調査」（文部科学省）

［注］　**二つの文で書くこと。**

問3　次の漢字のうち、矢印が指し示している部分は何画目になるか。数字を書きなさい。

問4　次の文の述語を書きぬきなさい。

問5　ようやく見つけた、あれだけ探《さが》しても見つからなかった帽子《ぼうし》を。

社会科見学先に書いた左のお礼の手紙の中で、正しい位置でないものを次の(ア)～(オ)の中から一つ選び、その記号を書きなさい。

> 梅のつぼみもふくらみかけてきました。
>
> （中略）
>
> 寒い日が続きますが、くれぐれもお体を大切になさってください。
>
> 平成三十一年二月十日 (ア)
>
> 浦和《うらわ》小学校　六年三組 (イ)
>
> 別所　花子 (ウ)
>
> 附属《ふぞく》印刷株式《かぶしき》会社 (エ)
>
> 附属《ふぞく》　太郎《たろう》　様 (オ)

問6　次に示した**ア**～**オ**の複合語のうち、言葉の組み合わせ方が他とちがうものを一つ選び、その記号を書きなさい。

ア　空元気　**イ**　野次馬　**ウ**　雪合戦
エ　青写真　**オ**　大一番

問7　次の①～⑤の――線部の漢字には読みがなを書き、カナは漢字で書きなさい。また、⑥の═線部は、送りがなもふくめて書きなさい。

① 新たな実験を試みる。
② 類いまれな才能の持ち主。
③ 渡《わた》り鳥が一直線に並《なら》んで飛んでいく。
④ 彼《かれ》はクラスの中でモットも背《せ》が高い。
⑤ 気温がヒョウテンカを下回る。
⑥ 規則をアラタメル。

二 次の各問いに答えなさい。

問1　小学六年生の大野さんは、総合的な学習の時間に、自分の住んでいるけやき市の歴史について調べています。次は、大野さんが、けやき市役所の村田さんに取材をしたときの【会話】の一部と、質問することをまとめた【取材メモ】の一部です。これを読んで、あとの問いに答えなさい。

【会話】

大野　今のけやき市は、大きな商業施設《しせつ》などもあり、とても発展《はってん》していますが、昔から栄えていたのでしょうか。

村田　いいえ。市役所が管理しているこちらの地図をご覧《らん》ください。昭和の後半までは、この辺りはすべて田んぼだったのです。平成二年に「けやき駅」ができてから、田んぼはマンションやビルに変わって、人が集まるようになりました。

大野　なるほど。この駅のおかげでけやき市が栄えるようになったのですね。しかし、発展《はってん》と引きかえに、地図にあるような森や小川などの自然は失われてしまったのでしょうか。

村田　そうですね。私《わたし》が小学生のころは、虫とりをしたり、家族でホタルを見に行ったりしていましたが、それはもうできないでしょう。

大野　以前に祖父が、「昔のけやき市にはホタルがたくさんいた」と言っていました。これは本当だったのですね。このままけやき市の自然はなくなってしまうのでしょうか。

村田　現在、地域《ちいき》の方と協力して、けやき公園の一角にため池をつくっています。たくさんの生き物が集まるような場所を目指しています。よかったら遊びに来てください。

大野　今度祖父と一緒《いっしょ》に行きます。最後にもう一つ質問させてください。

【取材メモ】

けやき市役所　村田様

取材メモ

〈質問リスト〉

・けやき市はいつから栄えているか。

・昔のけやき市の様子はどうだったか。

・昔から変わらずうけつがれている伝統行事はあるか。(けやき祭以外で)

・昔，けやき市にホタルはいたのか。(祖父の話より)

(1)　取材中の大野さんがしている聞き方の工夫《くふう》を、次の**ア**～**エ**の中から一つ選び、その記号を書きなさい。

ア　村田さんの話の内容をとらえて、要点をまとめたり確認《かくにん》したりしていた。

イ　村田さんから詳《くわ》しい話を聞くために、けやき市の地図を持参していた。

ウ　村田さんが話していることがわかりにくいときは、質問の仕方を変えていた。

エ　村田さんの話を妨《さまた》げないように、自分の感想を言うことを控《ひか》えていた。

さびが多いためだ。フライパンで焼いたり乾燥《かんそう》させると鉄さびは赤くなる。アフリカのライオンと聞けば、赤土の大地で乾《かわ》いた風にたてがみをなびかせた姿《すがた》を想像する理由である。さだまさしの名曲「風に立つライオン」の影響《えいきょう》もあるかもしれない。

黄土高原やスウェーデンの土が黄色や白色になる理由は、腐植《ふしょく》や粘《ねん》土《ど》が少ないためだ。とくに鉄が少ない。砂粒《すなつぶ》が多いと、土は白く見える。ザラザラした手触《てざわ》りだ。

私《わたし》たちが知っている土の色の違《ちが》いは、その素材の違《ちが》いを反映《はんえい》している。色と手触《てざわ》りをもとに、フカフカした黒い土を「この土はいい」というこ ともあるし、真っ白な砂漠《さばく》の土や赤土をとって「不毛」だとか「貧栄養《ひんえいよう》」だと断じることもある。⑤見た目の直感は八割《わり》がた正しい。

（藤井《ふじい》一至《かずみち》『土　地球最後のナゾ　100億人を養う土壌《どじょう》を求めて』による）

問1　①月や火星にearth《アース》はないとありますが、これを次のように言《い》い換《か》えました。□に当てはまる言葉を本文中から探《さが》して書きなさい。

月や火星に□のある土はない。

問2　②そのフンはころころした土壌《どじょう》の塊《かたまり》（団粒《だんりゅう》）となってとありますが、フンがころころとした土壌《どじょう》の塊《かたまり》になるのはなぜですか。「腸内」という言葉を使って**三十五字以内**で書きなさい。

問3　③必ずといっていいほど、手にとった土をこねるとありますが、そうすることで農家の方は何をしているのですか。解答らんの「～している。」に続く形で、本文中から**二十一字**で書きぬきなさい。

問4　④風景画に背景《はいけい》の土を塗《ぬ》るとき、子どもの頃《ころ》の私《わたし》は迷わず黒色の絵の具を選んだ。とありますが、この文から始まる段落《だんらく》の効果として適切なものを、次の**ア**～**エ**の中から一つ選び、その記号を書きなさい。

ア　考えられる反論《はんろん》を提示することで、あとの段落《だんらく》につなげる効果。

イ　新たな問題提起をすることで、まえの段落《だんらく》をまとめる効果。

ウ　述べたいことの導入をすることで、あとの段落《だんらく》につなげる効果。

エ　意見に対する具体例を述べることで、まえの段落《だんらく》をまとめる効果。

問5　この文章の特ちょうを説明したものとして**適切でないもの**を、次の**ア**～**エ**の中から一つ選び、その記号を書きなさい。

ア　適切に専門《せんもん》用語を用いることで、読者が科学的にも納得《なっとく》できるようにしている。

イ　擬態語《ぎたいご》を多く用いることで、読者が感覚的に想像できるようにしている。

ウ　ユーモアのある表現を用いることで、読者が親しみをもてるようにしている。

エ　実験結果に数値《すうち》を用いることで、読者が内容を詳《くわ》しく理解できるようにしている。

問6　⑤見た目の直感は八割《わり》がた正しいとありますが、筆者がそのように述べているのはなぜですか。「色」「性質」という言葉を使って、**五十字以上六十五字以内**で書きなさい。句読点や「　」も字数にふくみます。

二〇一九年度 埼玉大学附属中学校

【国　語】

一　次の文章を読んで、あとの各問いに答えなさい。

月には粘土《ねんど》がなく、火星には腐植《ふしょく》がない。それに対して、粘土《ねんど》と腐《ふ》植《しょく》のある土、それが地球の土ということになる。英語では土をearth《アース》（≒soil《ソイル》）ということもある。土壌《どじょう》学の専門《せんもん》用語では、fine earth《ファインアース》は「素《す》敵《てき》な地球」ではなく、「2ミリメートル以下の細かい土」を意味する。言葉遊びのようだが、①月や火星にearth《アース》はない。

地球でも、火山が噴火《ふんか》してできたばかりの島（たとえば西之島《にしのしま》）や岩がむき出しのところには、土壌《どじょう》はない。あるのは、土壌《どじょう》の材料である火山灰《かざんばい》や岩だけだ。ここに植物が育ち、やがてその遺体《いたい》から生まれた腐植《ふしょく》と火山灰《かざんばい》や岩の風化によって生まれた粘土《ねんど》が混ざることによって土壌《どじょう》ができる。混《ま》ぜ込《こ》むのは、ミミズやアリ、ヤスデ、ダンゴムシの仕事だ。

ミミズは腐植《ふしょく》と粘土《ねんど》を混ぜて食べるため、②そのフンはころころした土壌《どじょう》の塊《かたまり》（団粒《だんりゅう》）となって団結する。ミミズの腸内の粘液《ねんえき》にはヒアルロン酸、コンドロイチンといったムコ多糖《たとう》が含《ふく》まれる。ムコはラテン語で粘液《ねんえき》（ネバネバ）の意味で、ナメコのヌルヌル、納豆《なっとう》のネバネバ、魚のヌメヌメのことだ。ミミズの粘液《ねんえき》のネバネバがバラバラだった土《ど》壌《じょう》粒子《りゅうし》を団結させる。これによって、土壌《どじょう》は単なる粉末の堆積物《たいせきぶつ》ではなく、無数の生物のすむ、通気性、排水性《はいすいせい》のよい土となる。これが地球の土だ。

食材の産地を訪《たず》ねるテレビ番組で、農家のおじさんが「この土はいい」という時、③必ずといっていいほど、手にとった土をこねる。あの手で瞬時《しゅんじ》に化学分析《ぶんせき》をしているわけではなく、色と手触《てざわ》りの違《ちが》いをたよりに土の肥沃《ひよく》さを判断しているのだ。土の色や手触《てざわ》りは、肥沃《ひよく》な土とどう関わるのだろうか。

④風景画の背景《はいけい》の土を塗《ぬ》るとき、子どもの頃《ころ》の私《わたし》は迷わず黒色の絵の具を選んだ。日本人なら「黒色」「こげ茶色～黄土色」「灰色《はいいろ》」を思《おも》い浮《う》かべる人が多いだろう。黒色と答える人は、北は北海道、東北から関東、九州まで日本全国にいる。赤色を選ぶ人は、沖縄《おきなわ》や小笠原諸《おがさわらしょ》島《とう》に多い。世界を見渡《みわた》せば、アフリカ中央部の子供《こども》たちは赤色の絵の具を手にとる。中国の黄土高原の子供《こども》たちは黄色、スウェーデンの子《こ》供《ども》たちは白色の絵の具を選ぶ。私《わたし》たちの潜在《せんざい》意識には、確かに土の記《き》憶《おく》が存在《そんざい》する。

色は、土の性質をつかむ上で重要な手がかりだ。土の構成成分のうち、腐植《ふしょく》は黒色、砂《すな》は白色、粘土《ねんど》は黄色や赤色である。土の色は、腐《ふ》植《しょく》、砂《すな》、粘土《ねんど》の量のバランス、粘土《ねんど》の種類によって決まる。

腐植《ふしょく》の多い日本の火山灰《かざんばい》土壌《どじょう》は黒くなりやすい。腐植《ふしょく》は光を吸収《きゅうしゅう》する炭素の二重結合（主に芳香族《ほうこうぞく》化合物）を多く含《ふく》むためだ。炭素の二重結合を分解するには多くのエネルギーを要するにもかかわらずおいしくもないため、微生物《びせいぶつ》たちに敬遠《けいえん》され、土壌《どじょう》中に残存《ざんそん》しやすい。甲《こう》子園《しえん》の高校球児の白いユニフォームが黒く染《そ》まる理由である。球児たちの聖地《せいち》・甲子園《こうしえん》の土は、鹿児島県《かごしまけん》や鳥取県大山《だいせん》の黒土に砂《すな》を混ぜてつくられている。もちろん、持ち帰る土には、白球の記憶《きおく》も入り交じっている。

茶褐色《ちゃかっしょく》から黄土色を想像するのは、土に腐植《ふしょく》と粘土《ねんど》が多いからだ。ジメジメした日本では、赤色よりも黄土色の鉄さび粘土《ねんど》（ゲータイトやフェリハイドライトといった酸化鉄鉱物）が多い。ネバネバした手《て》触《ざわ》りだ。沖縄《おきなわ》、小笠原諸島《おがさわらしょとう》、東南アジアやアフリカなどの熱帯・亜熱《あねっ》帯《たい》地域《ちいき》の土が赤色になるのは、火星と同じくヘマタイトと呼《よ》ばれる鉄

2019年度

埼玉大学附属中学校 ▶解説と解答

算数 ※試験時間・満点…非公表

解答

1 **問1** 31 **問2** イ，ウ **問3** 解説の図①を参照のこと。 **問4** 77m **問5** 3cm **問6** **三角コーン**…43個，**バー**…42個 **2** **問1** 5412 **問2** $29\frac{1}{4}$

3 いえない／**理由**…(例) 解説を参照のこと。

解説

1 **四則計算，表，図形の構成，速さ，水の深さと体積，図形と規則**

問1 3＋7÷0.5×2＝3＋14×2＝3＋28＝31

問2 まず，「校庭で打ぼくをした人」は9人であり，これは「教室で打ぼくをした人」の13人よりも少ないから，「校庭で打ぼくをした人」が最も多くはない。よって，アは正しくない。次に，「すりきず」の合計は10人であり，そのうち，「体育館」と「廊下《ろうか》・階段」の合計は，3＋2＝5(人)である。これは10人のちょうど半分なので，イは正しい。さらに，「体育館」の合計は16人であり，そのうち，「ねんざ」は8人である。これは16人のちょうど半分だから，ウは正しい。最後に，「教室」の合計は17人である。一方，全体(60人)の25％は，60×0.25＝15(人)なので，「教室」は全体の25％よりも多い。よって，エは正しくない。以上より，正しいのはイとウである。

問3 アは線対称《たいしょう》でも点対称でもあり，イは線対称ではあるが点対称ではない。また，ウは線対称ではないが点対称であり，エは線対称でも点対称でもない。さらに，オは線対称ではあるが点対称ではないから，上の図①のようになる。

図①

	点対称である	点対称ではない
線対称である	ア	イ，オ
線対称ではない	ウ	エ

問4 自分の席からとなりの席までの0.7mを流れるのにかかる時間が6秒なので，皿が流れる速さは毎秒，$0.7\div 6=\frac{7}{10}\times\frac{1}{6}=\frac{7}{60}$(m)である。また，同じ皿が1周回って戻《もど》ってくるまでの時間が，60×11＝660(秒)だから，レーンの長さは，$\frac{7}{60}\times 660=77$(m)とわかる。

問5 問題文中の図1と図2で，水が入っていない部分の容積は同じである。図1の水が入ってない部分の容積は，6×6÷2×(12－9)＝54(cm^3)なので，図2の水が入っていない部分の容積も54cm^3となる。また，図2を真横から見ると右の図②のようになる。図②で，★の部分の面積は，54÷12＝4.5(cm^2)だから，□×□÷2＝4.5(cm^2)と表すことができる。よって，□×□＝4.5×2＝9＝3×3より，□＝3とわかる。したがって，このときの水面の深さは，6－3＝3(cm)である。

図②

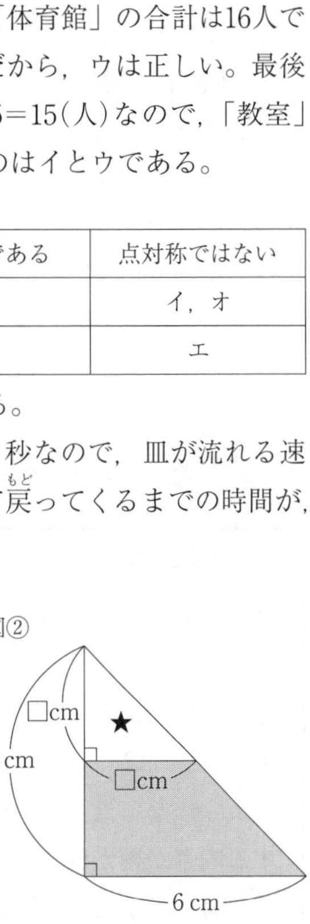

問6 1列に2台の車を駐車《ちゅうしゃ》することができるので，20÷2＝10(列)の駐車場をつくればよい。

右の図③のように区切って考えると，はじめに3個の三角コーンを置くと，その後は4個の三角コーンを置くごとに1列ずつつくれる。よって，10列つくるのに必要な三角コーンの個数は，$3+4\times10=43$(個)と求められる。同様に，はじめに2個のバーを置くと，その後は4個のバーを置くごとに1列ずつつくれるから，10列つくるのに必要なバーの個数は，$2+4\times10=42$(個)である。

図③

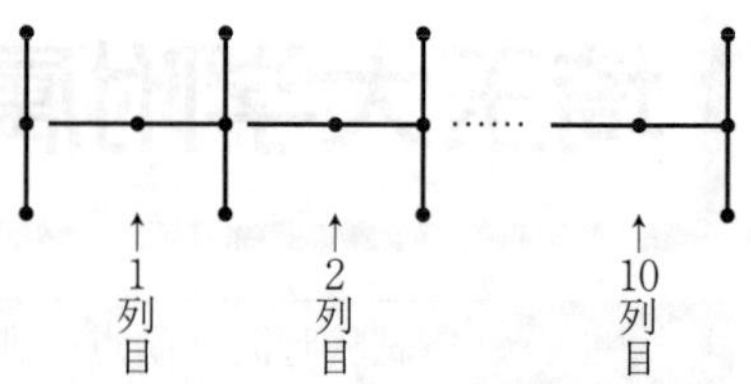

2 整数の性質，調べ

問1　$6=3\times2$より，6の倍数は3の倍数でも2の倍数でもある。また，3の倍数は各位の数字の和が3の倍数になるので，$1+2+3+4=10$，$1+2+3+5=11$，$1+2+4+5=12$，$1+3+4+5=13$，$2+3+4+5=14$より，考えられる4枚のカードの組み合わせは{1，2，4，5}とわかる。さらに，2の倍数は一の位が偶数《ぐうすう》になるから，{1，2，4，5}を一の位が偶数になるように並べると，最も大きい6の倍数は5412とわかる。

問2　分母が1の分数の和は，$\frac{2}{1}+\frac{3}{1}+\frac{4}{1}+\frac{5}{1}=\frac{14}{1}=14$，分母が2の分数の和は，$\frac{1}{2}+\frac{3}{2}+\frac{4}{2}+\frac{5}{2}=\frac{13}{2}=6\frac{1}{2}$，分母が3の分数の和は，$\frac{1}{3}+\frac{2}{3}+\frac{4}{3}+\frac{5}{3}=\frac{12}{3}=4$，分母が4の分数の和は，$\frac{1}{4}+\frac{2}{4}+\frac{3}{4}+\frac{5}{4}=\frac{11}{4}=2\frac{3}{4}$，分母が5の分数の和は，$\frac{1}{5}+\frac{2}{5}+\frac{3}{5}+\frac{4}{5}=\frac{10}{5}=2$なので，すべての分数の和は，$14+6\frac{1}{2}+4+2\frac{3}{4}+2=29\frac{1}{4}$と求められる。

3 平面図形―構成

右の図のように，はじめに長さ6cmの直線BCを引く。次に，角Cの大きさが65度になるような直線CXを引く。最後に，Bを中心とする半径が5.6cmの円周の一部をかく。この円周と直線CXの交わる点が頂点Aになるが，図のように2点P，Qで交わってしまうから，必ず三角形ABCと合同になるとはいえない。

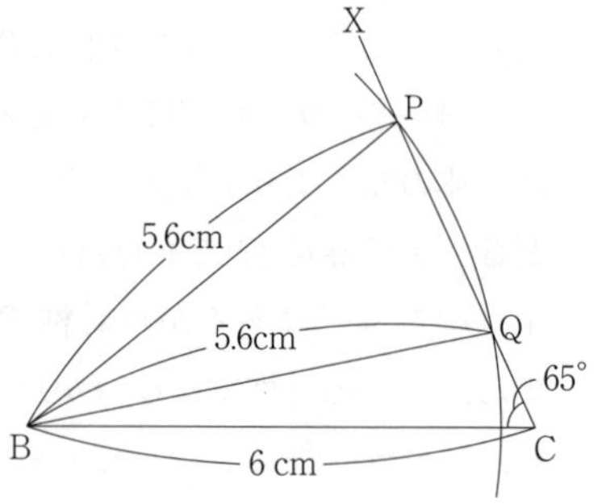

社 会　※試験時間・満点…非公表

解 答

1 **問1**　ア　**問2**　ウ　**問3**　エ　**問4**　（例）　米の消費量が減って米が余るようになり，米の価格が下がって稲作農家の収入が減っていること。／農業で働く人の高齢化が進むことで，稲作がおとろえていくこと。　**問5**　養殖業　**問6**　イ　**2** **問1**　イ　**問2**　(1)　ア　(2)　（例）　橋が木造から石づくりに変わり，レンガづくりの建物やガス灯が設置されるようになった。　**問3**　イ　**問4**　（例）　太平洋戦争中やその前の教科書には戦争を美化する内容が書かれており，平和な国づくりを目指すうえで不適切だったから。　**問5**　アイヌ
3 **問1**　津波　**問2**　ウ　**問3**　イ　**問4**　ボランティア

解説

1 日本の都道府県や産業，地形図の読み取りについての問題

問1　東京駅(東京都)を出た東海道新幹線は，神奈川県→静岡県→愛知県→岐阜県→滋賀県→京都府を通って新大阪駅(大阪府)にいたる。なお，「彩子《あやこ》さんの記録」にある「三河安城駅」と「名古屋(駅)」は愛知県，「米原《まいばら》駅」は滋賀県にある。

問2　(ó)は果樹園の地図記号で，りんごやなしなどの実を横から見た形を図案化したものである。したがって，果樹がえがかれているウが正しい。

問3　自動車は，関連工場でつくられた２～３万点の部品を，組み立て工場で組み立てることで完成する。関連工場は，自動車工場の生産ペースに合わせて必要な部品を必要なだけ，必要な時刻に届けることで，部品が余ったり，届けられた部品を保管するための場所や費用がかさんだりしないよう工夫している。この生産方式はジャストインタイム方式とよばれる。

問4　資料２から，米の消費量が減少傾向《けいこう》にあることがわかる。消費量が減ると，それまでどおり生産した場合には米が余って価格が下がり，農家の人のもうけが減ることにつながる。これをさけるため，米からほかの作物にかえる転作を行うと農家の負担が大きく，田を休ませる休耕を行ってももうけが減ることに変わりはない。また，資料３より，農業で働く人数が1980年以降減り続ける一方で，60才以上の人の占《し》める割合が大きくなっている。このように，農業で働く人が高齢《こうれい》化して若い人の割合が小さくなると，農業で働く人数が減り続けることになり，日本の農業全体がおとろえてしまう。これらのことから，消費量の減少にともなう米の価格の低下と稲作農家の収入の減少や，稲作をはじめ，農業で働く人が高齢化して農業がおとろえていくことを課題として指摘《してき》することができる。また，消費量の減少の割合に比べて農業で働く人数の減少の割合が大きいことから，日本で消費する米を日本で生産できなくなるおそれがあるとも考えられる。

問5　水産物を，いけすや池などで卵や稚魚《ちぎょ》から大きくなるまで人の手で育てて生産する漁業は，養殖業とよばれる。人工ふ化した稚魚や稚貝を川や海に放流し，自然の中で大きく育ててからとる栽培漁業とともに「育てる漁業」とよばれ，漁業資源保護の観点から取り組みが進んでいる。

問6　アは１月の平均気温が０℃を下回っていることや，乳製品であるバターが「ふるさと自慢《じまん》」に入っていることから，冬の寒さが厳しく，乳用牛の飼養頭数が全国第１位の北海道だとわかる。また，１月の平均気温が17.0℃と温暖で，「ふるさと自慢」としてパイナップルがあげられているウには，冬でも温暖な沖縄県があてはまる。イとエのうち，人口がより多く，「ふるさと自慢」がたこ焼きであるエには大阪府があてはまり，残ったイに福岡県があてはまる。

2 元号を題材とした各時代の歴史的なことがらについての問題

問1　ア　天智天皇は668年に国を治めるための法律として近江令《おうみりょう》を制定しているので，正しい。　　イ　仏教を重んじた聖武天皇が各地に国分寺をつくるよう命じたのは，天皇中心の政治が確立した奈良時代の741年のことなので，誤っている。　　ウ　天智天皇のあとをついだ天武天皇と，そのあとをついだ持統天皇は天皇中心の国づくりをさらにおし進め，694年，持統天皇は中国の都にならってつくられた藤原京に都を移した。よって，正しい。　　エ　政府では力をもった豪族が天皇を支え，唐(中国)から帰国した学問僧や留学生が政治の相談役として活躍《かつやく》したので，正しい。

問2　(1)『解体新書』は，杉田玄白《げんぱく》や前野良沢《りょうたく》らがオランダ語の医学解剖《かいぼう》書『ターヘル＝アナト

ミア』を苦心のすえに翻訳《ほんやく》した医学書で，江戸時代中ごろの1774年に出版された。なお，本居宣長《もとおりのりなが》は国学者，歌川広重は浮世絵《うきよえ》師，近松門左衛門《もんざえもん》は歌舞伎《かぶき》・人形浄瑠璃《じょうるり》の脚本家である。　(2)　資料１は歌川広重の浮世絵「東海道五十三次」のうちの「日本橋　朝之《の》景」で，江戸(東京)の日本橋のようすがえがかれている。明治時代に入ると，日本橋や銀座など東京の中心部では西洋化が進み，レンガづくりの建物や石づくりの橋，ガス灯などが見られるようになった。

問３　大正時代に人々が民主的な権利を求めた動きは大正デモクラシーとよばれ，この中で普通選挙を求める声が高まった。これを受けて1925年，25才以上の男性すべてに選挙権を認める普通選挙法が成立したが，女性の選挙権は認められなかった。女性の選挙権は太平洋戦争終結後の1945年12月にようやく認められ，このとき選挙権年齢も20才以上へと引き下げられた。

問４　太平洋戦争中やそれ以前には，戦争を美化し，アメリカやイギリスを敵国とするような教育が行われ，教科書にもそうした内容を教えこむような記述が盛りこまれていた。戦後，アメリカを中心とするGHQ（連合国軍最高司令官総司令部)の占領下に置かれた日本ではそうした考え方が否定され，民主的な教育が始められることになったが，教科書を新しくつくるだけの物資や人材が不足していたため，従来の教科書を用いることになった。そのさい，戦争を美化するような記述は不適切とされ，墨《すみ》で黒く塗《ぬ》って読めないようにしたのである。

問５　アイヌは蝦夷《えぞ》地(北海道)・千島列島・樺太《からふと》(サハリン)に古くから住んでいた先住民族で，狩りや漁をして暮らし，独自の生活習慣や文化を築きあげていた。明治時代以降，日本政府がおし進めた同化政策によってアイヌの人々は土地を失ったり，独自の言語や伝統文化をうばわれたりしたが，1997年にアイヌ文化振興《しんこう》法が成立し，アイヌの伝統や文化を守ろうという動きが高まった。2008年，アイヌを先住民と認めることが国会で決議され，2019年にはこの内容を法制化したアイヌ新法が成立した。

3　災害を題材とした問題

問１　2011年３月11日，宮城県牡鹿《おしか》半島の東約130kmの海底を震源とするマグニチュード9.0の大地震が発生し，そのゆれにともなう巨大津波が東日本の太平洋側をおそって各地に大きな被害をもたらした。資料１は「奇跡《きせき》の一本松」とよばれる木を写したもので，岩手県陸前高田市沿岸部にあった松原の中で津波に耐《た》えて１本だけ残ったことから，復興のシンボルとして大切にされた。海水にひたるなどしたため枯《か》れてしまったが，モニュメントとして復元され，保存されている。

問２　都道府県から「救助に必要な業務委託《いたく》」を受けて活動するのだから，Ａにあてはまるのは政府や地方自治体以外の機関と判断できる。よって，ウの日本赤十字社が選べる。日本赤十字社は災害が起こったさい，医療《いりょう》救護や救護物資の配分，義援《ぎえん》金の受付や配分といった活動で被災地を支援する。なお，Ｂにはイ，Ｃにはエ，Ｄにはアがあてはまる。

問３　資料３では，山の斜面《しゃめん》が濃《こ》く塗られている。山の斜面で想定される災害はがけ崩《くず》れなので，イが適切である。

問４　自主的に，かつ無償《むしょう》で社会活動に参加する人のことをボランティアという。災害時には政府や地方自治体の支援だけでなく，小回りが利き，より被災者に身近な活動が行えるボランティアの働きが欠かせないものとなっている。

理 科　※試験時間・満点…非公表

解 答

1 **問1**　(例)　観察したい方位　**問2**　解説の図を参照のこと。　**問3**　アンタレス，赤色　**問4**　ア　**2** **問1**　ウ　**問2**　ウ，ア，エ，イ　**問3**　(例)　花の外から花粉が運ばれてくるのを防ぐため。　**問4**　(例)　ヘチマのめばなは，おばなが作った花粉が運ばれてくることで受粉するから。　**3** **問1**　イ　**問2**　(例)　98℃で一定だった。　**問3**　ウ　**問4**　**X**　水蒸気　**Y**　冷やされ　**4** **問1**　解説の図を参照のこと。　**問2**　(例)　空きかんつぶし　**問3**　B　**問4**　ア，エ

解 説

1 星座とその観察についての問題

問1　星座早見を使って星空を観察するときには，観察したい方位に向いて，星座早見は観察したい方位の文字を下にして手に持ち，そのまま頭の上にかざして，実際の星空と見比べる。

問2　夏の大三角は右の図のように，はくちょう座のデネブ，こと座のベガ，わし座のアルタイルの3つの1等星を結んだ三角形である。

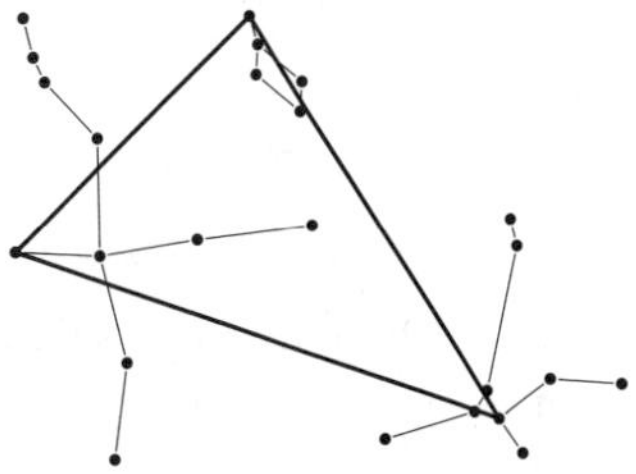

問3　さそり座を形づくる星の中で特に明るく光っているのは，1等星のアンタレスである。さそりの心臓に相当する位置にあり，赤色に光っている。

問4　さそり座などの星座を形づくる星のならび方は，つねに一定である。ただし，何万年もたつと少しずつは変化するとされている。

2 花と実に関する実験と観察についての問題

問1　アサガオのつぼみは，上から見て右まわりにねじれた形をしていて，ねじれがほどけるようにして花をさかせる。

問2　けんび鏡を使って観察するとき，はじめにけんび鏡を水平でじょうぶな台の上に置き，接眼レンズ，対物レンズの順にレンズを取りつける。レボルバーに取りつけた対物レンズは最初は倍率がいちばん低いものを用い，反射鏡で視野の明るさを調節する。次に，観察したいもの(ここでは花粉をのせたスライドガラス)をステージの上に置き，横から見ながら調節ねじを回して対物レンズをできるだけ近づける。そして，接眼レンズをのぞき，調節ねじで対物レンズをはなしていきながらピントを調節する。

問3　実ができるためには，おしべで作られた花粉がめしべの先(柱頭)につく，つまり受粉することが必要である。よって，実ができるかどうかを確かめる実験では，実験での操作以外で受粉する可能性をなくさなければならない。ここでの実験のようにつぼみにふくろをかぶせると，花の外から花粉が運ばれてきて受粉することがなくなる。

問4　アサガオは，一つの花の中におしべとめしべの両方があり(両性花)，おしべで作られた花粉が同じ花の中のめしべの先につくことで受粉する(自家受粉)。このため，ふくろをかぶせておいても実ができる。一方，ヘチマは，めばな(めしべはあるが，おしべはない)とおばな(おしべはある

が，めしべはない)に分かれている(単性花)ため，めばなにふくろをかぶせると，受粉が起こらず，実はできない。

3 温度による水のようすの変化についての問題

問1　ぼう温度計で水の温度をはかるので，液だめの部分が水の中ほどにくるように設置するのがふさわしい。なお，アのように液だめの部分がビーカーの底についてしまうと，加熱されたビーカーの温度のえいきょうを受けてしまうので，ふさわしくない。

問2　7分後に大きなあわがさかんに出るようになっており，ここで水がふっとうしたと考えられる。ふっとうすると，水の温度は上がらなくなって一定になる。実験の結果を見ると，7分後や8分後に98℃となっているので，9分後から14分後までの間も98℃で一定だったと考えられる。なお，水がふっとうする温度は100℃と思っていてよいが，実際には条件(気圧など)により変動する。

問3　図2で，アルミニウムはくの穴からは，水がふっとうすることで発生した水蒸気がふき出てくる。水蒸気は無色とう明なので，②の部分には何もないように見えるが，水蒸気が存在している。その出てきた水蒸気はまわりの空気に冷やされ，細かい水てきとなって，その集まりが白いけむりのように見える。これが①の部分の湯気である。

問4　水がふっとうしている間，アルミニウムはくでふたをしたビーカーの中(水面より上)は水蒸気で満たされている。その水蒸気がアルミニウムはくにふれると，冷やされて水にもどるため，ふたのうら側に水てきがつく。

4 てこのはたらきについての問題

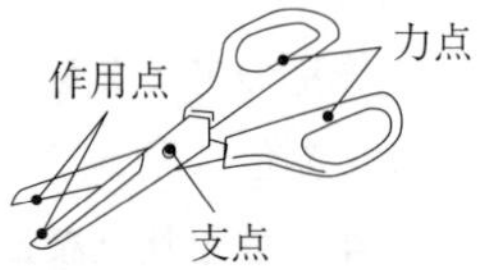

問1　はさみ(洋ばさみ)は，2つの部分をつなぎ止めている真ん中の部分が支点，指を入れる輪の部分が力点，ものを切る刃《は》の部分が作用点である。

問2　右の図に示すように，せんぬきやカッター，空きかんつぶしなどが，力点と支点の間に作用点があるてこのしくみを利用した器具である。

せんぬき

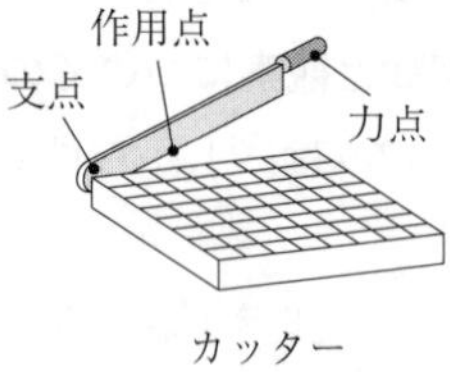

カッター

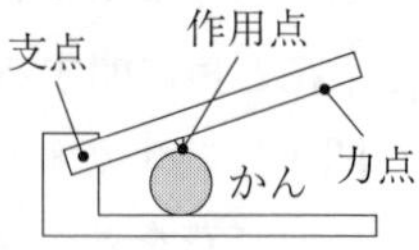

空きかんつぶし

問3　図1では，職人さんがぼうを持って力を加えているところが力点，ぼうの反対側のはし(左はし)が支点，ぼうと石が接していて力がはたらいているところが作用点である。したがって，作用点が支点と力点の間にあるてことなっている。

問4　図2では，ぼうの下にしいた木片が支点となっている。作用点と力点は支点をはさんでたがいに反対側に位置するので，作用点(石)と支点(木片)の間のきょりを短くするほど，また，力点(力を加えるところ)と支点(木片)の間のきょりを長くするほど，より小さな力で作用点(石)に大きな力をはたらかせることができる。

音 楽　※試験時間・満点…非公表

解 答

1～4 省略　　5 (例)　下の図　　6 **問1**　ソ，2つ　**問2**

7 17

図

解　説

1～4 放送問題につき省略

5 音符《おんぷ》と休符の意味

4分の4拍子《びょうし》は，4分音符を1拍《ぱく》として，1小節に3拍ある拍子である。すでに書かれている1小節目の8分音符は0.5拍，2小節目の4分休符は1拍，3小節目の付点4分音符は1.5拍と数える。このほか，0.5拍ぶんの8分休符，0.25拍ぶんの16分音符や16分休符，2拍ぶんの2分音符や2分休符などを用いて楽譜《がくふ》を完成させればよい。解答にあるのは一例である。

6 楽譜の知識と強弱記号の意味

問1　イ短調の楽譜では，ソの音に半音上げる記号の♯(シャープ)がつく。ソは五線譜の下から2番目の線(第2線)上の音符で，示された楽譜では2小節目と4小節目の最後に2つある。

問2　「だんだん弱くして」とあるので，だんだん弱く演奏することを示す記号であるデクレッシェンド(＞)を書けばよい。

7　反復記号の意味

‖:と:‖はそれぞれの記号の間を2回くり返すことを表す記号で，:‖のみの場合には曲の最初にもどって演奏する。1小節目から12小節目までをそれぞれA～Lとし，このきまりにしたがって演奏すると，まずABABとくり返したあとでCに進む。D～Hは1回目と2回目のくり返しで異なる小節を演奏する指示があるので，DEFDGHと演奏する。続けてIJIJと演奏したのち，KLで演奏を終える。よって，ABABCDEFDGHIJIJKLという17小節を演奏することになる。

図　工　※試験時間・満点…非公表

解　答

1 **絵**…省略　　　**説明**…(例)　中学生になったら，新しい環境の中できん張も感じる一方，勉強にも部活動にもがんばって取り組もうと希望に燃える気持ちになるだろうと思います。将来に向けてすばらしい花をさかせたいという思いを，窓から見えるいっぱいの花園にこめています。明るくきれいな色でまとめた花園が，色ごとにきちんと分けられているのは，少しきん張した気持ちを表しています。あふれる陽光の中を自由に飛ぶ鳥は，未来に大きく羽ばたいていくイメージでかきました。

解　説

1 イメージを伝える絵とその説明文

中学校に入学したらどんなことを思い，どんな気持ちになるかを想像したうえで，《絵をかくための条件》にしたがって仕上げる。試験に合格して入学したあとの中学校生活であることや，中学校生活が春に始まること，《絵をかくための条件》に「美しく仕上げること」とあることなどから，明るい色を用いるとよいだろう。クレヨンは線をかくのに適した画材で，重ねぬりには向いていないが，指でこすってぼかすといった工夫《くふう》をすることでやわらかな印象を表すことができる。

家 庭　※試験時間・満点…非公表

解 答

1 問1 (1) エ　(2) 体をつくる　問2 ア　問3 (ア→)エ→オ→ウ→イ(→カ)
2 ア　**3** 問1 たちばさみ　問2 うで　問3 (例) 返しぬいをする。
4 ① 少ない　② (例) 不要な布や紙で油をふきとって

解 説

1 食品の栄養，ご飯のたき方，みそしるのつくり方

問1 (1) 左は，白米ではなく「ご飯」のグラフであることに注意する。白米だと一番多い成分は炭水化物だが，白米をたいた「ご飯」では，一番多い成分である①が水分，二番目に多い成分である②が炭水化物になる。大豆で一番多い成分の③は，たんぱく質である。　(2) 大豆は，魚・肉・卵などとともにたんぱく質に分類される。たんぱく質と無機質は，「おもに体をつくるもとになる食品」にあたる。

問2 ① ご飯をたくのに必要な水の量は米の重さの1.5倍程度とされているので，80×1.5＝120(g)となる。　②，③ 点火後，短い時間でふっとうさせると，米のうまみ成分を米に閉じこめることができ，たき上がりもふっくらする。こうした理由から，ふっとうするまでは強火でたく。ふっとう後は火を弱め，水が引いてふたが動かなくなったら弱火にして米つぶの中心までしっかり火を通す。

問3 まず，みそしるの実(具)を用意する。このあと，だしをとって，なべに実を入れる。だいこんのように火が通りにくい実から入れ，実に火が通ったらみそを入れる。ねぎのうす切りなど，味・かおり・色を大切にするものはみそのあとに入れ，軽く熱を通せばよい。最後に火を消す。よって，ア→エ→オ→ウ→イ→カの順番となる。

2 商品についている表示やマークの知識

① 「おいしく食べることのできる期限」なので，「賞味期限」があてはまる。「消費期限」は，安心して食べられる期限を示している。　② 「環境《かんきょう》保全に役立つと認められた商品」には，自然環境などを意味する英語の「エコロジー」からとった「エコ」を用いた「エコマーク」がつけられる。「グリーンマーク」は，古紙を再生利用した製品につけられる。

3 手ぬいの知識

問1 フェルトや布を切るときに使うはさみを「たちばさみ」という。布を切るためにつくられているので，紙など，布以外のものを切ると切れ味が落ちる。

問2 糸は短いと足りなくなり，長すぎるとからまることがある。使いやすい糸の長さは50～60㎝といわれるので，自分のうでの長さをめやすにするとよい。

問3 よりじょうぶにぬうには，２本どりのように，糸を複数通す方法を用いることが考えられる。そのための方法として，１回ぬった部分をもどってぬい返す「返しぬい」があげられる。

4 食器の洗い方の工夫

① よごれが少ないものから洗うと，食器を洗うスポンジについたよごれをほかの食器につけてしまうことがなく，水や洗ざいの節約にもなる。　② 油よごれは落ちにくいので，不要な布や紙で油をふきとってから，洗ざいを使って洗うとよい。

国　語　※試験時間・満点…非公表

解　答

一 **問1**　粘土と腐植　**問2**　(例)　ミミズの腸内の粘液のネバネバがバラバラだった土壌粒子を団結させるから。　**問3**　色と手触りの違いをたよりに土の肥沃さを判断(している。)　**問4**　ウ　**問5**　エ　**問6**　(例)　土の色の違いはその素材の違いを反映しているために，土の色は土の性質をつかむ重要な手がかりとなるものだから。　二 **問1**　(1)　ア　(2)　(例)　けやき市にはけやき祭り以外に，昔からうけつがれている伝統行事はあるのでしょうか。　**問2**　(例)　中学3年生は小学6年生よりも家の手伝いをしている人が少ないことがわかりました。これは部活動や受験勉強などでいそがしいという理由が関係しているかもしれないと思いました。　**問3**　4(画目)　**問4**　見つけた　**問5**　(イ)　**問6**　イ　**問7**　①　こころ(みる)　②　たぐ(い)　③　いっちょくせん　④〜⑥　下記を参照のこと。

●漢字の書き取り

二 **問7**　④　最(も)　⑤　氷点下　⑥　改める

解　説

一 **出典は藤井《ふじい》一至《かずみち》の『土　地球最後のナゾ　100億人を養う土壌《どじょう》を求めて』による。**地球の土がどのようにしてつくられるか，また，土の色と土の性質との関係について解説している。

問1　ここでの「earth」は「土」を意味していることをおさえる。「地球の土」は「粘土《ねんど》と腐植《ふしょく》のある土」だが，「月には粘土がなく，火星には腐植がない」ため，筆者は「月や火星にearthはない」のだと述べている。

問2　続く部分で説明されている。ミミズが腐植と粘土を混ぜて食べた後，腸内にある粘液が「バラバラだった土壌粒子を団結させる」ように働く。そのため，ミミズの「フンはころころした土壌の塊《かたまり》(団粒《だんりゅう》)」になるのだと述べられている。

問3　直後の一文に着目する。「農家のおじさん」が「手にとった土をこねる」のは，「化学分析《ぶんせき》」ではないとした上で，「色と手触《てざわ》りの違《ちが》いをたよりに土の肥沃《ひよく》さを判断している」のだと説明されている。

問4　「色や手触りは，肥沃な土とどう関わるのだろうか」と問題提起をした後で，土にはさまざまな「色」があることを紹介《しょうかい》し，それが「土の性質をつかむ上で重要」であることの説明につながっていくのだから，ウがふさわしい。

問5　ア　「ヒアルロン酸」や「コンドロイチン」，「鉄さび粘土(ゲータイトやフェリハイドライトといった酸化鉄鉱物)」などの専門用語を用いながら話を進めているので，正しい。　イ　「ネバネバ」「ヌルヌル」「ヌメヌメ」「フカフカ」などの擬態《ぎたい》語を用いて，粘液や土のようすを表現しているので，合う。　ウ「持ち帰る土には，白球の記憶《きおく》も入り交じっている」や，「さだまさしの名曲『風に立つライオン』の影響《えいきょう》もあるかもしれない」など，ユーモアにあふれた表現が織りこまれているので，よい。　エ　本文には「実験結果に数値を用いる」といった内容は書かれていないので，ふさわしくない。

問6　「見た目の直感」とは，土の色を見て「この土はいい」と感じたり，「『不毛』だとか『貧栄養』だと断じ」たりすることを指している。その直感が「八割がた正しい」といえるのは，「土の色の違いは，その素材の違いを反映している」ためであり，その素材の違いによって「土の性質をつかむ」ことができるからである。

二　取材に関する問題，漢字の画数，文の組み立て，手紙文の書き方，熟語の組み立て，漢字の読みと書き取り

問1　(1)　イ「けやき市の地図を持参していた」が誤り。地図を用意していてくれたのは市役所の村田さんである。　ウ「わかりにくいときは，質問の仕方を変えていた」が正しくない。村田さんの話したことの要点をまとめたり確認《かくにん》したりしながら，次々に新しい質問をしている。同じことを「質問の仕方を変えて」くり返し問いかけることはしていない。　エ「自分の感想を言うことを控《ひか》えていた」が合わない。村田さんの回答に対して，自分の感じたことや思ったことを伝えながら，取材を進めている。　(2)【取材メモ】の中で，これまでに質問していないのは「昔から変わらずうけつがれている伝統行事はあるか。(けやき祭以外で)」という項目《こうもく》なので，この内容をふまえた質問を考えるとよい。

問2　グラフを読み取るときには，数値などが大きく変化している部分に着目する。また，その変化に対する意見を書く場合は，自分自身の身近な体験や状況《じょうきょう》と関連させて考えるとよい。

問3　「はつがしら」における矢印の部分は4画目に書く。筆順を誤りやすい漢字なので注意する。

問4　倒置《とうち》文になっているので，ふつうの形に直すと，「あれだけ探しても見つからなかった帽子《ぼうし》を，ようやく見つけた」となる。よって，述語は「見つけた」にあたる。なお，主語は省略されている。

問5　自分自身の名前や所属先などは日付の次の行に，へりくだった気持ちをこめ，そろえて書く。

問6　アは「空＋元気」，ウは「雪＋合戦」，エは「青＋写真」，オは「大＋一番」のように，上の漢字が下の二字熟語を修飾《しゅうしょく》する組み立てである。イは「野次＋馬」で，上の二字熟語が下の漢字を修飾する組み立て。

問7　①　音読みは「シ」で，「試験」などの熟語がある。訓読みにはほかに「ため(す)」がある。　②　音読みは「ルイ」で，「種類」などの熟語がある。　③　曲がることなく，まっすぐであるようす。　④　音読みは「サイ」で，「最高」などの熟語がある。　⑤　気温が摂氏《せっし》0度よりも低い状態のこと。　⑥　音読みは「カイ」で，「改善」などの熟語がある。

Dr.福井の

入試に勝つ！脳とからだのウルトラ科学

復習のタイミングに秘密あり！

算数の公式や漢字，歴史の年号や星座の名前……。勉強は覚えることだらけだが，脳は一発ですべてを記憶することができないので，一度がんばって覚えても，しばらく放っておくとすっかり忘れてしまう。したがって，覚えたことをしっかり頭の中に焼きつけるには，ときどき復習をしなければならない。

ここで問題なのは，復習をするタイミング。これは早すぎても遅すぎてもダメだ。たとえば，ほとんど忘れてしまってから復習しても，最初に勉強したときと同じくらい時間がかかってしまう。これはとっても時間のムダだ。かといって，よく覚えている時期に復習しても何の意味もない。

そもそも復習とは，忘れそうになっていることを見直し，記憶の定着をはかる作業であるから，忘れかかったころに復習するのがベストだ。そうすれば，復習にかかる時間が一番少なくてすむし，記憶の続く時間も最長になる。

では，どのタイミングがよいか？　さまざまな研究・発表を総合して考えると，１回目の復習は最初に覚えてから１週間後，２回目の復習は１か月後，３回目の復習は３か月後――これが医学的に正しい復習時期だ。復習をくり返すたびに知識が海《かい》馬《ば》（脳の，知識をためる倉庫みたいな部分）にだんだん強くくっついていくので，復習する間かくものびていく。

この計画どおりに勉強するには，テキストに初めて勉強した日付と，その１週間後・１か月後・３か月後の日付を書いておくとよい。あるいは，復習用のスケジュール帳をつくってもよいだろう。もちろん，計画を立てたら，それをきちんと実行することが大切だ。

ちなみに，記憶量と時間の関係を初めて発表したのがドイツのエビングハウスという学者で，「エビングハウスの忘《ぼう》却《きゃく》曲線」として知られている。

Dr.福井（福《ふく》井《い》一成《かずしげ》）…医学博士。開成中・高から東大・文Ⅱに入学後，再受験して翌年東大・理Ⅲに合格。同大医学部卒。さまざまな勉強法や脳科学に関する著書多数。

Memo

2018年度　埼玉大学附属中学校

〔電　話〕（048）862－2214
〔所在地〕〒336-0021　埼玉県さいたま市南区別所4－2－5
〔交　通〕JR京浜東北線―「浦和駅」より徒歩20分，
埼京線―「中浦和駅」より徒歩10分

※本年度の試験時間・満点は非公表です。

【算　数】

1　次の各問いに答えなさい。

問1　$0.5 \div \frac{2}{3} + 3.5 \div \frac{2}{3}$ を計算しなさい。

問2　次のように，〔問題〕とそれに対する〔答え〕が書いてあります。この文章が正しくなるように，下線部**ア**～**エ**のうち1か所を直します。どれを直せばよいですか。**ア**～**エ**の中から1つ選び，その記号を書き，正しい値《あたい》を書きなさい。

> 〔問題〕　ア4Lのジュースを，1人にイ0.3Lずつ配ります。最大で何人に配ることができますか。また，そのときのあまりは何Lですか。
> 〔答え〕　ウ13人に配ることができて，エ1Lあまる。

問3　次の**ア**～**エ**の4つの図形を，面積が小さい順に並《なら》べ，その記号を書きなさい。

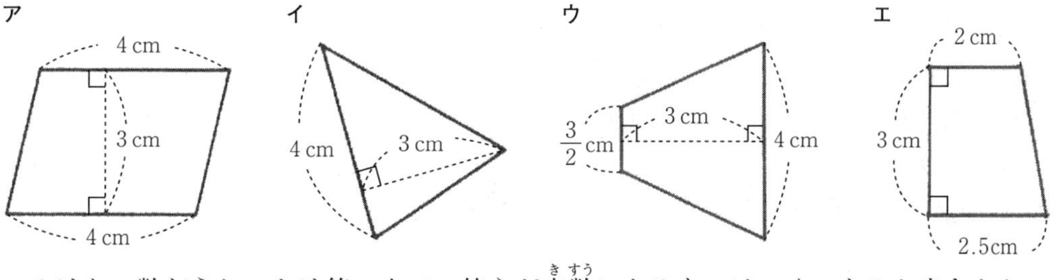

問4　1けたの数どうしのかけ算の中で，答えが奇《き》数《すう》になるものはいくつあるか書きなさい。

問5　「かがやき」，「はやて」，「とき」は大宮駅を出発する新幹線の名前です。右の表は，3つの新幹線について，出発時刻《じこく》，目的地，到《とう》着時刻《ちゃくじこく》と大宮駅からの道のりを表したものです。3つの新幹線を，速い順に並《なら》べて書きなさい。ただし，これらの新幹線は途中《とちゅう》の駅には停車せず，速さは変わらないものとします。

新幹線	出発時刻《じこく》	目的地	到着時刻《とうちゃくじこく》	大宮駅からの道のり
かがやき	6時42分	長野	7時38分	194.7km
はやて	7時42分	仙台《せんだい》	8時57分	294.1km
とき	9時35分	新潟《にいがた》	10時50分	269.5km

問6　1辺が1cmの正方形の厚紙を，右の図のように1段《だん》，2段《だん》，3段《だん》，…と並《なら》べて，階段《かいだん》の形を作ります。このとき，段《だん》の数にともなって変わる数量について正しく述べているものを，次の**ア**～**エ**の中からすべて選び，その記号を書きなさい。

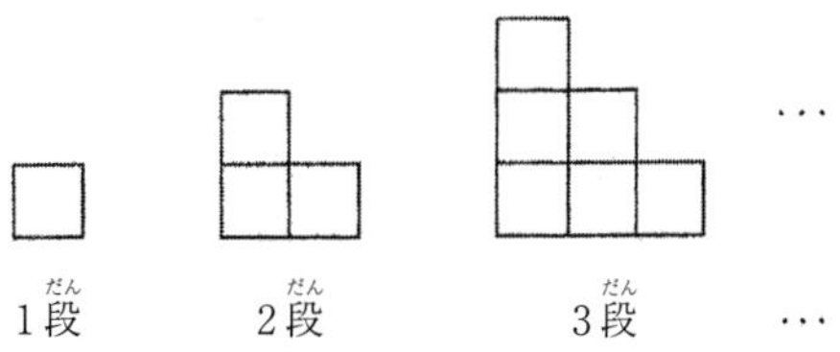

ア　段《だん》の数を２倍，３倍，…とすると周りの長さも２倍，３倍，…となる。

イ　段《だん》の数を２倍，３倍，…とすると厚紙の面積も２倍，３倍，…となる。

ウ　10段《だん》のときに必要となる厚紙の枚数《まいすう》は奇数《きすう》になる。

エ　周りの長さを段《だん》の数でわると，いつも決まった数になる。

2　次の表は，１組と２組の女子が反復横とびを行った回数の記録です。

45	39	31	44	40
41	34	36	40	39
42	34	40	41	38
40				

１組の女子の記録（回）

29	35	43	36	35
36	49	42	37	50
44	43	41		

２組の女子の記録（回）

これらの記録を右のように数直線の上に表すと，どのような範囲《はんい》に散らばっているかを比べることができます。このとき次の各問いに答えなさい。

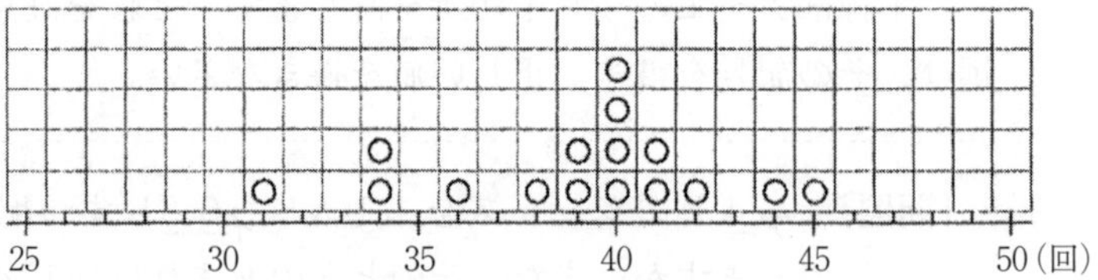

<１組の女子の記録>

問１　２組の女子の記録を表す○を，解答用紙の数直線の上に書きなさい。

問２　１組と２組の女子が反復横とびを行った回数について正しく述べているものを，次の**ア**～**エ**の中からすべて選び，その記号を書きなさい。

ア　最も多い回数を記録したのは２組の女子である。

イ　１組の女子の記録の平均は40回である。

ウ　回数の記録はいつも平均の近くに集まる。

エ　35回以上40回未満の記録は２組の方が多い。

3　**図１**のような立方体を，はさみを使って**図２**のように展開《てんかい》します。このとき，立方体の辺を何か所切ればよいか書きなさい。

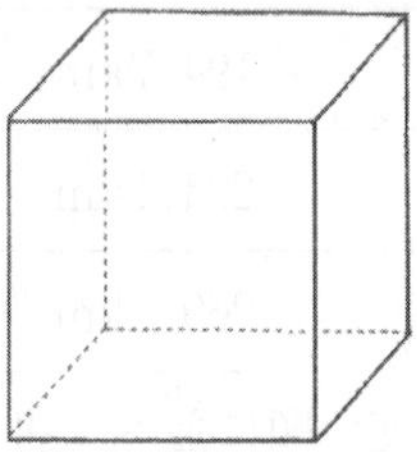

図１

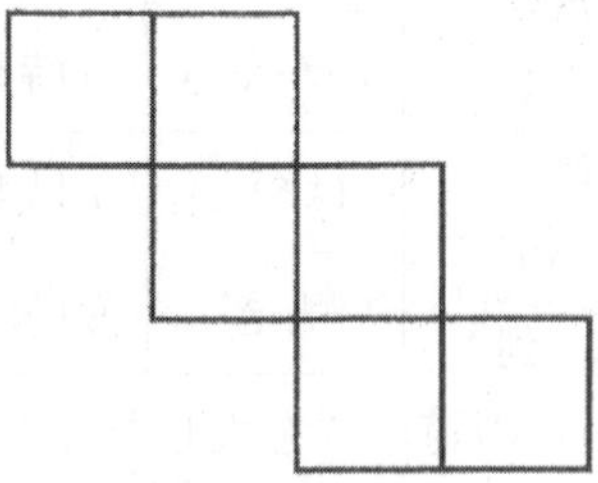

図２

4 円周の長さが，直径の長さの何倍になっているかを表す数を円周率といい，円周率は円周÷直径で求められます。このように考えると，円周率は約3.14となります。

次の図のように，半径1 cmの円をかき，その内側に正六角形を，外側に正方形をかきます。この図を使って，円周率が3より大きく4より小さくなることを説明しなさい。

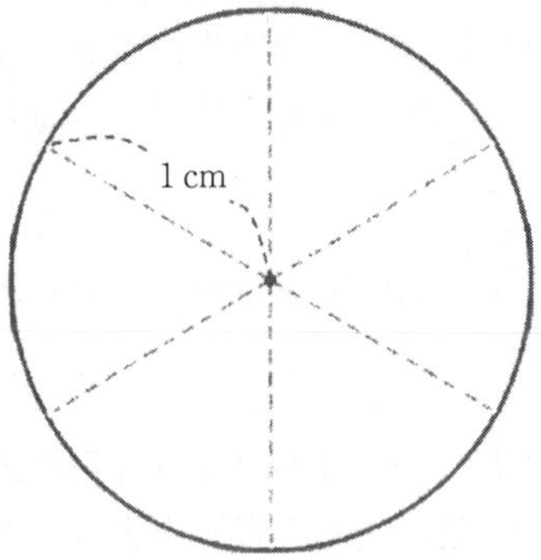

【社　会】

1　彩子《あやこ》さんたちは，日本がどのように外国とかかわっているかについて調べ，次のような**発**《はっ》**表原稿**《ぴょうげんこう》にまとめました。これを読んで，以下の問いに答えなさい。

発表原稿《はっぴょうげんこう》

彩子《あやこ》	私《わたし》は，日本の自動車について調べました。日本の自動車は，国内で生産され，①アメリカ合衆国《がっしゅうこく》などに輸出されるだけではありません。②世界各国に日本の自動車工場をつくっていることがわかりました。
太郎《たろう》	私《わたし》は，日本の資源《しげん》について調べました。日本は，資源《しげん》の国内生産量が少ないため**資料4**のように，［　③　］ことがわかりました。
花子	私《わたし》は，外国人が訪《おとず》れる日本の観光名所について調べました。日本の④世界自然遺産《せかいしぜんいさん》にはさまざまな国の人が訪《おとず》れます。しかし，太郎《たろう》くんの発表にある資源《しげん》を大量に燃やすと二酸化炭素が排出《はいしゅつ》され［　⑤　］による海面上昇《かいめんじょうしょう》などの環境問題《かんきょうもんだい》が自然に影響《えいきょう》を与《あた》えます。

問1　次の**資料1**と**資料2**は，彩子《あやこ》さんが発表するのに用いた日本の主な輸入品，輸出品の変化に関する資料です。これらの資料から読み取れることとして正しいものを，下の**ア**～**エ**の中から1つ選び，その記号を書きなさい。

資料1　日本の主な輸入品の変化

1980年

品目	円
石　油	12.5兆円
液化ガス	1.7兆円
木　材	1.5兆円
機械類	1.0兆円
石　炭	0.8兆円
輸入額31兆9953億円	

2012年

品目	円
石　油	14.9兆円
機械類	14.0兆円
液化ガス	6.0兆円
衣　類	2.5兆円
石　炭	2.3兆円
輸入額70兆6886億円	

資料2　日本の主な輸出品の変化

1980年

品目	円
機械類	9.5兆円
自動車	5.1兆円
鉄《てっ》鋼《こう》	4.7兆円
せんい	1.1兆円
精密機械《せいみつきかい》	1.0兆円
輸出額29兆3825億円	

2012年

品目	円
機械類	24.9兆円
自動車	9.5兆円
鉄《てっ》鋼《こう》	4.7兆円
自動車部品	2.5兆円
精密機械《せいみつきかい》	2.3兆円
輸出額63兆7476億円	

（財務省ホームページより作成）

ア　品目を読み取ると，輸出入ともに品目の上位1位が変化している。

イ　品目を読み取ると，日本は資源《しげん》を加工して輸出しているといえる。

ウ　1980年も2012年も，輸出額が輸入額を上回っているといえる。

エ　1980年から2012年にかけて，輸出入ともに増額は2倍以下である。

問2　下線部①に関《かか》わる**資料3**を読み取り，アメリカ合衆国《がっしゅうこく》に当てはまるものを，次の**ア**～**エ**の中から1つ選び，その記号を書きなさい。

資料3

ア

面積　983万km²

人口　約3億1600万人

日本への輸出

電気機械，一般《いっぱん》機械《きかい》，穀物《こくもつ》

日本からの輸入

自動車，一般機械《いっぱんきかい》，電気機械

イ

面積　960万km²

人口　約13億7700万人

日本への輸出

電気機械，一般《いっぱん》機械《きかい》，衣類

日本からの輸入

電気機械，一般《いっぱん》機械《きかい》，精密機械《せいみつきかい》

ウ

面積　221万km²

人口　約3000万人

日本への輸出

原油

日本からの輸入

自動車，一般機械《いっぱんきかい》，鉄鋼《てっこう》

エ

面積　10万km²

人口　約5000万人

日本への輸出

電気機械，石油製品，鉄鋼《てっこう》

日本からの輸入

電気機械，一般《いっぱん》機械《きかい》，鉄鋼《てっこう》

（財務省ホームページ，世界人口年鑑《せかいじんこうねんかん》2014より作成）

問3　下線部②の日本が世界各地に日本の自動車工場をつくってきた理由として誤《あやま》っているものを，次の**ア**～**エ**の中から1つ選び，その記号を書きなさい。

ア　日本の企業《きぎょう》が，生産や輸送にかかる費用を低くおさえることができるから。

イ　日本の企業《きぎょう》が，現地の国の人に自動車づくりの技術を教えることができるから。

ウ　日本の企業《きぎょう》が，その国の中で売る自動車に関税をかけることができるから。

エ　日本の企業《きぎょう》が，その国の人々《ひとびと》のくらしに合わせた自動車づくりができるから。

問4　太郎《たろう》くんの**発表原稿**《はっぴょうげんこう》にある，③に入る言葉を**資料4**を読み取って書きなさい。

資料4　主な資源《しげん》の輸入の割合《わりあい》

資源《しげん》名	原油《げんゆ》	鉄鉱石《てっこうせき》	石炭《せきたん》	天然《てんねん》ガス
輸入の割合《わりあい》	99.6%	100%	99.3%	97.0%

（日本国勢図会《にほんこくせいずえ》 2016/17より作成）

問5　下線部④の世界自然遺産《せかいしぜんいさん》について次の**X**～**Z**は，日本の世界自然遺産《せかいしぜんいさん》について説明したものです。また，**日本地図**中の**A**～**C**は，知床《しれとこ》，白神山地《しらかみさんち》，屋久島《やくしま》のいずれかです。正しい組み合わせを，下の**ア**～**エ**の中から1つ選び，その記号を書きなさい。

日本地図

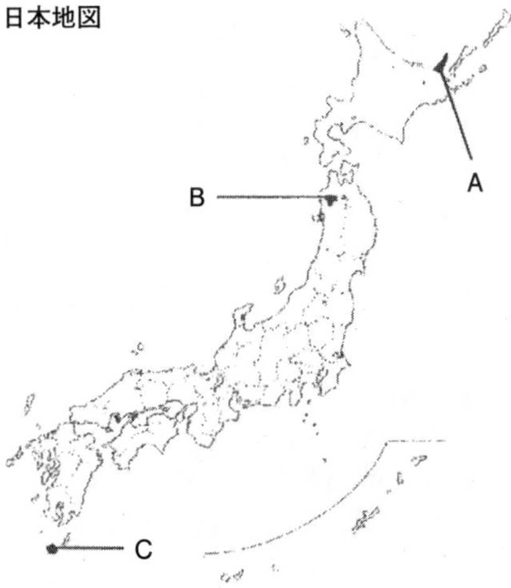

X　人の影響《えいきょう》を受けていない，ぶなの原生林《げんせいりん》です。

Y　流氷《りゅうひょう》や貴重《きちょう》で豊かな自然が見られます。

Z　樹齢《じゅれい》3000年を超《こ》える縄文杉《じょうもんすぎ》が有名です。

【組み合わせ】

ア	A－X	B－Y	C－Z
イ	A－Y	B－X	C－Z
ウ	A－Z	B－Y	C－X
エ	A－Y	B－Z	C－X

問6　花子さんの**発表原稿**《はっぴょうげんこう》にある⑤に当てはまる語を書きなさい。

2　彩子《あやこ》さんは，歴史学習の発表に向けて次の**年表**と**まとめ**を用意しました。資料を見て後の問いに答えなさい。

年表

時代	年	主な出来事
飛鳥時代《あすかじだい》	六四五	①大化《たいか》の改新《かいしん》が行われる
	六三〇	中国《ちゅうごく》に使《つか》いを送《おく》る
	五九三	聖徳太子《しょうとくたいし》が摂政《せっしょう》になる
奈良時代《ならじだい》	七五二	東大寺《とうだいじ》の大仏《だいぶつ》の開眼式《かいげんしき》が行われる
平安時代《へいあんじだい》	一一八五	壇《だん》ノ浦《うら》の戦《たたか》いで平氏《へいし》が滅《ほろ》びる
	一一六七	平清盛《たいらのきよもり》が太政大臣《だいじょうだいじん》となる
	一〇一六	藤原道長《ふじわらのみちなが》が摂政《せっしょう》になる
		日本風の文化が育つ
鎌倉時代《かまくらじだい》	一三三三	鎌倉幕府《かまくらばくふ》が滅《ほろ》びる
	一二七四	元《げん》がせめてくる
	一二二一	承久《じょうきゅう》の乱《らん》がおこる
	一一九二	源頼朝《みなもとのよりとも》が征夷大将軍《せいいたいしょうぐん》になる
室町時代《むろまちじだい》	一四八九	足利義政《あしかがよしまさ》が銀閣《ぎんかく》を建てる
	一四六七	応仁《おうにん》の乱《らん》がおこる
	一三九七	足利義満《あしかがよしみつ》が金閣《きんかく》を建てる
	一三三八	足利尊氏《あしかがたかうじ》が室町幕府《むろまちばくふ》を開く
安土桃山時代《あづちももやまじだい》	一五八八	刀狩令《かたながりれい》が出される
	一五八二	羽柴《はしば》(豊臣《とよとみ》)秀吉《ひでよし》が検地《けんち》を始める
	一五七三	織田信長《おだのぶなが》が室町幕府《むろまちばくふ》を滅《ほろ》ぼす

時代	年	主な出来事
江戸時代《えどじだい》	一八六七	徳川慶喜《とくがわよしのぶ》が政権《せいけん》を朝廷《ちょうてい》に返す
	一六四一	鎖国《さこく》が完成する
	一六〇三	徳川家康《とくがわいえやす》が江戸《えど》に幕府《ばくふ》を開く
明治時代《めいじじだい》	一八八九 一八七三 一八七二 一八七一	④政治のしくみが大きく変わる
	一八六八	明治維新《めいじいしん》　江戸《えど》を東京とする
大正時代《たいしょうじだい》	一九二五	普通選挙制度《ふつうせんきょせいど》が定められる
昭和時代《しょうわじだい》	一九六四	東京オリンピックが開かれる
		戦後のふっこう
	一九五一	サンフランシスコ平和条約を結ぶ
	一九四六	日本国憲法《にほんこくけんぽう》が公布される
	一九四一	アジア太平洋《たいへいよう》に戦争を広げる
	一九三七	日中戦争が始まる
	一九三三	日本が国際連盟《こくさいれんめい》を脱退《だったい》する
平成時代《へいせいじだい》	二〇一一	東日本大しんさいがおこる

まとめ

A　飛鳥時代の日本について

聖徳太子《しょうとくたいし》の政治改革《せいじかいかく》や①大化《たいか》の改新《かいしん》などのできごとと，それらを行った人々《ひとびと》の願いを調べました。調べていくとそれらを行った人々《ひとびと》の，天皇《てんのう》を中心とした政治をしていこうという願いが読み取れました。

B　鎌倉時代の日本について

源頼朝《みなもとのよりとも》は征夷大将軍《せいいたいしょうぐん》として家来となった武士たちに［　②　］として土地を与《あた》えました。土地を与《あた》えられた家来は，幕府《ばくふ》のために戦う［　③　］の関係を結ぶことで武士による政治を始めたことが分かりました。

C　明治時代の日本について

新政府は西洋の文化を取り入れ，④政治のしくみや外国との関係，まちの様子など社会全体に大きな変化があり，今の生活の基《もと》になっているしくみが整ったことが分かりました。

D　昭和時代の日本について

第二次世界大戦後，民主的《みんしゅてき》で平和的な憲法《けんぽう》を定めふっこうに努めました。⑤国際社会に復帰した日本は，人々《ひとびと》の努力で産業を急速に発展《はってん》させました。その結果，オリンピックを開催《かいさい》するまでにふっこうしたことが分かりました。

E　歴史で学んだことを振《ふ》り返《かえ》って

鎌倉時代には［　⑥　］人々《ひとびと》が，朝廷から認《みと》められた武士に変わっていき，明治時代になると［　⑥　］人々《ひとびと》が，武士から天皇《てんのう》を中心とした政府へ変わりました。現在は，国民《こくみん》が［　⑥　］ようになりました。時代が変わると［　⑥　］人々《ひとびと》が変わっていくことに気付きました。

問１　**まとめA**の下線部①のできごとの中心となった人物を，次の**ア**～**エ**の中から１人選び，その記号を書きなさい。

ア　聖武天皇《しょうむてんのう》　**イ**　紫式部《むらさきしきぶ》　**ウ**　聖徳太子《しょうとくたいし》　**エ**　中大兄皇子《なかのおおえのおうじ》

問２　**まとめB**の文中［②］・［③］に当てはまる語の組み合わせとして正しいものを，次の**ア**～**エ**の中から１つ選び，その記号を書きなさい。

	②	③
ア	ご恩《おん》	守護《しゅご》
イ	地頭《じとう》	守護《しゅご》
ウ	ご恩《おん》	奉公《ほうこう》
エ	地頭《じとう》	奉公《ほうこう》

問３　**まとめC**の下線部④の内容として当てはまらないものを，次の**ア**～**エ**の中から１つ選び，その記号を書きなさい。

ア　憲法《けんぽう》を作り国民《こくみん》に与《あた》える。

イ　外国と条約を結び開国する。

ウ　土地に対する税のしくみを改める。

エ　西洋的な軍隊がつくられる。

問４　**まとめD**の下線部⑤のできごとは，戦後の国際社会の平和を守るためにつくられた組織への加盟《かめい》でかないました。その組織の名称《めいしょう》を漢字で書きなさい。

問５　**まとめE**の文章や**年表**から考え，［⑥］に適する言葉を書きなさい。

3 彩子《あやこ》さんは身近な市や，国の政治に興味をもち，国民の願いが政治にどのように結びついているのか調べました。資料を見て以下の問いに答えなさい。

市の働き

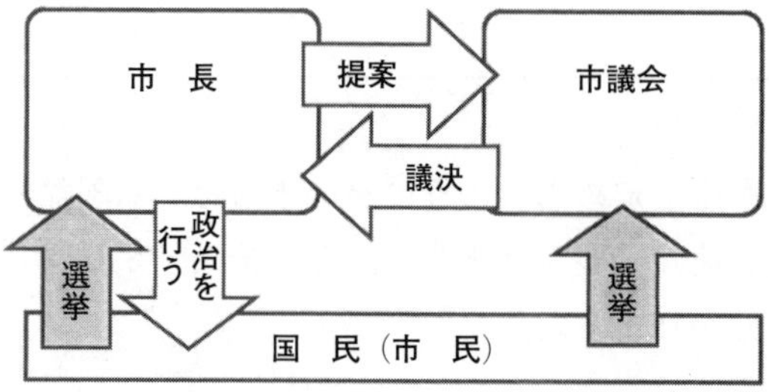

国民と国会と内閣《ないかく》の関係

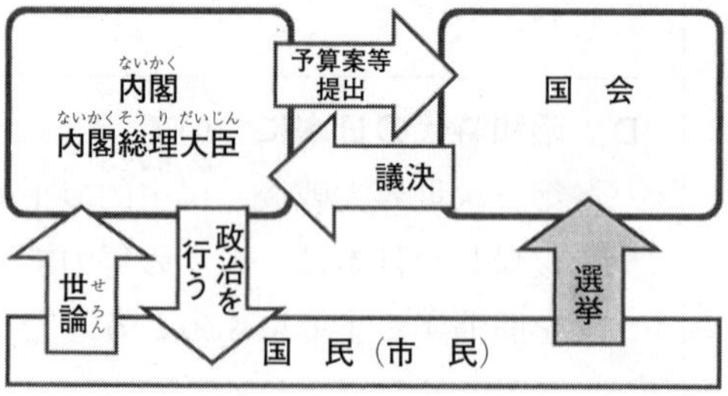

問１　**市の働き**より，市長の仕事の内容として正しいものを，次の**ア**～**エ**の中から１つ選び，その記号を書きなさい。

ア　予算案の作成　　　**イ**　法律案《ほうりつあん》の作成
ウ　外国と条約を結ぶ　**エ**　内閣総理大臣《ないかくそうりだいじん》を指名する

問２　**市の働き**より，市長，市議会が国民に対して実現できないことを，次の**ア**～**エ**の中から１つ選び，その記号を書きなさい。

ア　子育てをしながら安心して働ける環境《かんきょう》づくりをすること。
イ　犯罪が起こったとき法律《ほうりつ》にもとづいて解決すること。
ウ　高齢者《こうれいしゃ》の介護《かいご》や健康の増進にかかわること。
エ　市の将来《しょうらい》にとってよいと思われる条例を制定すること。

問３　**市の働き**と**国民と国会と内閣《ないかく》の関係**を読み取り，［　　］に当てはまる言葉を書きなさい。
※同じ数字には同じ言葉が入ることとする。

> 国民は市長や市議会議員，国会議員を［　①　］で選ぶことが［　②　］。
> 内閣総理大臣《ないかくそうりだいじん》を［　①　］で選ぶことが［　③　］。

問４　**資料**は何を表したグラフなのか，次の**ア**～**エ**の中から１つ選び，その記号を書きなさい。

ア　市の歳入《さいにゅう》(収入《しゅうにゅう》)　**イ**　市の歳出《さいしゅつ》(支出)
ウ　国の歳入《さいにゅう》(収入《しゅうにゅう》)　**エ**　国の歳出《さいしゅつ》(支出)

資料

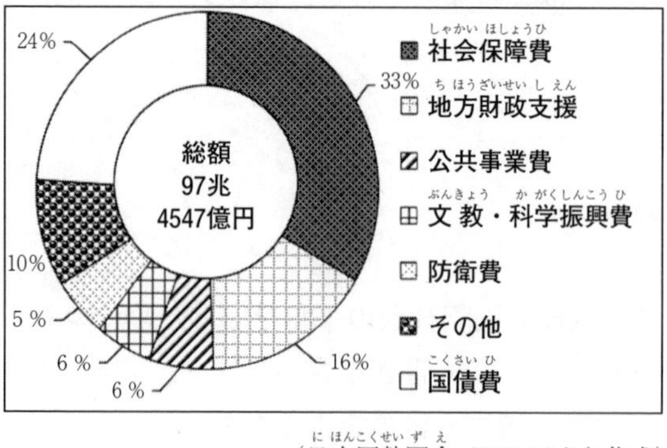

（日本国勢図会《にほんこくせいずえ》 2017/18より作成）

【理　科】

1　**図**は，ある年の9月28日～9月30日の15時における，日本上空の雲の様子をうつしとったものです。**図**中の点**A**は台風の中心を表しています。これについて，下の各問いに答えなさい。

9月28日15時　　9月29日15時　　9月30日15時

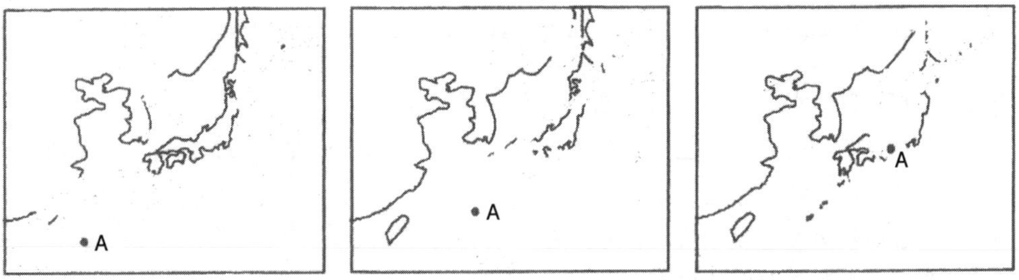

問1　9月29日のさいたま市は晴れでした。9月29日のさいたま市の気温の変化を示したグラフとして適切なものを次の**ア**～**エ**の中から1つ選び，その記号を書きなさい。

ア

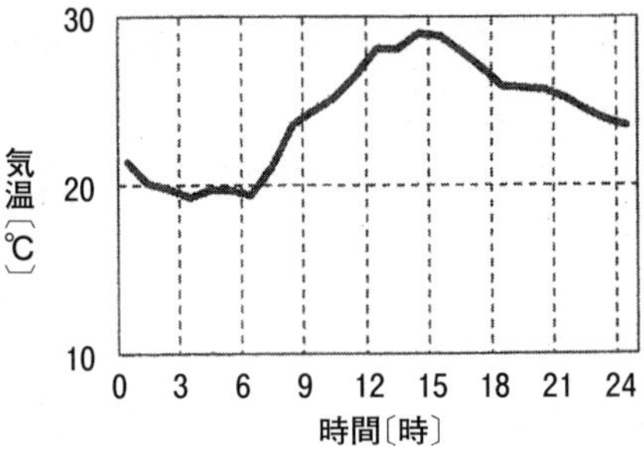

イ

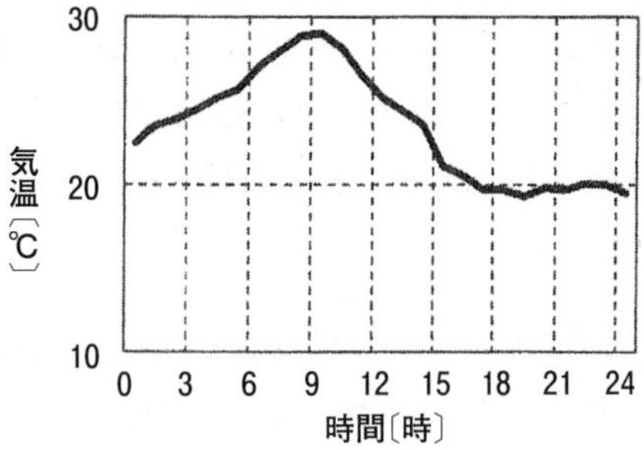

ウ

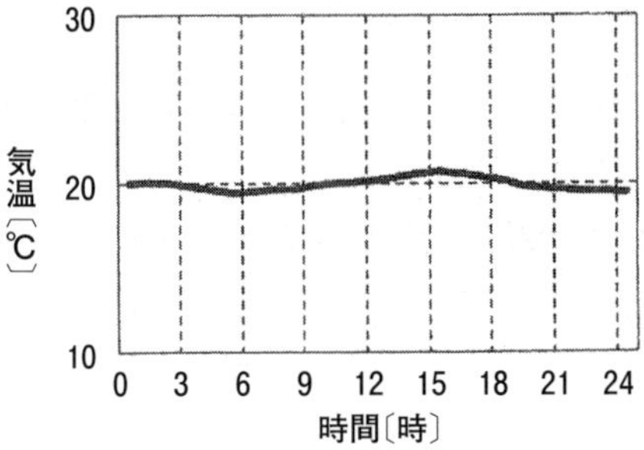

エ

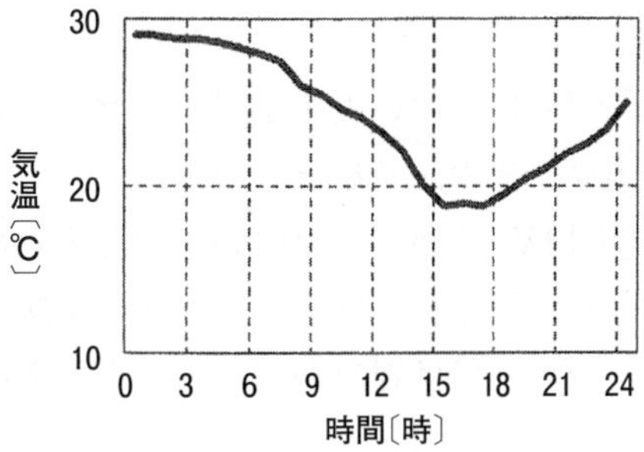

問2　9月30日の15時から10月1日の15時までのさいたま市の天気はどのようになると考えられますか。その予想として最も適切なものを，次の**ア**～**エ**の中から1つ選び，その記号を書きなさい。

ア　天気がだんだんと悪くなっていき，10月1日から雨がふり始める。

イ　はげしい雨がふりつづき，強い風もふきつづける。

ウ　雲が多い状態がつづき，10月1日は気温が上がらずとても冷えこむ。

エ　天気がだんだん回復し，10月1日はおだやかに晴れる。

問3　右の**図**は，月ごとの台風のおもな進路です。6月のおもな進路として最も適切なものを**図**の**ア**～**エ**の中から1つ選び，その記号を書きなさい。

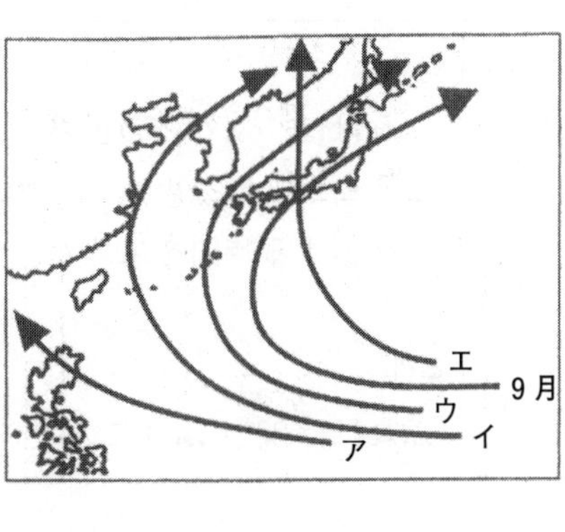

問４　台風は大雨や暴風でひがいをもたらすことがありますが，逆にめぐみをもたらすこともあります。台風によるめぐみとして考えられることを１つ簡単《かんたん》に書きなさい。

2　**A**～**D**のビーカーには食塩水，石灰水《せっかいすい》，炭酸水，うすい塩酸の水溶液《すいようえき》のどれかが入っています。どのビーカーに何の水溶液《すいようえき》が入っているか調べるために，次の実験をしました。

〔実験Ⅰ〕 **A**～**D**の水溶液《すいようえき》を，右の**図**のようにガラスぼうを使ってそれぞれ青色リトマス紙につけたら，**B**と**D**の水溶液《すいようえき》で赤色に変わった。

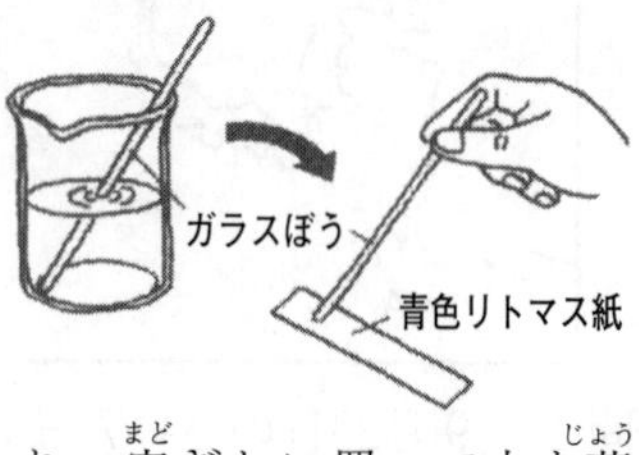

〔実験Ⅱ〕 **C**の水溶液《すいようえき》を試験管にとり，**B**の水溶液《すいようえき》を入れると，水溶液《すいようえき》が白くにごった。

〔実験Ⅲ〕 **A**～**D**の水溶液《すいようえき》を，スライドガラスに１てきずつとり，窓《まど》ぎわに置いて水を蒸《じょう》発《はつ》させたら，［　　　］は白い固体が残った。

〔実験Ⅳ〕 それぞれの水溶液《すいようえき》を試験管にとりアルミニウムを入れると，**D**の水溶液《すいようえき》に入ったアルミニウムはあわを出してとけた。

〔実験Ⅴ〕 〔実験Ⅳ〕のアルミニウムがとけた液を蒸発皿《じょうはつざら》にとって熱したら，白い粉が出てきた。

これについて，次の各問いに答えなさい。

問１　〔実験Ⅰ〕でリトマス紙の変化について正しく調べるために，水溶液《すいようえき》ごとにガラスぼうにしなければいけないことは何ですか。簡単《かんたん》に書きなさい。

問２　〔実験Ⅰ〕の青色リトマス紙を赤色に変える性質を何といいますか。その性質を書きなさい。

問３　〔実験Ⅲ〕で白い固体が残った水溶液《すいようえき》はどれですか。あてはまるものを**A**～**D**の中からすべて選び，その記号を書きなさい。

問４　〔実験Ⅴ〕で出てきた白い粉が，もとのアルミニウムと同じ物かどうか調べるためにはどのような実験を行えばよいですか。実験方法を簡単《かんたん》に書きなさい。ただし，見た様子(色など)や手ざわりでは判断ができないものとします。

3　**図**のようにおもりに糸をつなぎ，スタンドにとりつけてふりこを作りました。このふりこの条件を変えて，ふりこの１往復する時間は何によって変わるのかを調べる〔実験〕を計画しました。これについて，下の各問いに答えなさい。

図

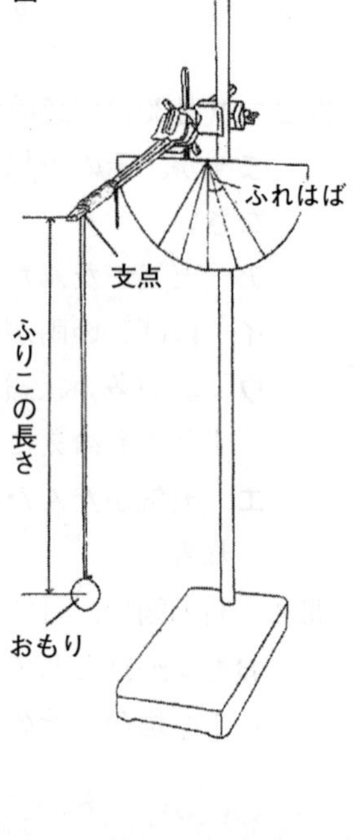

〔実験〕

ふれはば，ふりこの長さ，おもりの重さの３つの条件が以下のようなふりこを用意し，10往復する時間を３回測り，それから１往復する時間を求めた。

〔条件〕

ふれはば20°，ふりこの長さ50cm，おもりの重さ10ｇ

〔結果〕

10往復する時間(秒)		
1回目	2回目	3回目
14.7	14.1	14.3

問1　〔結果〕から，ふりこが1往復する時間は何秒ですか。小数第2位を四捨五入《ししゃごにゅう》して，小数第1位まで書きなさい。

問2　上の〔条件〕のふりこが1往復する時間は，おもりの重さによって変わると考えました。このとき，条件がどのようなふりこを用意しますか。用意するふりこの条件を簡単《かんたん》に書きなさい。

問3　上の〔条件〕のふりこと1往復する時間が同じものは，次のふりこのうちどれですか。次の**ア**～**エ**の中から当てはまるものをすべて選び，その記号を書きなさい。

	ふれはば(°)	ふりこの長さ(cm)	おもりの重さ(g)
ア	20	75	10
イ	10	50	20
ウ	20	50	20
エ	10	25	10

問4　ふりこのしくみを利用したものを1つ書きなさい。

4　植物の葉に日光が当たるとでんぷんができることを調べるため，種子から育てて葉をつけたインゲンマメを使って次の〔実験〕を行いました。これについて，下の各問いに答えなさい。

〔実験〕

(1)　1日目の午後，**図1**のように3枚《まい》のインゲンマメの葉にアルミニウムはくをかぶせた。この3枚《まい》の葉を(あ)，(い)，(う)とした。

(2)　2日目の朝，(あ)と(い)のアルミニウムはくをはずして(あ)にでんぷんがあるかどうかを調べたところ，でんぷんはなかった。

(3)　その日の午後，(う)のアルミニウムはくをはずして(い)と(う)にでんぷんがあるかどうかを調べた。

<葉にでんぷんがあるかを調べる方法>

①　右の**図2**のように，葉を湯であたためた［　**X**　］に入れて葉の緑色をぬいた。

②　葉を水で洗《あら》ったあと，うすいヨウ素液にひたした。

図1

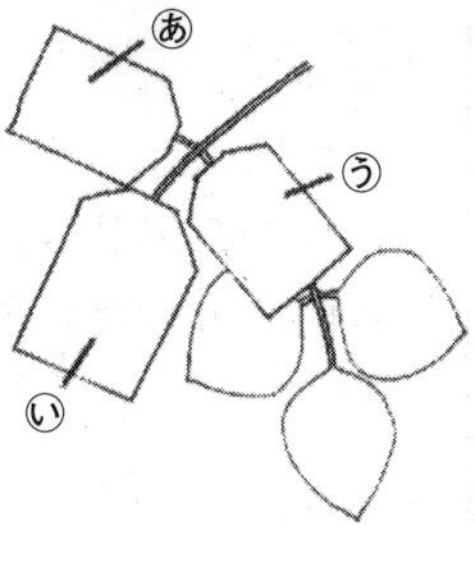

図2

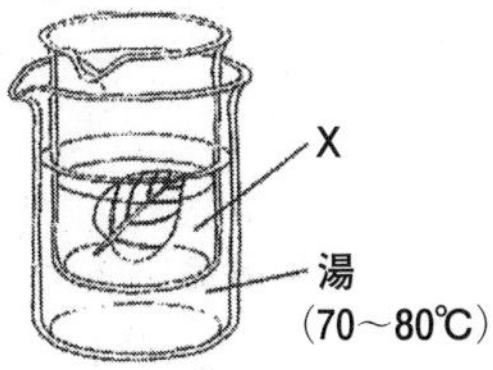

問1　発芽したばかりのインゲンマメの様子として適切なものを次の**ア**～**エ**の中から1つ選び，その記号を書きなさい。

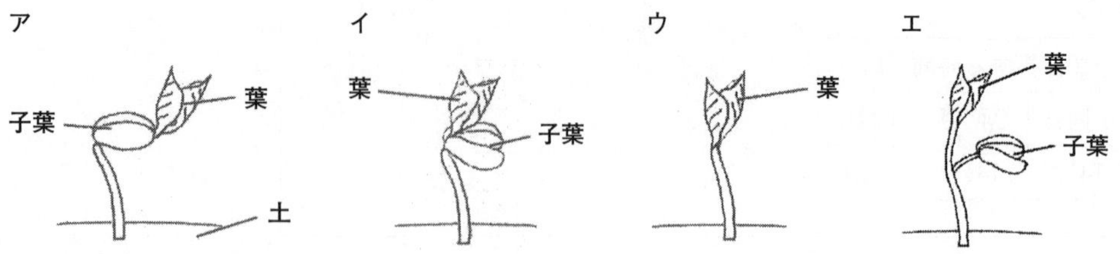

問２　〔実験〕(2)で，あ⃝の葉にでんぷんがあるかどうかを調べるのはなぜですか。その理由を簡単《かんたん》に書きなさい。

問３　＜葉にでんぷんがあるかを調べる方法＞の X には，葉の緑色をぬくために必要な薬品の名前が入ります。その名前を書きなさい。

問４　〔実験〕(3)で，い⃝，う⃝の葉について，でんぷんを調べた結果の組み合わせとして適切なものを次の**ア**～**エ**の中から１つ選び，その記号を書きなさい。なお，葉の色は**図３**のように表すものとします。

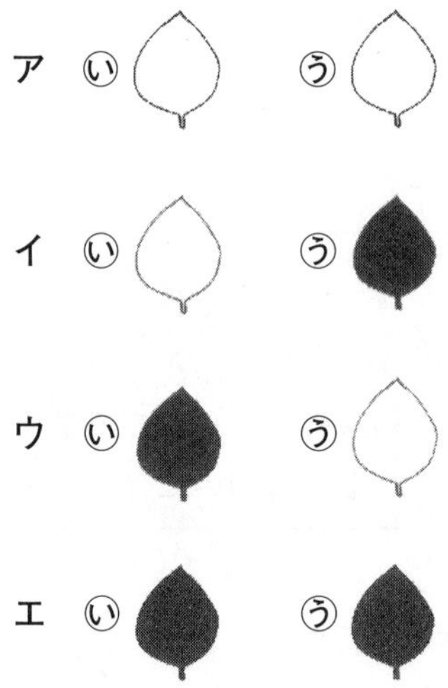

図３

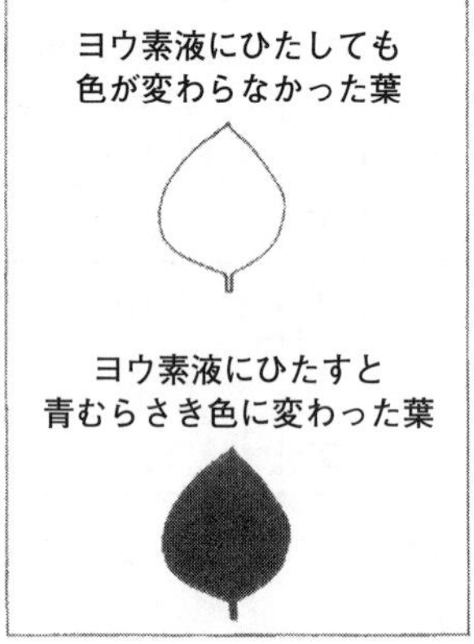

【音　楽】

1～3 は放送を聴《き》いて答えなさい。

1　これから**ア**～**ウ**の３曲を放送します。その中から２曲を選び，記号と曲名を書きなさい。

ア　　　　　**イ**　　　　　**ウ**

2　これから演奏《えんそう》する曲は長調，短調のどちらですか。長調なら「長」，短調なら「短」と書きなさい。

3　次の問１，問２は音楽を聴《き》いて楽譜《がくふ》を選ぶ問題です。※印で示された小節にあてはまるものを下の**ア**～**エ**の中から１つ選び，記号を書きなさい。

問１

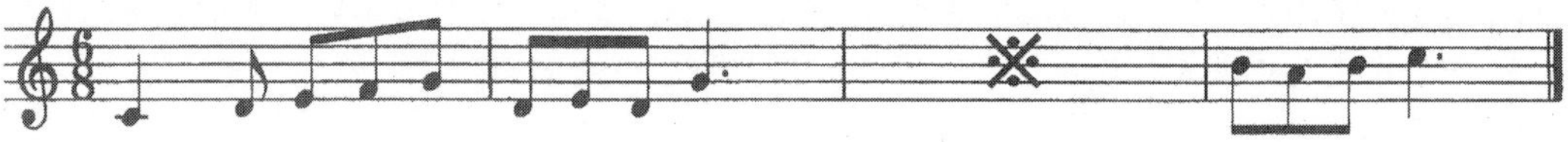

ア

イ

ウ

エ

問２

ア

イ

ウ

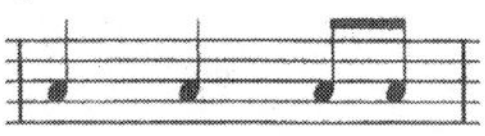

エ

4　次の楽譜《がくふ》は４分の４拍子《びょうし》，４小節のリズムの楽譜《がくふ》で，一部分に音符《おんぷ》や休符《きゅうふ》がすでに書かれています。６種類以上の音符《おんぷ》や休符《きゅうふ》を使い，楽譜《がくふ》を完成させなさい。ただし，すでに書かれている音符《おんぷ》や休符《きゅうふ》を使用してもかまいません。

5　次の楽譜《がくふ》について，あとの各問いに答えなさい。

問１　①の □ で囲まれた部分の音をヘ音記号の楽譜《がくふ》に表すと下のようになります。この音をト音記号の楽譜《がくふ》に表すとどのようになりますか。楽譜《がくふ》にこの音を書きなさい。

問２　上の楽譜《がくふ》を一カ所《いっかしょ》だけ息つぎをして歌うとき，どこでしたらよいですか。楽譜《がくふ》に息つぎの記号を正しく書きなさい。

6　次の４つの強弱記号を「強いもの」から「弱いもの」へと順に並《なら》べると，どのようになりますか。正しいものを次の**ア**～**エ**の中から１つ選び，記号を書きなさい。

ア　***mf*** → ***f*** → ***p*** → ***mp***　　**イ**　***mf*** → ***f*** → ***mp*** → ***p***

ウ　***f*** → ***mf*** → ***p*** → ***mp***　　**エ**　***f*** → ***mf*** → ***mp*** → ***p***

【図　工】

1　次の問題をよく読んで，解答用紙に絵とその絵についての説明をかきなさい。

なお，問題用紙のあいているところに下がきをしてもかまいません。

〈問題〉

あなたは，埼玉県《さいたまけん》の観光を盛《も》り上げるために，様々《さまざま》なイベントにおいて使用する，エプロンの絵を考えるようにたのまれました。

そのエプロンの絵は，埼玉県《さいたまけん》をイメージし，そのイメージを伝えることができる絵にしたいと考えています。

下の**《条件》**にしたがい，《注意》をよく読んで，〈解答らん〉の中にあなたがイメージした絵をかきなさい。なお，絵にこめた思いを，エプロンを着用した時の見え方とつけた色でどのように工夫《くふう》して表したのかについて，説明を書きなさい。

《条件》

○絵にどのような思いをこめるのかをよく考え，美しく仕上げること。

○クレヨンの特ちょうを生かし，工夫《くふう》して色をつけること。

○エプロンを着用した時の見え方を想像しながら工夫《くふう》して構成を考えること。

《注意》

○２Ｂ以上のこさのえんぴつを使ってもかまいません。

○コンパスと定規を使ってもかまいません。

○色は何色《なんしょく》使ってもかまいません。

エプロンを着用した時の見え方とエプロンの形

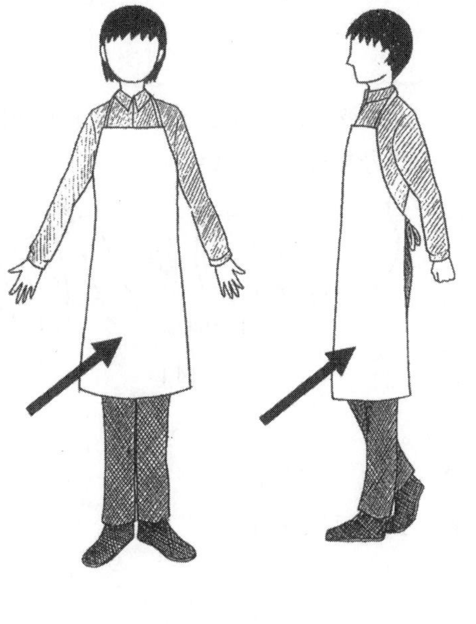

【家　庭】

1　朝食として，次の①～④の４品を用意することにしました。このこんだては，主に体をつくるもとになる栄養素が不足しています。このこんだてについて，あとの各問いに答えなさい。

① ごはん(米)
② みそしる(なす，たまねぎ，みそ)
③ 三色野菜いため(ピーマン，にんじん，キャベツ，塩，こしょう，油)
④ 牛乳《ぎゅうにゅう》

問１　最も不足している五大栄養素の名前を書きなさい。

問２　あと１品おかずを加えたいと思います。栄養のバランスがとれたこんだてにするために最もふさわしいものを**ア**～**エ**の中から１つ選び，記号を書きなさい。

ア　ゆで野菜のポンずあえ(にんじん，もやし，こまつな，ポンず)
イ　魚の塩焼き(魚，塩)
ウ　青菜のごまあえ(ほうれんそう，ごま，さとう，しょうゆ)
エ　粉ふきいも(じゃがいも，塩，こしょう)

問３　次の「三色野菜いためのつくり方」を読み，あとの⑴～⑶に答えなさい。

「三色野菜いためのつくり方」
ア　野菜を洗《あら》い，ざるに移して水を切り，野菜を切る。
イ　フライパンに油をしき，全体にいきわたらせる。
ウ　フライパンを火にかける。
エ　ピーマンをいためる。
オ　にんじんをいためる。
カ　キャベツをいためる。
キ　塩とこしょうで味をつけて，火を止める。

⑴「三色野菜いためのつくり方」の**ア**～**キ**は正しい順番ではありません。**ア**を最初に，**キ**を最後にして正しい順番にならべかえ，その順に記号を書きなさい。

⑵　キャベツを，右の**図１**のように切りたいと思います。切り方の名前を書きなさい。

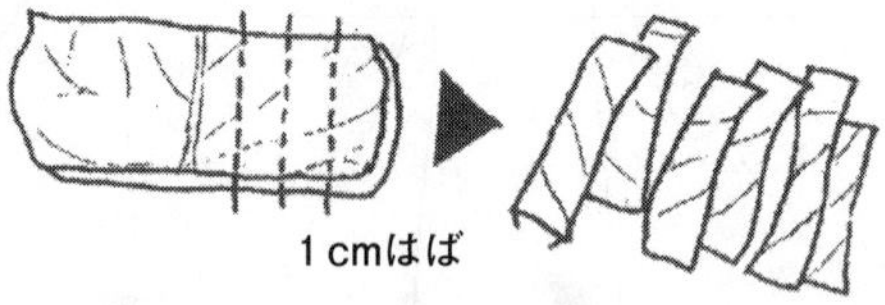

図１

⑶　手順**エ**，**オ**，**カ**について，しゃきっとしたおいしい野菜いためをつくるためにはどのようにいためるとよいですか。最もふさわしいいため方を**A**～**F**の中から１つ選び，記号を書きなさい。

A　弱火で短時間　**B**　中火で短時間　**C**　強火で短時間
D　弱火で長時間　**E**　中火で長時間　**F**　強火で長時間

2 ミシンぬいについて，次の各問いに答えなさい。

問１　次の文章を読み，(①)，(②)に当てはまる言葉を書きなさい。

> ぬい始め，ぬい終わりは布のはしまでぬって（ ① ）をします。ミシンを使うと，手ぬいに比べてまっすぐきれいにぬうことができ，速く（ ② ）ぬうこともできます。

問２　布を**図２**のようにミシンでぬうとき，**A**の位置で，ぬう方向を変えたいと思います。よりきれいに角をぬうためには，布の向きを変える前に何をするとよいですか。**図３**のミシンの各部の名前を必要に応じて使用し，20字以内で書きなさい。句読点も字数にふくみます。

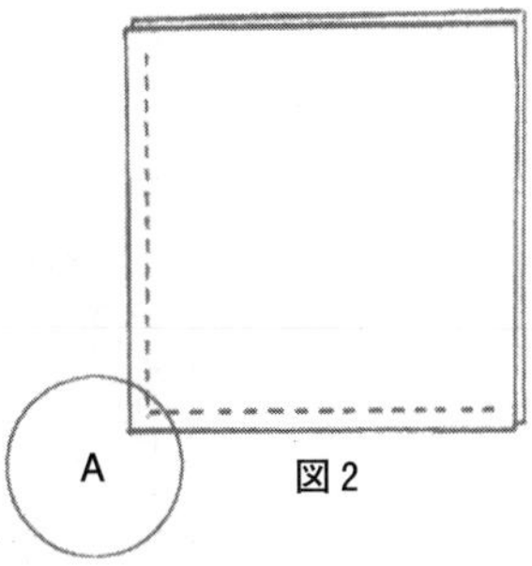

図２

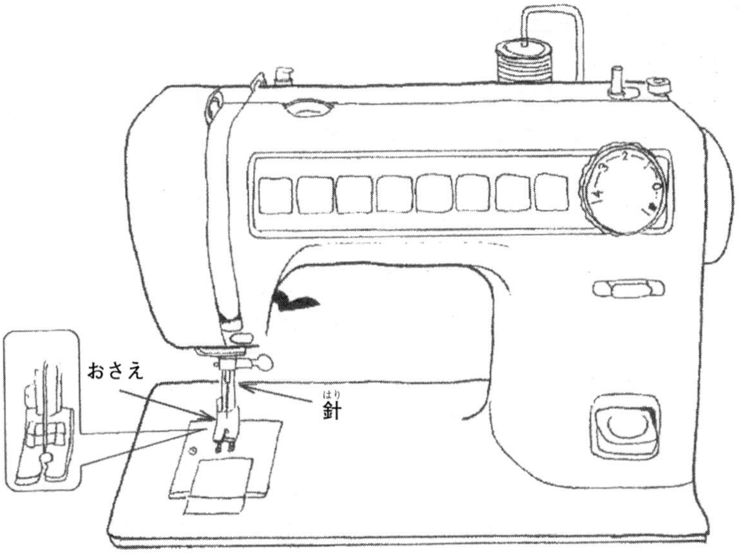

図３

3　そうじをする時には，手順を考えておこなうことが大切です。より早く，きれいにするために，初めに取りかかるとよい場所はどこですか。

下の**図 4** の**ア**～**オ**の中から１つ選び，記号を書きなさい。

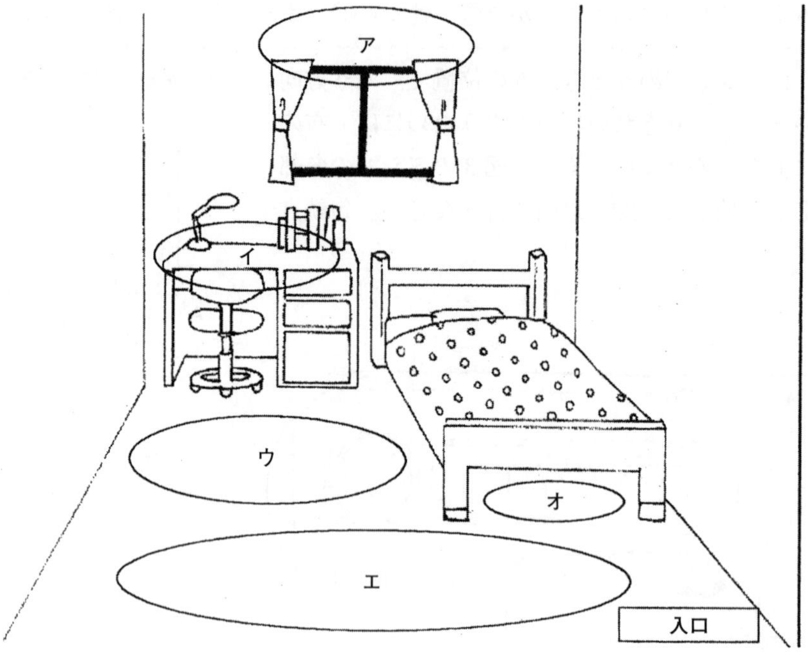

図 4

4　寒い季節をあたたかく快適に住まうために，生活の中でさまざまな工夫《くふう》をすることができます。部屋《へや》の中で，暖《だん》ぼう器具や電気機器の利用ばかりにたよらず，環境《かんきょう》に配りょしながら快適に過ごすための工夫《くふう》はありますか。自分でできる効果的な工夫《くふう》を **2 つ**書きなさい。

問4　次の文章の□に当てはまる、二つの文をつなぐ言葉を四字で書きなさい。

映画《えいが》を見に行きますか。□、遊園地に行きますか。

問5　次は「大造《だいぞう》じいさんとガン」の一部です。この部分の表現の工夫《くふう》について述べた**【花子《はなこ》さんの考え】**の□に当てはまる一字の言葉を、文章中から探《さが》して書《か》き抜《ぬ》きなさい。

> 「うまくいくぞ。」
> 大造《だいぞう》じいさんは、青くすんだ空を見上げながら、にっこりとしました。
> その夜のうちに、飼いならしたガンを例のえさ場に放ち、昨年建てた小屋の中にもぐりこんで、ガンの群れを待つことにしました。
> 「さあ、いよいよ戦闘《せんとう》開始だ。」
> 東の空が真っ赤に燃えて、朝が来ました。

【花子《はなこ》さんの考え】

> この部分では、大造《だいぞう》じいさんの気持ちが表情や言動だけでなく、□の様子でも表されているところが工夫《くふう》されていると思いました。

問6　次に示した**ア**～**キ**の言葉のうち、音読みと訓読みの両方がふくまれているものを**全《すべ》て**選び、その記号を書きなさい。

ア　川岸　　**イ**　夕刊　　**ウ**　薬品　　**エ**　歌声

オ　台所　　**カ**　公園　　**キ**　場面

問7　次の①～⑤の――線部の漢字には読みがなを書き、カナは漢字で書きなさい。また、⑥の＝＝線部は、送りがなもふくめて書きなさい。

① 仲間との友情を育む。

② まちがった考えを正す。

③ 君がいれば百人力だ。

④ アタリを見わたす。

⑤ 日本人はノウコウ民族だ。

⑥ 世のためにハタラク。

彼《かれ》らにとって、樹上《じゅじょう》とはどのような空間でしたか。「食べ物」「外敵」という言葉を使って**三十字以上五十字以内**で書きなさい。句読点や「　」も字数にふくみます。

二

問1　次の各問いに答えなさい。

太郎《たろう》君の小学校では毎年、六年生が学級ごとに、下級生と一緒《いっしょ》に昔の遊びをする会を行っています。太郎《たろう》君の学級では、今年はどの遊びが良いか、すいせんし合って決めることになりました。次は太郎《たろう》君の**【発表】**です。これを読んで、あとの問いに答えなさい。

【発表】

> これを見てください。（※）思った以上に高く飛びます。
> わたしは、昔の遊びとして、竹とんぼをすいせんします。
> すいせんする理由は、三つあります。
> 一つ目は、作る楽しさを味わえることです。自分が作ったもので遊ぶ楽しさがあり、下級生と一緒《いっしょ》に作ることで、仲を深めることもできると思います。
> 二つ目は、どれだけ飛ぶか、競《きそ》って楽しめることです。スポーツと同じように、盛《も》り上《あ》がることができると思います。
> 三つ目は、世代を超《こ》えて楽しめることです。家に帰って、家の人と一緒《いっしょ》に楽しむこともできるでしょう。
> これらのことから、昔の遊びをする会では、竹とんぼで遊ぶことをすいせんします。

(1)　※の部分で、太郎《たろう》君は竹とんぼを実際に飛ばしました。話のはじめにこのようにすることで、どのような効果があるか、書きなさい。

(2)　話の中で使われている、すいせんする理由を述べるときの工夫《くふう》として適切なものを、次の**ア**～**エ**の中から一つ選び、その記号を書きなさい。

ア　客観的な数値《すうち》を述べて、相手が納得《なっとく》できるように話している。

イ　難《むずか》しい言葉を言いかえて、聞き手が理解できるように話している。

ウ　聞き手の意見を聞き、相手が興味をもてるように話している。

エ　理由の数を先に述べて、聞き手に伝わりやすいように話している。

問2　太郎《たろう》君の小学校では、調べ学習をするとき、学校図書館とコンピュータ室が使えます。あなたが総合的な学習の時間で環境《かんきょう》問題について調べるとしたら、どちらの教室を使いたいですか。次の**【きまり】**にしたがって書きなさい。

【きまり】

- 「どちらの教室を使いたいか」についての自分の意見と、その理由を具体的に書くこと。
- 二つの文で書くこと。

問3　学校図書館の本を見ると、背表紙《せびょうし》に左のようなラベルが付いていました。このラベルが表すものとして適切なものを、下の**ア**～**エ**の中から一つ選び、その記号を書きなさい。

4 7 1

ア　総ページ数

イ　著者《ちょしゃ》の名前

ウ　内容の種類

エ　全巻《ぜんかん》の冊数《さっすう》

霊長類《れいちょうるい》の共通祖先は新しい生活空間として※占有《せんゆう》できたのでしょう。だから、霊長類《れいちょうるい》の共通祖先において、ものを握《にぎ》り、つまむことができる手足の獲得《かくとく》と樹上《じゅじょう》生活は深く結びついているのです。

（中道正之《なかみちまさゆき》『サルの子育て　ヒトの子育て』による）

※拇指《ぼし》対向性…親指が他の指と向かい合っていること。
※占有《せんゆう》…自分の所有とすること。

問1　①四足動物というよりも、四手動物といったほうが良いのかもしれません　とありますが、筆者がそう考える理由として適切なものを、次の**ア**～**エ**の中から一つ選び、その記号を書きなさい。

ア　体を直立させることができるから。
イ　長い距離《きょり》を歩くことができるから。
ウ　手と同じ構造の足を持っているから。
エ　霊長類《れいちょうるい》の祖先が樹上《じゅじょう》生活を始めたから。

問2　②間違《まちが》い　とありますが、何が間違《まちが》いなのですか。解答らんの「という考え」に続く形で、本文中から**二十二字**で書き抜《ぬ》きなさい。

問3　次の文は、本文中の(1)～(6)のいずれかの段落《だんらく》の最後に入ります。最後に入る段落《だんらく》の番号を書きなさい。

だから、葉っぱがたくさんあるのも、幹近くよりも枝先の方、つまり木の中心部ではなく、木の外縁《がいえん》部分です。

問4　(4)と(5)の段落《だんらく》を次のようにまとめました。A　B　の部分に当てはまる言葉を本文中からそれぞれ書《か》き抜《ぬ》きなさい。

ネコの木登り
・鉤爪《かぎづめ》を持っている。
・爪《つめ》を立てて木の幹を登ることができる。
・A　には爪《つめ》を立てることができず、しかも体重を支えることはできない。
・枝先に到達《とうたつ》することは不可能。

↔

サルの木登り
・物を握《にぎ》る手と足を持っている。
・A　を握《にぎ》って移動することができる。
・枝が折れても、別の手足で握《にぎ》っている枝を離《はな》さなければ木から落ちることはない。

⇩

B　は、枝先まで行って、栄養豊かな新葉を食べることができたはずだ。

問5　この文章の特ちょうを説明したものとして適切なものを、次の**ア**～**オ**の中から**二つ**選び、その記号を書きなさい。

ア　他の人の意見を引用することで、自分の論《ろん》に説得力をもたせている。
イ　自分で行った実験の結果を根拠《こんきょ》にして、明確な意見を述べている。
ウ　複数の具体例を挙げることで、自分の論《ろん》を確かなものにしている。
エ　結論《けつろん》を先に述べることで、読み手に内容を伝わりやすくしている。
オ　読み手にくり返し問いかけて、興味を引きつつ話を展開《てんかい》させている。

問6　③霊長類《れいちょうるい》の共通祖先が樹上《じゅじょう》で暮《く》らし始めた　とありますが、

二〇一八年度 埼玉大学附属中学校

【国　語】

一　次の文章を読んで、あとの各問いに答えなさい。(1)～(6)は、段落《だんらく》につけた番号です。)

(1)　ヒトの足は、ヒトが体を直立させて、長い距離《きょり》を2本の足で歩くのに最適なように進化し、獲得《かくとく》されたものです。しかし、ヒト以外の霊長類《れいちょうるい》の足は、手と同じ※拇指《ぼし》対向性の構造になっています。だから、ヒト以外の霊長類《れいちょうるい》は①四足動物というよりも、四手動物といったほうが良いのかもしれません。それでは、何のために霊《れい》長類《ちょうるい》はこのような手と足を獲得《かくとく》したのでしょうか。

(2)　霊長類《れいちょうるい》の共通祖先は樹上《じゅじょう》生活を始めました。樹上《じゅじょう》で暮《く》らすということは、木の恵《めぐ》みを食べて暮《く》らすということです。ヒト以外の霊《れい》長類《ちょうるい》が食べている木の主な部位は葉、花、種子です。さらに、木の皮をかじることや、樹液《じゅえき》をなめることもあるでしょう。樹上《じゅじょう》で暮《く》らす虫などの小さな生きものを捕《と》らえて食べる霊長類《れいちょうるい》もいます。木は葉っぱにおおわれているので、木に登れば、葉っぱを簡単《かんたん》に食べることができるように思われるかもしれません。でも、これは②間違《まちが》いです。

(3)　毎年、春になると満開の花でおおわれるサクラの木を思い出してください。サクラの木は花でおおわれますが、実際にたくさんの花が咲《さ》いているのは、枝先の方、つまり、木の外回りです。サクラの太い幹から枝が横に伸《の》び、その枝先の方にたくさんの花が咲《さ》いています。木の中心部にある幹や幹の近くの太い枝には、花はほとんど咲《さ》いていません。花が散った後に、若葉《わかば》が出てきます。

(4)　鉤爪《かぎづめ》のネコは、爪《つめ》を立てて木の幹を登っていくことができます。でも、枝先まで行くことができるでしょうか。枝先には、ネコが鉤《かぎ》爪《づめ》を立てる太い枝はありません。枝先は細い枝ばかりですから、ネコの体重を支えることはできないでしょう。枝先に近づくほど、枝も揺《ゆ》れて安定が悪くなります。だから、鉤爪《かぎづめ》では、枝先に到達《とうたつ》するのは不可能です。

(5)　ところが、物を握《にぎ》る手と足を持っているサルならばどうでしょうか。4本の手足のうちの2本あるいは3本の手足で、細い枝を握《にぎ》って移動することができます。握《にぎ》っている1本の枝が折れても、別の手足で握《にぎ》っている枝を離《はな》さなければ、木から落ちることはありません。手を伸《の》ばして枝をつかみ、その枝についている葉っぱを口でむしり取って食べる、あるいはもう一方の手で葉を取って口に入れることができます。もちろん、2本の足で、枝をしっかりと握《にぎ》っているので、自由に手を動かして、葉っぱを取ることができるのです。4本の手足に握《にぎ》る力を獲得《かくとく》した霊長類《れいちょうるい》の祖先は、このようにして、枝先まで行って、栄養豊かな新葉を食べることができたはずです。

(6)　③霊長類《れいちょうるい》の共通祖先が樹上《じゅじょう》で暮《く》らし始めたころ、樹上《じゅじょう》で木の葉や花、実を食べて暮《く》らしている動物はほとんどいなかったと思われます。せいぜい空からやってきて、熟《う》れた実をついばむことができる鳥ぐらいであったでしょう。鳥は2本の足で、細い枝にとまり、嘴《くちばし》で熟《う》れた実をついばむことができます。でも、鳥はときどき木に訪《おとず》れるのであって、木の上で暮《く》らしている動物ではありません。霊長類《れいちょうるい》の共通祖先以外には、樹上《じゅじょう》に留《とど》まり、木の葉や花、実を食べて暮《く》らすような動物はほとんどいなかったようです。食べ物をめぐって争うような他の動物がほとんどいなかったと考えられる樹《じゅ》上《じょう》を、そして、自分たちを襲《おそ》う大型の肉食獣《にくしょくじゅう》がいなかった樹上《じゅじょう》を、

2018年度

埼玉大学附属中学校 ▶解説と解答

算　数　※試験時間・満点…非公表

解　答

[1] **問1**　6　**問2**　**記号**…エ，**正しい値**…0.1　**問3**　イ，エ，ウ，ア　**問4**　25個
問5　はやて，とき，かがやき　**問6**　ア，ウ，エ　[2] **問1**　解説の図を参照のこと。
問2　ア，エ　[3] 7か所　[4]（例）　解説を参照のこと。

解　説

[1] 四則計算，面積，整数の性質，場合の数，速さ，図形と規則

問1　$0.5\div\frac{2}{3}+3.5\div\frac{2}{3}=\frac{1}{2}\times\frac{3}{2}+\frac{7}{2}\times\frac{3}{2}=\frac{3}{4}+\frac{21}{4}=\frac{24}{4}=6$

〔ほかの解き方〕　$A\div B+C\div B=(A+C)\div B$ となることを利用すると，$0.5\div\frac{2}{3}+3.5\div\frac{2}{3}=(0.5+3.5)\div\frac{2}{3}=4\times\frac{3}{2}=6$ と求めることもできる。

問2　1人に0.3Lずつ配ると，あまりは0.3Lよりも少なくなるから，誤っているのはイまたはエである。イが誤りだとすると，4÷(正しいイ)＝13あまり1と表すことができる。よって，(正しいイ)×13＋1＝4，(正しいイ)×13＝4－1＝3，(正しいイ)＝3÷13＝$\frac{3}{13}$(L)となるが，これはあまりの1Lよりも少ないので，条件に合わない。したがって，誤っているのはエである。ここで，4÷0.3を計算すると右の図1のようになるから，正しいエの値は0.1とわかる。

図1

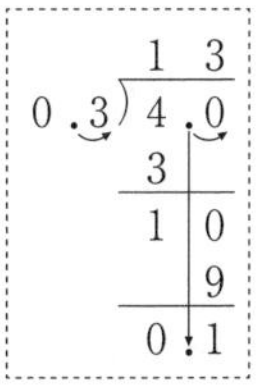

問3　アは平行四辺形であり，右の図2より，その面積は，4×3＝12(cm^2)となる。また，イは三角形であり，その面積は，4×3÷2＝6(cm^2)とわかる。さらに，ウとエはどちらも台形であり，ウの面積は，$\left(\frac{3}{2}+4\right)\times3\div2=8.25$($cm^2$)，エの面積は，(2＋2.5)×3÷2＝6.75(cm^2)と求められる。よって，面積が小さい順に並べると，イ(6cm^2)，エ(6.75cm^2)，ウ(8.25cm^2)，ア(12cm^2)となる。

図2

(平行四辺形の面積)＝(底辺)×(高さ)
(三角形の面積)＝(底辺)×(高さ)÷2
(台形の面積)＝{(上底)＋(下底)}×(高さ)÷2

問4　(偶数《ぐうすう》)×(偶数)＝(偶数)，(偶数)×(奇数《きすう》)＝(偶数)，(奇数)×(奇数)＝(奇数)より，かけ算の答えが奇数になるのは，かけられる数とかける数がともに奇数の場合とわかる。よって，かけられる数，かける数として考えられるのは{1，3，5，7，9}の5個あるので，全部で，5×5＝25(個)とわかる。

問5　かがやきが大宮駅から長野駅までの194.7kmを走るのにかかる時間は，7時38分－6時42分＝6時98分－6時42分＝56分である。よって，(速さ)＝(道のり)÷(時間)より，かがやきの速さを分速で求めると，194.7÷56＝3.47…(km)となる。同様に考えると，はやての場合は，8時57分－7時42分＝1時間15分＝75分より，分速，294.1÷75＝3.92…(km)，ときの場合は，10時50分－9

時35分＝1時間15分＝75分より，分速，269.5÷75＝3.59…(km)と求められる。したがって，速い順に並べると，はやて(およそ分速3.92km)，とき(およそ分速3.59km)，かがやき(およそ分速3.47km)となる。

問6　たとえば3段の場合，右の図3のように移動すると，周りの長さは1辺3cmの正方形の周りの長さと等しくなる。つまり，(周りの長さ)＝(段の数)×4という関係があるから，アとエは正しい。また，1段のときの厚紙の枚数は1枚(面積は1 cm^2)，2段のときの厚紙の枚数は，1＋2＝3(枚)(面積は3 cm^2)，3段のときの厚紙の枚数は，1＋2＋3＝6(枚)(面積は6 cm^2)である。このとき，段の数を2倍，3倍，…としても，面積は2倍，3倍，…になっていないので，イは正しくない。次に，10段のときの厚紙の枚数は，1＋2＋3＋…＋10＝(1＋10)×10÷2＝55(枚)であり，これは奇数だから，ウは正しい。よって，正しいのはア，ウ，エである。

図3

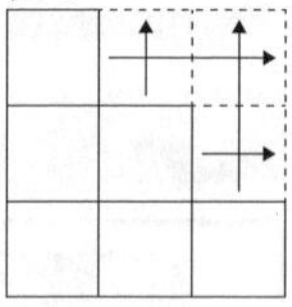

2 表とグラフ—平均とのべ

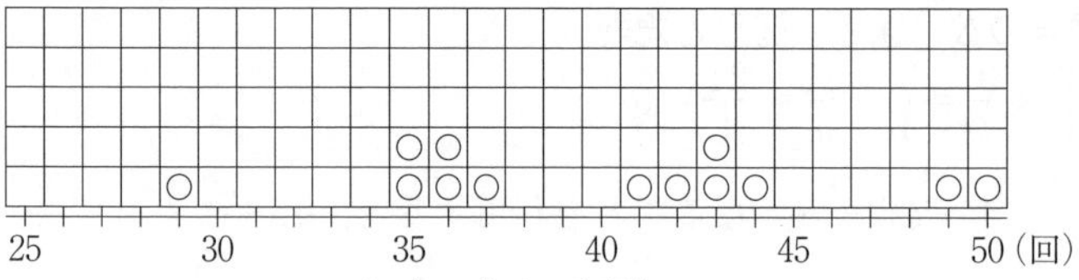

〈2組の女子の記録〉

問1　2組の女子の記録を数直線の上に表すと，左のようになる。

問2　1組で最も回数が多いのは45回，2組で最も回数が多いのは50回である。よって，最も多い回数を記録したのは2組だから，アは正しい。次に，1組の合計を数直線を利用して求めると，31＋34×2＋36＋38＋39×2＋40×4＋41×2＋42＋44＋45＝624(回)となる。そこで，1組の人数は16人なので，1組の平均は，624÷16＝39(回)と求められる。よって，イは正しくない。また，2組の合計は，29＋35×2＋36×2＋37＋41＋42＋43×2＋44＋49＋50＝520(回)，2組の人数は13人だから，2組の平均は，520÷13＝40(回)である。ところが，2組の記録は40回の近くに集まっていないので，ウは正しくない。さらに，35回以上40回未満(39回以下)の記録は，1組では4人，2組では5人である。よって，2組の方が多いから，エは正しい。したがって，正しいのはア，エである。

3 立体図形—展開図

立方体には全部で，4×3＝12(本)の辺がある。このうち，展開図にしたときにつながったままの辺は右の図の①～⑤の5本あるから，切る辺の数は，12－5＝7(本)，つまり7か所とわかる。

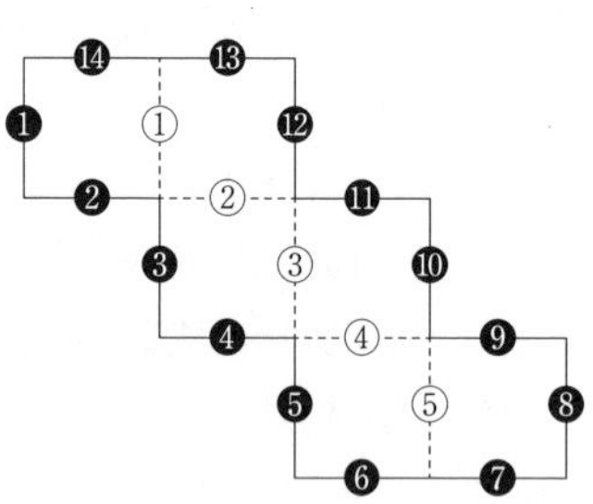

〔ほかの解き方〕　右の図の周りの部分には，組み立てたときに辺になる部分が❶～⓮の14本ある。これを組み立てたとき，2本が重なって1つの辺になるので，切る辺の本数は，14÷2＝7(本)，つまり7か所と求めることもできる。

4 平面図形—長さ

円の内側に正六角形を，外側に正方形をかくと，下の図のようになる。この図で，かげをつけた三角形はすべて1辺1cmの正三角形だから，正六角形の1辺の長さも1cmとなり，正六角形の周りの長さは，1×6＝6(cm)とわかる。また，円は正六角形の外側にあるので，円周の長さは正

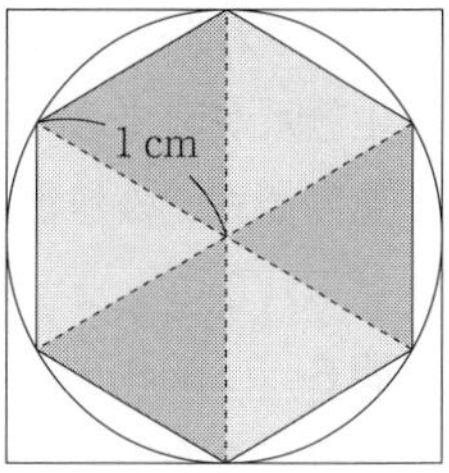

六角形の周りの長さよりも長くなる。つまり，円周の長さは6 cmよりも長くなり，円の直径は，1×2＝2(cm)だから，円周率は，6÷2＝3よりも大きいことがわかる。次に，正方形の1辺の長さは円の直径と等しく2 cmなので，正方形の周りの長さは，2×4＝8(cm)である。また，円は正方形の内側にあるから，円周の長さは正方形の周りの長さよりも短くなる。つまり，円周の長さは8 cmよりも短くなり，円周率は，8÷2＝4よりも小さいことがわかる。

社　会　※試験時間・満点…非公表

解　答

1 **問1**　イ　**問2**　ア　**問3**　ウ　**問4**　(例)　おもな資源のほぼすべてを輸入にたよっている　**問5**　イ　**問6**　地球温暖化　2 **問1**　エ　**問2**　ウ　**問3**　イ　**問4**　国際連合　**問5**　(例)　政治を行う　3 **問1**　ア　**問2**　イ　**問3**　①　選挙　②　できる　③　できない　**問4**　エ

解　説

1 日本と外国とのかかわり，世界遺産，自然環境についての問題

問1　ア　1980年も2012年も，輸入品の第1位は石油，輸出品の第1位は機械類で変化していない。　イ　1980年も2012年も，輸入品目には石油や液化ガス，石炭といった資源が上位に入っている。また，輸出品目では機械類・自動車・鉄鋼《てっこう》などの工業製品が上位を占《し》めている。ここから，日本は資源を加工して製品を輸出する加工貿易を行っているということができる。よって，正しい。　ウ　1980年は輸入額が約32兆円，輸出額が約29兆円で，輸入額が輸出額を上回っている。同様に，2012年は輸入額が約71兆円，輸出額が約64兆円で，輸入額が輸出額を上回っている。
エ　輸入額は，1980年の約32兆円から2012年の約71兆円に増えているので，2倍以上になっている。同様に，輸出額も1980年の約29兆円から2012年の約64兆円へと，2倍以上に増えている。

問2　アメリカ合衆国は世界第3位の人口を持ち，その数は約3億2000万人となっている。また，日本はアメリカ合衆国から小麦やとうもろこしなどの穀物を多く輸入しており，小麦は輸入額の50.4%，とうもろこしは輸入額の79.1%をアメリカ合衆国が占めている。なお，イには中国(中華人民共和国)，ウにはサウジアラビア，エには韓国(大韓民国)があてはまる。統計資料は『日本国勢図会』2018／19年版による。

問3　関税は貿易品目にかかる税金なので，日本の企業《きぎょう》が外国でつくった自動車をその国の中で売っても，関税をかけることはできない。よって，ウが誤っている。

問4　資料4に示された4つの資源の輸入の割合はいずれも100%近く，日本はおもな資源をほぼ100%輸入にたよっているといえる。これは，太郎くんの発表原稿《げんこう》にあるように，「資源の国内生産量が少ない」からである。

問5　Aは知床《しれとこ》で，流氷が育む海の生態系と手つかずに近い陸の生態系の連鎖《れんさ》が見られ，貴重な動植物の生息地となっていることから，2005年にユネスコ(国連教育科学文化機関)の世界自然遺産に

登録された。Bは白神山地で，世界最大級のぶなの原生林が残されていることや，動植物の多様な生態系が育まれていることから，1993年に世界自然遺産に登録された。Cは屋久島で，亜《あ》熱帯から亜寒帯までの植物が垂直に分布していることや，縄文杉のように樹齢数千年にもおよぶヤクスギが見られることなどから，1993年に世界自然遺産に登録された。

問6　二酸化炭素などの温室効果ガスの排出《はいしゅつ》量が増えることによって，極地方や高山などの氷が解けて海面が上昇《じょうしょう》し，標高の低い土地が水没《すいぼつ》したり，異常気象になったりすると考えられている。

2　各時代の歴史的なことがらについての問題

問1　飛鳥時代の645年，中大兄《なかのおおえの》皇子(のちの天智天皇)は中臣鎌足《なかとみのかまたり》らの協力を得て，皇室をしのぐほどの権力をふるっていた蘇我蝦夷《そがのえみし》・入鹿《いるか》父子をたおし，天皇を中心とする中央集権国家体制の確立をめざして大化の改新という一連の政治改革を進めた。

問2　鎌倉時代，将軍の家来となった武士は御家人とよばれ，将軍から先祖伝来の土地の所有を認められたり，手がらがあったときに新しい土地や役職を与《あた》えられたりした。これをご恩《おん》という。一方，御家人は犯罪人を逮捕《たいほ》したり，幕府の一大事には将軍のために命がけで働いたりした。これを奉公《ほうこう》という。

問3　1854年に日米和親条約が結ばれたのをきっかけとして外国と条約を結び，開国したのは江戸時代末期のできごとなので，イがあてはまらない。

問4　国際連合は1945年に原加盟国51か国で発足した国際平和機関で，本部はアメリカ最大の都市ニューヨークに置かれている。日本は1956年，80番目の加盟国として国際連合に加盟した。

問5　飛鳥時代から平安時代までは，天皇や貴族が政治の中心であった。鎌倉時代から江戸時代までは，朝廷が任命した征夷《せいい》大将軍を頂点とした武士が政権を担《にな》うようになった。明治時代には，政治の実権が武士から天皇を中心とした政府に移った。現在は，国民が政治のあり方を最終的に決める権限である主権を持っている。このように，政治を行う人々が変わることで，時代も変わっていったのである。

3　国と地方の政治のしくみについての問題

問1　市長は，市議会によって議決された意思を実施《じっし》する執行《しっこう》機関の長として，予算案の作成などの仕事を行う。よって，アが正しい。なお，イは国会議員と内閣，ウは内閣，エは国会の仕事。

問2　法律にもとづいて犯罪を解決するのは裁判所で，国の仕事であるから，イが実現できないことになる。

問3　①，②　市民は市長をふくむ地方公共団体の首長，市議会議員をふくむ地方議会議員，国会議員を選挙で選ぶことができる。　③　内閣総理大臣は国会が指名し，天皇が任命するので，国民は内閣総理大臣を直接選挙で選ぶことはできない。

問4　「地方財政支援《しえん》」「防衛費」「国債費」などの項目があるので，国の歳出(支出)だとわかる。地方財政支援や国家の防衛は国の仕事で，国債は国の借金である。また，国の歳入(収入)なら税収にかかわる項目があるはずだが，それが見られない。

理科 ※試験時間・満点…非公表

解答

1 **問1** ア **問2** エ **問3** ア **問4** (例) 水資源の供給。 2 **問1** (例) 純すいな水で洗うこと。 **問2** 酸性 **問3** A, C **問4** (例) 電流を通すかどうか調べる。 3 **問1** 1.4秒 **問2** (例) ふれはばが20度, ふりこの長さが50cmで, おもりの重さが10g以外のふりこを用意する。 **問3** イ, ウ **問4** (例) ふりこ時計
4 **問1** イ **問2** (例) 日光を当てる前の葉にでんぷんがないことを確かめるため。
問3 エタノール(アルコール) **問4** ウ

解説

1 天気の変化についての問題

問1 気温は, 太陽の熱であたためられた地面によって空気があたためられて上昇《じょうしょう》する。そして, 太陽の光が地面に垂直に近い角度でとどくほど地面があたたまりやすい。このため, 晴れた日は, 太陽の高さが1日のうちで最も高くなる正午ごろより少しおくれた13時ごろに地表の温度が最高になり, その後14時ごろに気温が最高になる。そして, 以後は少しずつ気温が下がっていき, 日の出ごろに最低となる。また, 晴れた日は空が雲でおおわれている日よりも, 昼間は太陽の光がとどきやすく, 夜間は地球から宇宙へ熱がにげやすくなるため, 1日の最低気温と最高気温の差が大きくなる。

問2 9月29日の位置と9月30日の位置から台風の進み方を推測すると, 10月1日には台風の中心が北海道付近に移動していると考えられる。したがって, 10月1日のさいたま市は台風が過ぎた後で, 台風一過の晴れたおだやかな天気になっていると予想される。

問3 日本の南で発生した台風は, 夏になると太平洋側から日本列島に向かってはり出す太平洋高気圧のふちを回りこむようにして北上する。夏の終わりとともに太平洋高気圧の勢力が弱まると, しだいに日本付近に近い進路をとるようになる。月ごとのおもな進路は, 6月はア, 7月はイ, 8月はウのようになる。

問4 台風は大雨や暴風などで大きなひがいをもたらすことが多いが, 大雨を山間部に降らせることで水不足になることを防いだり, 水不足を解消したりするというめぐみもある。つまり, 水資源の供給という点で, 台風は大きな役割をはたしている。

2 水溶液《すいようえき》の判別についての問題

問1 水溶液の性質をリトマス紙で調べるときには, ガラスぼうに水溶液をつけ, それをリトマス紙にふれさせて色の変化を観察する。いくつかの水溶液を1本のガラスぼうで調べるときには, 水溶液ごとにガラスぼうを純すいな水(蒸留《じょうりゅう》水など)で洗ってから使用しなければならない。これは, 調べようとする水溶液に他の水溶液が混ざらないようにするためである。

問2 青色リトマス紙を赤色に変える性質を酸性, 赤色リトマス紙を青色に変える性質をアルカリ性という。中性の水溶液はどちらの色のリトマス紙も変化させない。

問3 実験Ⅰから, BとDは酸性の水溶液とわかるので, うすい塩酸と炭酸水のどちらかとなる。A～Dのうち, 実験Ⅱのように混ぜ合わせて水溶液が白くにごる組み合わせは石灰水と炭酸水(二

酸化炭素の水溶液)である。これらのことから，Ｂが炭酸水，Ｃが石灰水，Ｄがうすい塩酸とわかる。そして，残りのＡが食塩水と決まる。実験Ⅲで水を蒸発させた後に白い固体が残るのは，白色の固体がとけている，Ａの食塩水とＣの石灰水の２つである。Ｂの炭酸水とＤのうすい塩酸は気体がとけた水溶液なので，水を蒸発させた後には何も残らない。

問４　実験Ⅳで，アルミニウムがうすい塩酸にとけると，アルミニウムは塩化アルミニウムという物質に変化する。塩化アルミニウムは金属のアルミニウムとは異なった性質をもつ固体で，金属のアルミニウムとは異なり電流を通さない。また，うすい塩酸を加えても気体を発生しない。したがって，実験Ⅴで出てきた白い粉が電流を通すかどうかを調べたり，うすい塩酸を加えて気体を発生するかどうかをみたりすると，この白い粉(塩化アルミニウム)が金属のアルミニウムとは別の物質であることが確かめられる。

3 ふりこの動きについての問題

問１　実験の結果から，ふりこが10往復する時間の平均を求めると，(14.7＋14.1＋14.3)÷３＝14.36…より，14.4秒である。よって，１往復する時間は，14.4÷10＝1.44より，1.4秒になる。

問２　ふりこが１往復する時間がおもりの重さによって変わるかを調べるためには，ふりこのおもりの重さ以外の条件を同じにしたふりこの結果を比べればよい。したがって，ここでは，ふれはばが20度，ふりこの長さが50cmという条件は変えないで，おもりの重さだけを10ｇ以外の重さに変えたふりこを用意する。

問３　ふりこが１往復する時間は，ふれはばやおもりの重さには関係せず，ふりこの長さを変えると変化する。ふりこの長さが75cmのものは50cmのものより１往復する時間が長く，25cmのものは50cmのものより１往復する時間が短くなる。

問４　ふりこの１往復する時間はふりこの長さで決まり，ふりこの長さが同じであればつねに一定になっている。この性質を利用したものに，ふりこ時計がある。また，メトロノームは，ふりこの糸のかわりに金属のぼうを使い，支点を下側にしてふらせ，一定のリズムをきざむ装置《そうち》である。

4 光合成のはたらきについての問題

問１　インゲンマメの種子は，大部分が発芽のための栄養分をたくわえた子葉である。発芽すると，マメの形をした２枚の子葉が開き，その間からイのように本葉が出てくる。

問２　ひと晩《ばん》光を当てないでおいた葉にでんぷんが残っていないことを確かめるために，２日目の朝，前日からアルミニウムはくをかぶせておいた(あ)ででんぷんがあるかどうかを調べている。(あ)にでんぷんがないことがわかれば，２日目の朝の(い)や(う)にもでんぷんは残っていないことになる。葉にできたでんぷんは，夜のうちに水にとけやすい糖に変えられて体の各部に運ばれる。

問３　葉の緑色の色素が残っていると，ヨウ素液による色の変化が観察しにくいので，あたためたエタノール(アルコール)の中に葉をひたし，緑色の色素をとかし出しておく。なお，エタノールは引火しやすいため，エタノールを入れたビーカーを湯の中につけてあたためる。

問４　ヨウ素液はでんぷんがあると青むらさき色を示す。２日目において，(い)は朝にアルミニウムはくをはずすので，午後までの間に日光が当たり，光合成を行ってでんぷんがつくられている。よって，ヨウ素液にひたすと青むらさき色になる。一方，(う)は葉にでんぷんがあるかを調べる直前までアルミニウムはくをつけたままにしていたので光合成は行われず，でんぷんがつくられていない。そのため，ヨウ素液にひたした葉は青むらさき色を示さない。

音楽　※試験時間・満点…非公表

解答

1 ～ 3 省略　　4 下の図1　　**5** **問1**，**問2**　下の図2　　6 エ

図1

図2

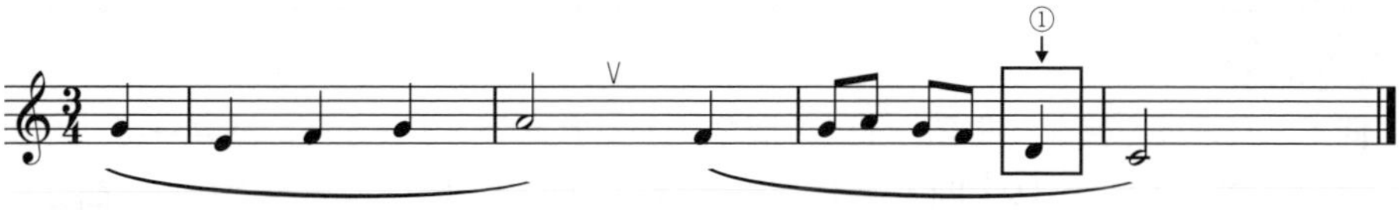

解説

1 ～ 3 放送問題につき省略

4 音符《おんぷ》と休符の意味

4分の4拍子《びょうし》は，4分音符を1拍《ぱく》として，1小節に4拍ある拍子である。すでに書かれている1小節めの4分音符と3小節目の4分休符は1拍，2小節めの16分音符は0.25拍と数える。このほか，0.25拍ぶんの16分休符，0.5拍ぶんの8分音符や8分休符，1.5拍ぶんの付点4分音符，2拍ぶんの2分音符や2分休符などを用いて楽譜《がくふ》を完成させればよい。解答にあるのは一例である。

5 楽譜の知識

問1　ヘ音記号の楽譜に示された音は中央のドより1音高いレで，ト音記号の楽譜では五線譜の一番下の線(第1線)の下(下第1間)に書く。

問2　高さのちがう2つ以上の音をつなぐ「スラー」という記号が書かれている。「スラー」はなめらかに演奏することを示す記号で，息つぎはスラーとスラーの間で行う。息つぎの記号には∨を使う。

6 強弱記号の意味

強く演奏するものから弱く演奏するものへと順に，*f*(フォルテ・強く)→*mf*(メゾフォルテ・やや強く)→*mp*(メゾピアノ・やや弱く)→*p*(ピアノ・弱く)となる。

図工　※試験時間・満点…非公表

解答

1 省略

解説

1 クレヨンの使い方

埼玉県の観光名所や，特ちょう的な場所を思い出す。川下りで知られる長瀞《ながとろ》や秩父《ちちぶ》の山々，氷川《ひかわ》神社の鳥居や，「小江戸」として多くの観光客が訪れる川越《かわごえ》など，絵にしたときにわかりやすく，かつかきやすい題材が適しているだろう。また，全体で埼玉県がイメージできるよう，いくつかの題材を組み合わせてかくことが考えられる。何がかかれているのかがはっきりわかるよう，それぞ

れの題材の特ちょうをつかみ，それぞれをある程度の大きさでかきたい。観光を盛り上げる目的のものなので，明るい色調でかくようにするとよい。着用時，横から見て絵が切れていると何の絵かわからなくなってしまうので，題材の配置にも気をつけること。クレヨンは線をかくのに適した画材で，重ねぬりには向いていないので，色を混ぜてきたなくならないように注意する。

家 庭　※試験時間・満点…非公表

解 答

1 **問1**　たんぱく質　**問2**　イ　**問3**　(1)　ア→ウ→イ→オ→エ→カ→キ　(2)　たんざく切り　(3)　C　2 **問1**　①　返しぬい　②（例）じょうぶに　**問2**（例）角に針をさしたまま，おさえを上げること。　3　ア　4（例）天気のよい日はカーテンを開けて日光をとり入れ，窓のそばには日光をさえぎる物を置かないようにする。／夜は雨戸や厚手のカーテンを閉めて，部屋のあたたかい空気がにげないようにする。

解 説

1 栄養バランスのとれた食事，野菜いための調理

問1　こんだてに示されている①のごはん(米)と，③の材料である油は「おもにエネルギーのもとになる食品」(炭水化物・しぼう)に，②の材料であるなす，たまねぎと，③の材料であるピーマン，にんじん，キャベツなどの野菜は「おもに体の調子を整える食品」(ビタミン)に，④の牛乳は「おもに骨や歯をつくり，体の調子を整える食品」(ミネラル)に分類される。これら炭水化物・しぼう・ミネラル・ビタミンと，おもに体をつくる働きを持つたんぱく質を加えたものを五大栄養素という。こんだてにはたんぱく質に分類される食品がみそしかないので，たんぱく質が最も不足しているといえる。なお，調味料である塩とこしょうは，ここでは栄養素にふくまない。

問2　たんぱく質は肉や魚，卵などに多くふくまれる。よって，イの魚の塩焼きを加えれば，栄養のバランスがとれたこんだてになる。なお，アのにんじん・もやし・こまつなとウのほうれんそうはビタミンに，ウのごまはしぼうに，エのじゃがいもは炭水化物に分類される。

問3　(1)　野菜をいためる前に，まずフライパンを火にかけて油をしき，油をあたためる必要があるので，ア→ウ→イの順になる。また，野菜は固くて火の通りにくいものから順にいため，最後に味つけをするので，オ→エ→カ→キとなる。　(2)　野菜をうすく，1 cmはばの縦長に切る切り方は，その形から「たんざく切り」という。　(3)「しゃきっとした」野菜いためをつくるためには，野菜から水分が出すぎてくたっとしないよう，強火にして短時間でいためるとよい。

2 ミシンぬいのしかた

問1　①　ミシンぬいでは手ぬいとちがって玉止めをしないため，ぬい始めとぬい終わりがほつれやすくなる。これを防ぐため，ぬい始めとぬい終わりでは，ぬい進める方向と逆に数針ぬう「返しぬい」をする。　②　ミシンぬいは手ぬいに比べて速いだけでなく，上糸と下糸の二本でぬうので，じょうぶにぬうことができる。

問2　ぬう方向を変えるには，角に針をさしたままおさえを上げ，布の向きを変えてからおさえを下ろせばよい。

3 そうじの手順

ほこりは上から下へ落ちるので，低い所からそうじを始めると，高い所をそうじしたときにほこりが落ちてきて，またそうじをし直すことになってしまう。このため，そうじは上から下へと行うことが基本となる。

4 あたたかく住まう工夫《くふう》

寒い季節に部屋のあたたかさを保つ方法として，暖気をにがさないこと，冷気が部屋に入るのを防ぐこと，体を内からあたためることなどが考えられる。暖気は日光を活用してとり入れ，天気のよい日にはカーテンを開け，日光をさえぎる物は窓のそばには置かないようにするとよい。また，夜は雨戸や厚手のカーテンを閉め，部屋のあたたかい空気がにげないようにする。厚手の服や毛布で体温が下がらないようにしたり，窓に結露《けつろ》を防止するシートを張ったりするといった工夫も有効だろう。

国語 ※試験時間・満点…非公表

解答

一 **問1** ウ　**問2** 木に登れば，葉っぱを簡単に食べることができる(という考え)　**問3** (3)　**問4** A 細い枝　B 霊長類の祖先　**問5** ウ，オ　**問6** (例) 食べ物をめぐって争うような他の動物や自分たちを襲う外敵がいなかったため占有することができた空間。

二 **問1** (1) (例) 言葉だけでは伝わりにくい竹とんぼの動きなどを，実際に見せることでわかりやすく伝える効果。　(2) エ　**問2** (例) 私は，コンピュータ室を使いたいです。理由は，インターネットを利用することで，環境問題における最新の情報などを知ることができると思うからです。　**問3** ウ　**問4** (例) それとも　**問5** 空　**問6** イ，オ，キ　**問7** ① はぐく(む)　② ただ(す)　③ ひゃくにんりき　④～⑥ 下記を参照のこと。

●漢字の書き取り

二 問7 ④ 辺(り)　⑤ 農耕　⑥ 働く

解説

一 **出典は中道正之《なかみちまさゆき》の『サルの子育て　ヒトの子育て』による。** 4本の手足に握《にぎ》る力を獲得《かくとく》した霊《れい》長《ちょう》類の祖先がどのような樹上生活を送っていたかについて述べられている。

問1 「ヒト以外の霊長類」を「四手動物といったほうが良い」と述べる理由をとらえる。(2)段落で「霊長類の共通祖先は樹上生活を始め」たことが示され，(5)段落では「樹上生活」を可能にしたのは「4本の手足に握る力を獲得した」からであることが示されている。足も手と同じように物を握ることができるようになったため「四手動物」と表現したのだから，ウが選べる。

問2 直前の「これ」が指す内容を考える。「木に登れば，葉っぱを簡単に食べることができる」という考え方が「間違《まちが》い」だというのである。

問3 もどす文に「だから」とあるので，直前には「葉っぱがたくさんある」のは「枝先の方」だといえる理由が述べられているものと推測できる。(3)段落では「サクラの木」を例に，「たくさんの花が咲《さ》いているのは，枝先の方」であり「花が散った後に，若葉が出て」くることが述べられているので，その後にもどすと，当然「葉っぱ」が「枝先の方」にたくさんあるというつながりになり，文意が通る。

問４　**A**　(4)段落では，「枝先には，ネコが鉤爪《かぎづめ》を立てる太い枝」はなく，「細い枝」ばかりなので「体重を支えることはできない」と述べられている。一方，(5)段落には，「物を握る手と足を持っているサル」ならば，「細い枝を握って移動することができる」と説明されている。　**B**　(4)段落で「ネコ」の例を，(5)段落では「サル」の例を示したうえで，「４本の手足に握る力を獲得した霊長類の祖先」は，「枝先まで行って，栄養豊かな新葉を食べることができたはず」だと結論を述べる構成になっている。

問５　ネコやサルなどの例を具体的に示しながら説明しているので，ウは合う。また，「それでは，何のために霊長類はこのような手と足を獲得したのでしょうか」や，「でも，枝先まで行くことができるでしょうか」，「物を握る手と足を持っているサルならばどうでしょうか」というように，読み手にくり返し問いかけながら論を進めているので，オもふさわしい。なお，アは「他の人の意見を引用する」が，イは「自分で行った実験の結果を根拠《こんきょ》にして」が，エは「結論を先に述べる」が正しくない。

問６　(6)段落で樹上がどのような空間であったかが説明されている。樹上は，鳥が「ときどき木に訪《おとず》れる」以外には「食べ物をめぐって争うような他の動物がほとんどいなかった」だけでなく，「自分たちを襲《おそ》う大型の肉食獣《じゅう》」といった「外敵」もいなかったために，「生活空間として占有《せんゆう》できた」場所だったというのである。

二　**発表についての問題，接続語の知識，表現の工夫《くふう》，漢字の音訓，漢字の読みと書き取り**

問１　**(1)**　実際に「竹とんぼ」が飛ぶようすを頭に思いうかべるとよい。実際の動きを見せることで，言葉だけの説明では伝わりにくいことを理解してもらいやすくする効果がある。　**(2)**　最初に「すいせんする理由は，三つあります」と述べたうえで，「一つ目は」「二つ目は」「三つ目は」と順に説明しているので，聞き手に伝わりやすい構成になっている。なお，アは「客観的な数値を述べて」が，イは「難しい言葉を言いかえて」が，ウは「聞き手の意見を聞き」が合わない。

問２　「学校図書館」で本などを利用して調べれば，環境《かんきょう》問題について体系的に，あるいは専門的に調べることができる。一方，「コンピュータ室」でインターネットを用いて検索《けんさく》すれば，環境問題について知りたい情報や最新の情報をすぐに手に入れることができるといった利点がある。

問３　図書館の本は，内容の種類にもとづき十進法を用いて分類されている。一般《いっぱん》的には，一番左の数字が「０」は「総記」，「１」は「哲学《てつがく》」，「２」は「歴史」，「３」は「社会科学」，「４」は「自然科学」，「５」は「技術」，「６」は「産業」，「７」は「芸術」，「８」は「言語」，「９」は「文学」に関連した内容であることをおおまかに示している。そのうえで，さらに細かい内容の分類を，真ん中の数字と右の数字で表している。

問４　「映画を見に行」くか「遊園地に行」くかのどちらか一つを選ばせようとする文脈なので，二つ以上のことがらのうち，どれかを選ぶときに用いる「それとも」「あるいは」「もしくは」などがふさわしい。

問５　物語や小説などでは，登場人物の心情が情景に反映されることが多い。この場面では，「うまくいくぞ」と思う大造《だいぞう》じいさんの迷いがなくすっきりとした心情が「青くすんだ空」に，「いよいよ戦闘《せんとう》開始だ」と，闘志《とうし》を燃やすような心情が「東の空が真っ赤に燃えて」という情景に反映されている。

問6　イの「夕刊」は「ゆう(訓読み)」＋「カン(音読み)」，オの「台所」は「ダイ(音読み)」＋「どころ(訓読み)」，キの「場面」は「ば(訓読み)」＋「メン(音読み)」という構成の熟語である。

問7　①　音読みは「イク」で，「育成」などの熟語がある。　②「正す」は，まちがいや欠点などを正しいものに直すこと。　③　百人の助力を得るぐらいに，ひじょうにたのもしく思えるようす。　④　音読みは「ヘン」で，「周辺」などの熟語がある。　⑤　田や畑を耕し，作物などを育てること。　⑥　音読みは「ドウ」で，「労働」などの熟語がある。

Memo

Memo

Memo

2017年度　埼玉大学附属中学校

〔電　話〕 (048) 862－２２１４
〔所在地〕 〒336-0021　埼玉県さいたま市南区別所４－２－５
〔交　通〕 JR京浜東北線－「浦和駅」より徒歩20分，
埼京線－「中浦和駅」より徒歩10分

※本年度の試験時間・満点は非公表です。

【算　数】

1　次の各問いに答えなさい。

問１　次のルールにしたがって，答えが整数になるような式を作ります。答えが１，２になる式は，下のように作ることができます。

> ルール
> ・４を４つすべて用いる。
> ・計算記号(＋，－，×，÷，(　))はすべて用いる必要はなく，同じものを２回以上用いてもよい。

$4-4+4\div4=1$

$4-(4+4)\div4=2$

答えが３になる式を作り，その式を書きなさい。

問２　白いテープと赤いテープの長さについて，次のことがわかっています。

> 白いテープの長さは120cmです。
> 白いテープの長さは赤いテープの長さの$\frac{4}{3}$倍です。

このとき，白いテープと赤いテープの長さについて，正しく述べられているものを**ア**～**エ**の中から１つ選び，その記号を書きなさい。

ア　白いテープより赤いテープの方が長い。

イ　赤いテープの長さは160cmである。

ウ　白いテープと赤いテープの長さの比は３：４である。

エ　赤いテープの長さは白いテープの長さの0.75倍である。

問３　**図１**は，立方体の見取図です。この立方体を**図２**の太線でかかれた辺で切り開くと，どのような展開《てんかい》図《ず》になりますか。定規を使って，解答らんの方眼に展開《てんかい》図《ず》をかきなさい。

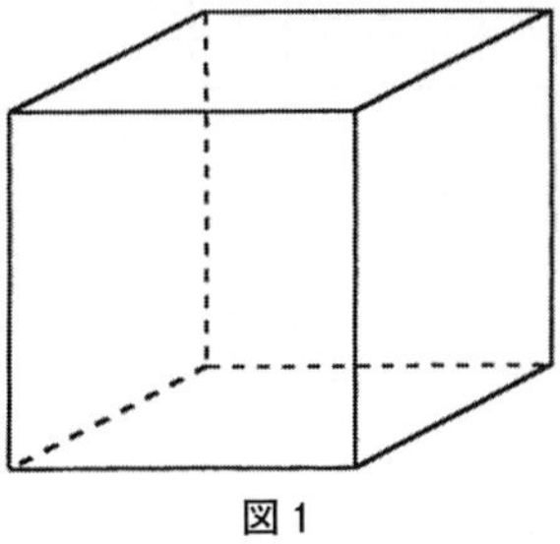

図１

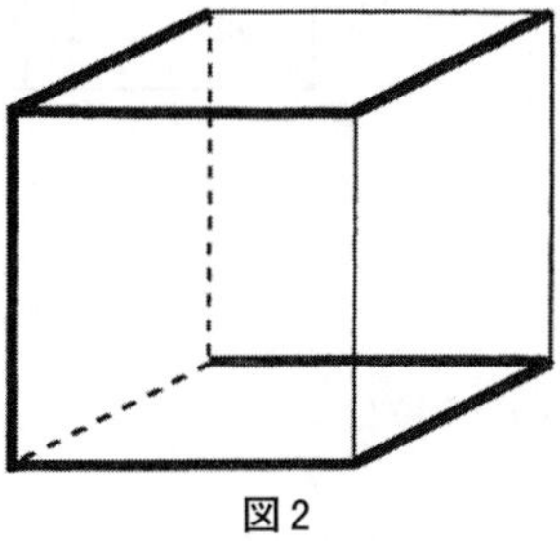

図２

問4　1985年と2015年の全国における，主な農産物の生産額の割合《わりあい》を比較《ひかく》するために，下のような円グラフと帯グラフに表しました。

【円グラフ】

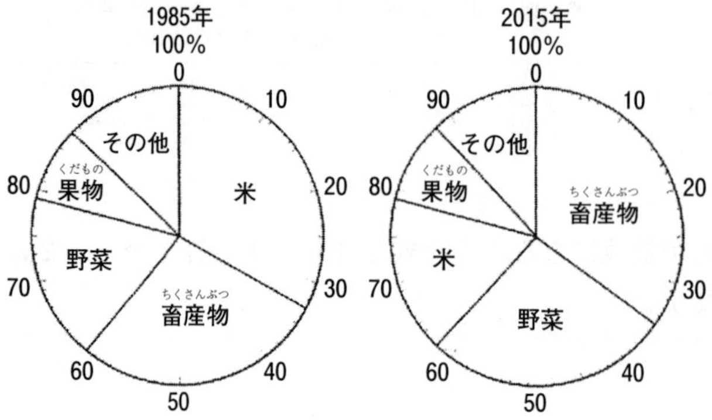

【帯グラフ】

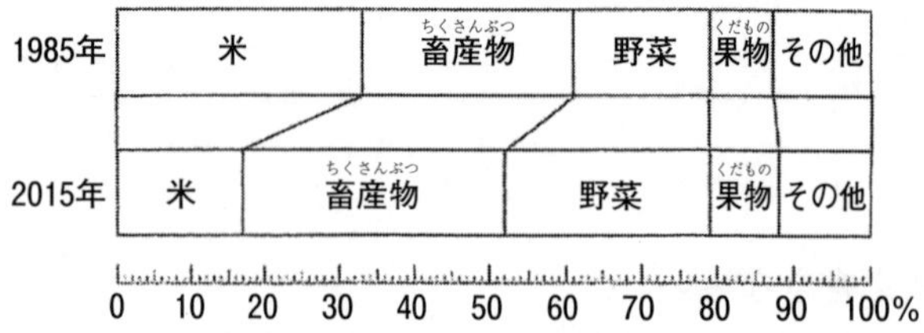

（農林水産省「生産農業所得統計」より作成）

円グラフは，帯グラフと比べて，「それぞれの年でどの農産物の生産額の割合《わりあい》が多いのか」を読み取りやすいというよさがあります。これに対して帯グラフは，円グラフと比べてどんなよさがあるといえますか。そのよさを書きなさい。

2　兄と妹の2人は，家から1200mはなれた学校へ向かって，それぞれ一定の速さで同時に歩き始めました。右の図は，2人が家を出発してから学校に着くまでの，時間と道のりの関係を表したグラフです。次の各問いに答えなさい。

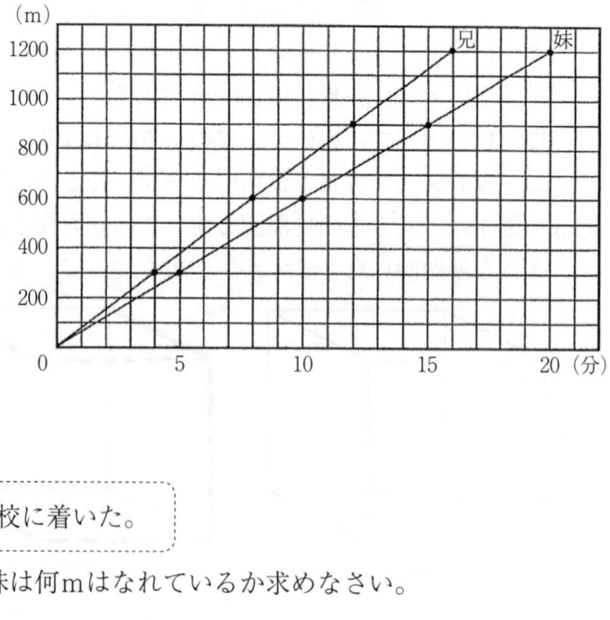

問1　次の文の ア には兄か妹のどちらかが入り， イ には数が入ります。 ア ， イ をうめて，文を完成させなさい。

ア の方が イ 分早く学校に着いた。

問2　家を出発してから12分後に，兄と妹は何mはなれているか求めなさい。

3 　**図1**は，縦《たて》が5 cm，横が8 cmの長方形で，横の辺上に1 cm間隔《かんかく》で点がとってあります。

横の辺上にある点と点を直線で結び，3つの図形に分けます。**図2**，**図3**は，面積の比が左から1：3：4になるように分けたものです。

面積の比が左から3：6：7になるような分け方を2つ考え，定規を使って解答らんの図にかきなさい。

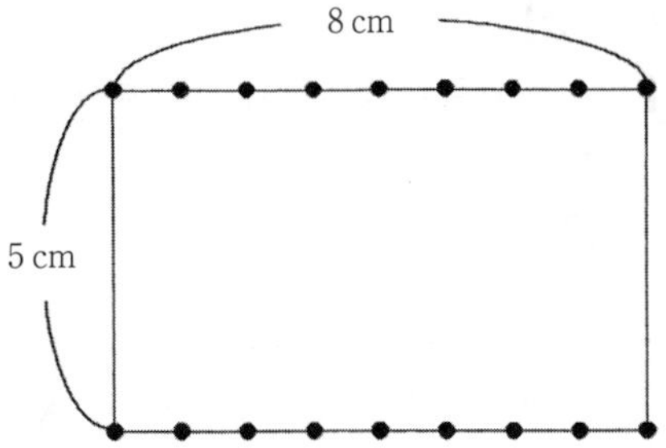

図1

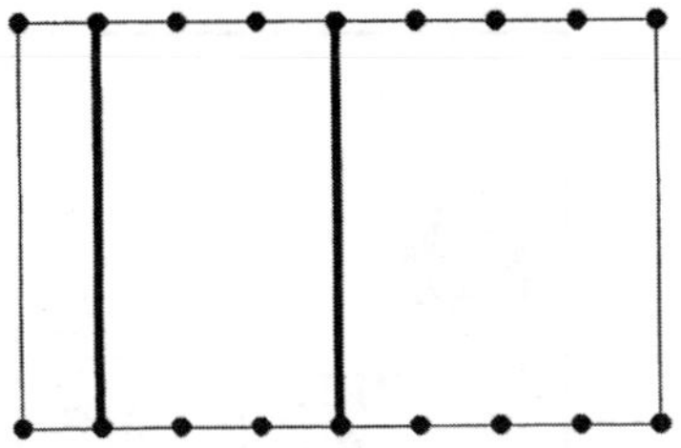

図2

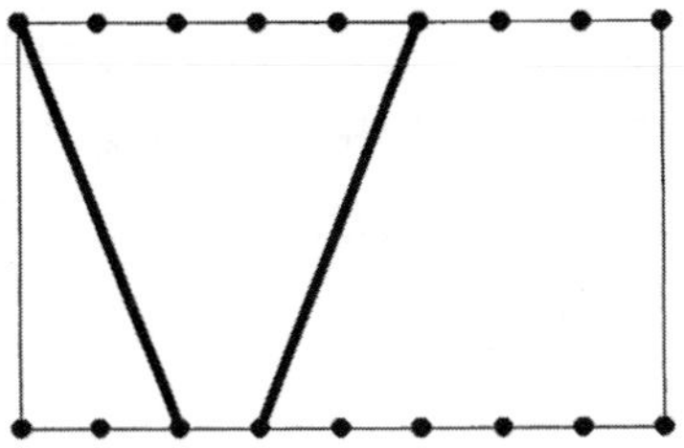

図3

4 　右のような〔布製の粘着《ねんちゃく》テープ〕と〔立方体の箱〕があります。テープを，箱の1つ1つの面にすきまなく重なり合わないようにはります。立方体の1つの面をはり終えてから，次の面にはっていくとき，1つのテープでいくつの面をはり終えることができるか求めなさい。ただし，テープは伸《の》びたり縮《ちぢ》んだりせず，テープの芯《しん》の厚さは考えないものとします。また，円周率は3として考えます。

〔布製の粘着《ねんちゃく》テープ〕

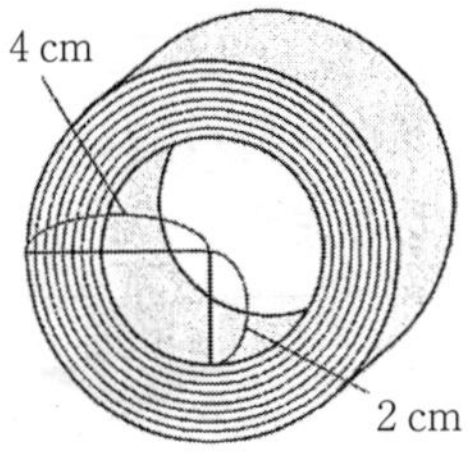

テープの厚さ　0.04cm
テープのはば　5 cm

〔立方体の箱〕

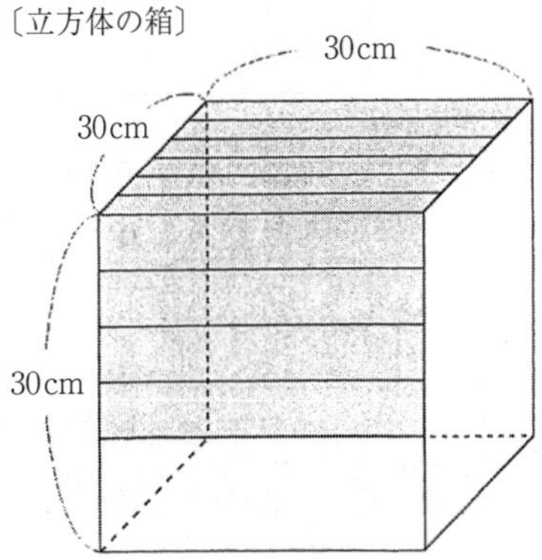

【社　会】

1　彩子《あやこ》さんは，世界一周旅行をした人が書いた次の**記録**を読んで，世界の国々《くにぐに》について学習しています。

記録

初めの訪問国《ほうもんこく》はアメリカ合衆国《がっしゅうこく》です。西部では米作りも盛《さか》んに行われています。私《わたし》が訪《おとず》れた9月は，ちょうど（ X ）の作業をしていました。作業の時期は埼玉《さいたま》と同じようです。

↓

ア　今回の旅で一番楽しみにしていたのはエジプトです。歴史的遺産《れきしてきいさん》の宝庫《ほうこ》であるこの国を旅行することは，子供《こども》の頃《ころ》からのあこがれでした。右のスケッチはこの国の有名な世界遺産《せかいいさん》です。

イ　アメリカ合衆国《がっしゅうこく》の東海岸を①船で出発し，7日間の船旅《ふなたび》でようやくイギリスに到着《とうちゃく》しました。イギリスは日本と同じく海に囲まれた島国です。

ウ　ロシアは世界で最も広い面積を持つ国で，東部のシベリアには深い森が広がり，冬になると厳《きび》しい寒さとなります。

↓

中国は日本と地理的に近く古くから関係が深い国です。例えば，②吉林省《きつりんしょう》は日本の鳥《とっ》取県《とりけん》と，浙江省《せっこうしょう》は福井県《ふくいけん》と，それぞれ友好関係を結んでいて，高校生同士の交流もあるそうです。

↓

最後の訪問国《ほうもんこく》はタイです。日本の企業《きぎょう》の看板《かんばん》が町にたくさんあり，驚《おどろ》きました。③日本との貿易が盛《さか》んだそうです。日本人の子供《こども》が学ぶ日本人学校にもたくさんの生徒がいました。

問1　（**X**）にある，埼玉《さいたま》でもふつう9月頃《ごろ》行われる米作りの作業を，次の**ア**～**エ**の中から1つ選び，その記号を書きなさい。

ア　田おこし　　**イ**　代《しろ》かき　　**ウ**　田植え　　**エ**　稲《いね》かり

問2　次の**世界地図**には，旅行の行程を示した矢印が書き加えられています。これを参考に［　　］内の**ア～ウ**の**記録**を旅行した国の順に並《なら》べ替《か》え，記号を書きなさい。

世界地図

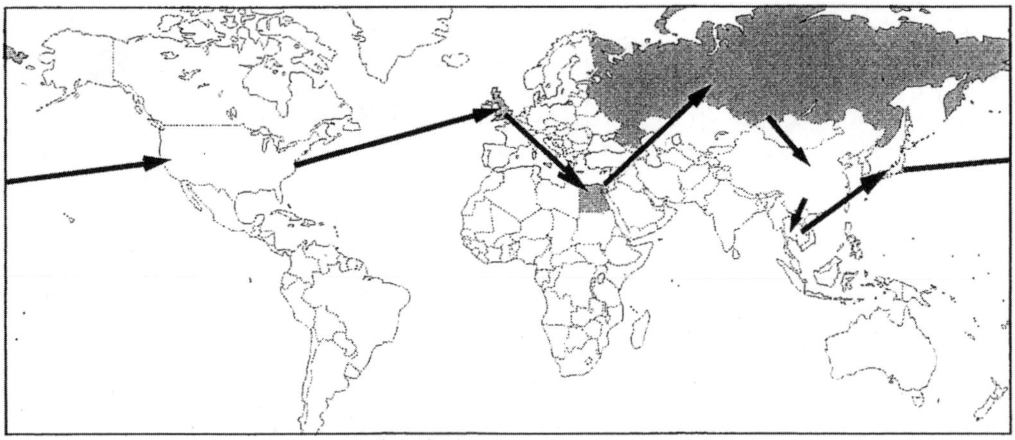

問3　下線部①について，アメリカ合衆国《がっしゅうこく》からイギリスにわたるときに通った海洋の名称《めいしょう》を書きなさい。

問4　下線部②について，鳥取県《とっとりけん》と福井県《ふくいけん》は右の**日本地図**中の**A～D**のどれですか。正しく組み合わせたものを，次の**ア～エ**の中から１つ選び，その記号を書きなさい。

ア　B－C

イ　A－C

ウ　B－D

エ　A－D

日本地図

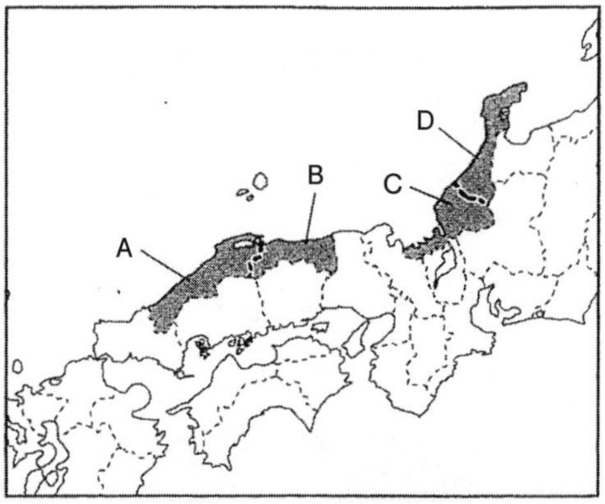

問5　下線部③について，右の**資料１**と**資料２**は1960年と2012年の日本の外国との貿易の推移《すいい》を表したグラフです。このグラフから読み取れることとして誤《あやま》っているものを，次の**ア～エ**の中から１つ選び，その記号を書きなさい。

ア　輸出入ともにアジアのしめる割合《わりあい》が大きくなっている。

イ　北アメリカへの輸出額は減少している。

ウ　1960年，2012年ともに，輸入額が輸出額を上回っている。

資料１　地域別《ちいきべつ》輸出額

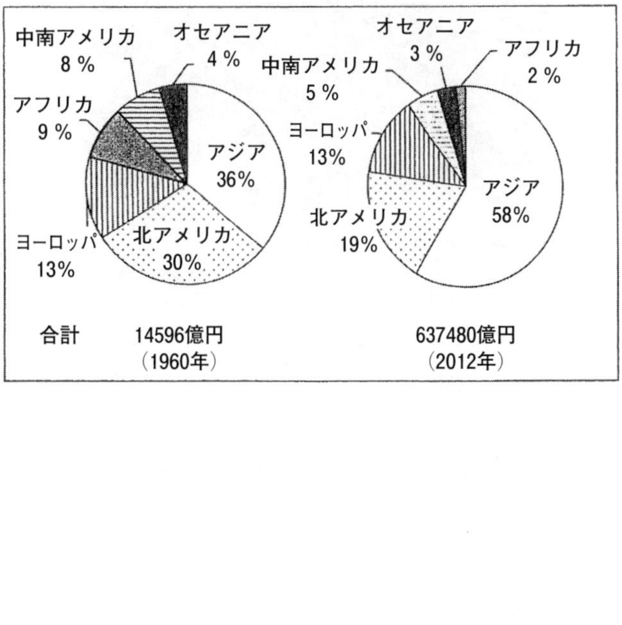

エ　ヨーロッパへの輸出入額は
　どちらも増加している。

資料2　地域別《ちいきべつ》輸入額

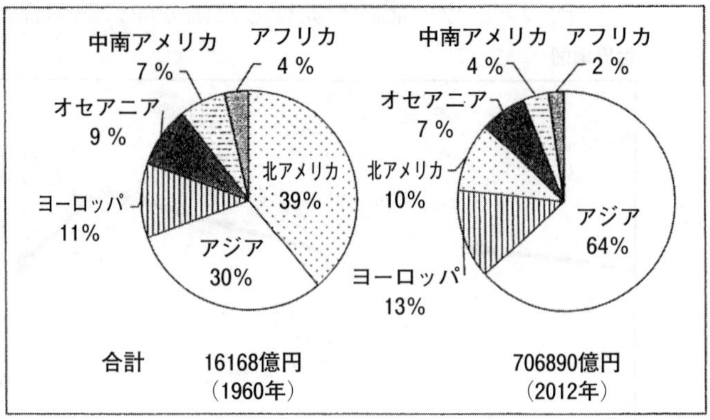

（日本国勢図会《ずえ》　2013/14より作成）

問6　外国からの輸入が増えることで心配される問題とその対策《たいさく》をまとめました。［　　］に適する語句を書きなさい。

> 安い外国製品が輸入されることで，国内で生産している人々《ひとびと》の仕事が減るなど，産業がおとろえる心配があります。そのため，輸入品に［　　　］をかけて国内の産業を守っています。

2　彩子《あやこ》さんは，博物館や身近な地域《ちいき》で埼玉県《さいたまけん》の歴史について現地調査を行ったあとに次のノートA～Dにまとめました。これを見て，あとの問いに答えなさい。

A　弥生時代《やよいじだい》の人々《ひとびと》のくらし

　さいたま市内の各地では縄文時代《じょうもんじだい》と弥生時代《やよいじだい》の住居跡《じゅうきょあと》が発見されています。写真の住居は，弥生時代《やよいじだい》のもので「たてあな住居」と呼《よ》ばれていて，一家族五人程度が暮《く》らしていたと考えられています。

B　附属中学校《ふぞくちゅうがっこう》の付近の医王寺《いおうじ》にある板碑《いたび》

　この板碑《いたび》（板石塔婆《いたいしとうば》）は，1309年につくられたものです。秩父《ちちぶ》産《さん》の石でつくられたものと考えられています。板碑《いたび》は仏教で使われた供養塔《くようとう》で武士や僧《そう》によってつくられました。関東地方に集中しており，埼玉県内《さいたまけんない》にも多く確認《かくにん》されています。

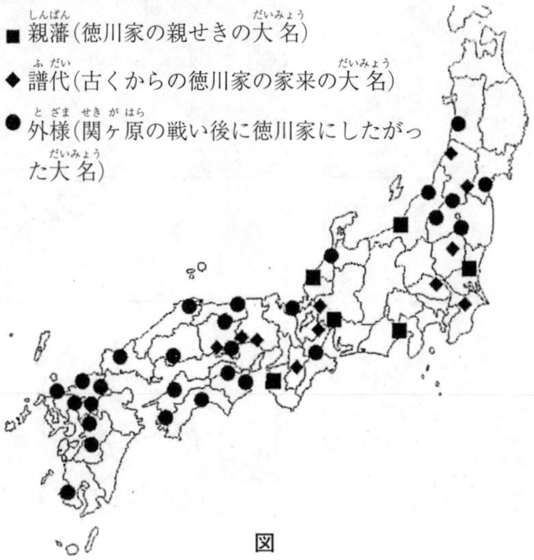

図

C　江戸幕府《えどばくふ》のしくみと文化

当時の埼玉県《さいたまけん》は江戸《えど》の防衛や経済《けいざい》を支える重要な場所でした。主に川越《かわごえ》・忍《おし》・岩《いわ》槻《つき》・岡部《おかべ》の４つの藩《はん》が置かれ，いずれも譜《ふ》代大名等《だいだいみょうとう》であり，幕府《ばくふ》の重臣が任命されました。

また，五街道《ごかいどう》のうち中山道《なかせんどう》と日光道中《にっこうどうちゅう》が通り，その他多くの道がありました。江《え》戸時代中期《どじだいちゅうき》になると，庶民《しょみん》の信仰《しんこう》として秩父札所《ちちぶふだしょ》めぐりは大変な人気を集めました。

D　[　　　　　]と埼玉《さいたま》

昭和25年からはじまった朝鮮戦争《ちょうせんせんそう》をきっかけに，日本経済《にほんけいざい》はよくなり，[　　　　　]に入ると産業・経済《けいざい》ともに発展《はってん》します。埼玉県内《さいたまけんない》に住む人々《ひとびと》も増加して生活も豊かになり，右の資料のような三種の神器と呼《よ》ばれる家電製品が広まりました。

問１　ノート**A**の弥生時代《やよいじだい》の米づくりや食事等に使われていない道具を次の**ア**～**エ**の中から１つ選び，その記号を書きなさい。

ア　石包丁　　**イ**　土器　　**ウ**　銅鐸《どうたく》　　**エ**　木製のくわ

問２　ノート**B**のこの板石塔婆《いたいしとうば》がつくられた時代とその時代の代表的な人物について次の**ア**～**エ**の組み合わせの中から正しいものを１つ選び，その記号を書きなさい。

記号	時代	人物
ア	鎌倉時代《かまくらじだい》	徳川家康《とくがわいえやす》
イ	鎌倉時代《かまくらじだい》	北条時宗《ほうじょうときむね》
ウ	江戸時代《えどじだい》	徳川家康《とくがわいえやす》
エ	江戸時代《えどじだい》	北条時宗《ほうじょうときむね》

問３　次の**ア**～**エ**は江戸幕府《えどばくふ》が大名《だいみょう》をしたがえるための工夫《くふう》を示した文章です。これについてノート**C**の**図**から読み取れることを１つ選び，その記号を書きなさい。

ア　武家諸法度《ぶけしょはっと》を定めて，きまりにそむいた大名《だいみょう》の領地を取り上げた。
イ　大名《だいみょう》が領地と江戸《えど》を一年おきに行き来する参勤交代《さんきんこうたい》の制度を定めた。
ウ　鎖国《さこく》を行い，外国との貿易は長崎《ながさき》だけで行うように制限をした。
エ　江戸《えど》の近くに重臣をおき，外様大名《とざまだいみょう》を江戸《えど》から遠いところにおいた。

問４　ノートＣの札所《ふだしょ》めぐりは江戸時代《えどじだい》の庶民《しょみん》が楽しんだものですが，現代に伝わるものの中で当時も今も楽しまれているものを，右の２つの資料を読み取って書きなさい。

問５　ノートＤの［　　］に適する語句を漢字６字で答えなさい。

作・歌川豊国《うたがわとよくに》・広重《ひろしげ》

作・豊原国周《とよはらくにちか》

3　彩子《あやこ》さんは今の日本の暮《く》らしのもととなっている日本国憲法《けんぽう》について調べました。**日本国憲《けん》法《ぽう》前文の要旨《ようし》**や**資料**より，各問いに答えなさい。

日本国憲法《けんぽう》前文の要旨《ようし》

> 日本国民は世界の国々《くにぐに》となかよく協力し合い，国内に自由がもたらすすばらしさをみなぎらせ，①政府の行いによって二度と戦争が起こることのないようにすることを決意しました。また，国の政治の在り方を決める力は，わたしたち国民にあること②(国民主権《しゅけん》)を宣言《せんげん》して，この憲法《けんぽう》をつくりあげました。日本国民は，世界がいつまでも，平和であることを願います。そして，平和と正義を愛する世界の人々《ひとびと》の心を信頼《しんらい》して平和を守っていきたいと思います。

問１　**日本国憲法《けんぽう》前文の要旨《ようし》**の下線部①の部分で戦争とあるが，日本国憲法《けんぽう》の制定に直接関係するものとして正しいものを，次の**ア**～**エ**の中から１つ選び，その記号を書きなさい。

ア　太平洋戦争　　**イ**　西南戦争　　**ウ**　日露《にちろ》戦争　　**エ**　日清《にっしん》戦争

問２　**日本国憲法《けんぽう》前文の要旨《ようし》**の下線部②の国民主権《しゅけん》と特に関係のないものを，次の**ア**～**エ**の中から１つ選び，その記号を書きなさい。

ア　最高裁判所《さいばんしょ》の裁判官《さいばんかん》を審査《しんさ》すること

イ　条例の改正を請求《せいきゅう》すること

ウ　裁判《さいばん》を受けること

エ　憲法《けんぽう》改正について国民投票できめること

問３　平成27年より法律《ほうりつ》が改正され，昨年実際に選挙権《せんきょけん》をもつ年齢《ねんれい》が変わりました。以前まで投票できた年齢《ねんれい》と，今回の法律《ほうりつ》の改正で投票できるようになった年齢《ねんれい》を数字で書きなさい。

問４　右の**資料**を読み取り，［Ｘ］にあてはまる語句を書きなさい。

憲法《けんぽう》は

［Ｘ］**として**

自分の思うことを言い
自分のすきなところに住み
自分のすきな仕事をし
能力に応じて教育を受け
政治に参加する

などの権利《けんり》を保障《ほしょう》している

資料

【理　科】

1　地層《ちそう》はどのようにしてできたのか調べるために，次の**【観察】**や**【実験】**を行いました。これについて，下の各問いに答えなさい。

【観察】

(1)　あるがけの地層《ちそう》を観察し，その層《そう》の重なり方を**図1**のようにスケッチしました。

(2)　**A**の層《そう》の土を水でよく洗《あら》い，そう眼実体けんび鏡で観察したところ，**図2**のような小さな角ばったつぶが見られました。

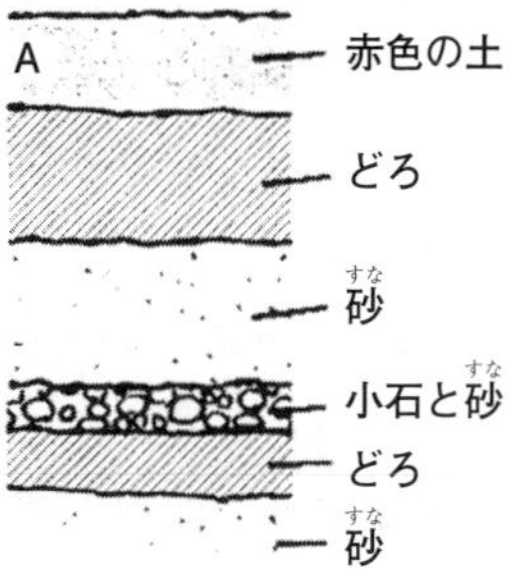

図1

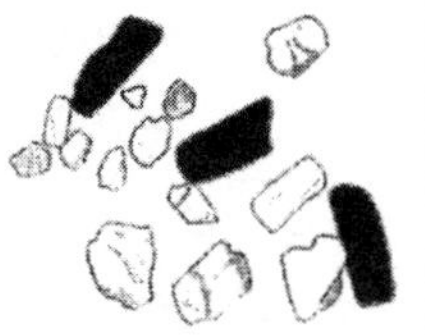

図2

【実験】

(1)　砂《すな》やどろの重なり方の特ちょうを調べるために，**図3**のような装置《そうち》を作り，砂《すな》とどろを混ぜた土を，水を入れた容器に静かに流しこみました。

(2)　しばらく，そのままにしておきました。

(3)　土がしずんだら続けてもう一度行い，砂《すな》とどろの積もり方をスケッチしました。

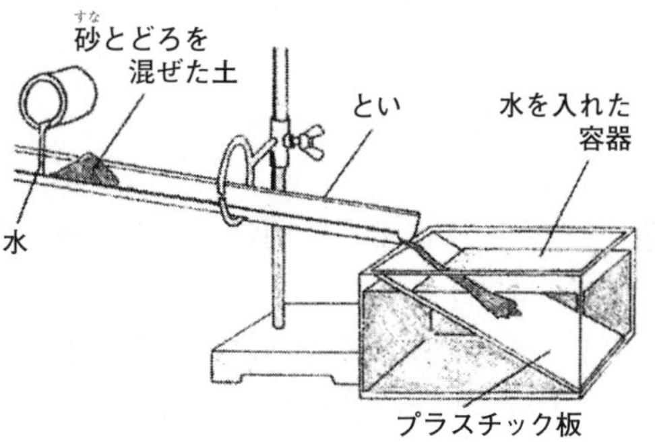

図3

問1　**【観察】**の(2)では，けんび鏡よりも解ぼうけんび鏡やそう眼実体けんび鏡を用いるほうがよいとされています。それはなぜですか。その理由として正しいものを次の**ア**～**エ**の中から1つ選び，その記号を書きなさい。

ア　解ぼうけんび鏡は，けんび鏡よりも観察するものを大きく見ることができるため。

イ　解ぼうけんび鏡は，けんび鏡とちがって観察するものの色まで見ることができるため。

ウ　そう眼実体けんび鏡は，もっとも小さいものを観察することができるため。

エ　そう眼実体けんび鏡は，観察するものを立体的に見ることができるため。

問2　**図2**から，**A**の層《そう》はどのようなはたらきによってできた層《そう》だと考えられますか。簡単《かんたん》に書きなさい。

問3　**【実験】**で，流れる水のはたらきによって砂《すな》やどろが運ばれることを何といいますか。その名前を書きなさい。

問4　**【実験】**の結果のスケッチとして，もっとも適切なものはどれですか。次の**ア**～**エ**の中から1つ選び，その記号を書きなさい。

ア

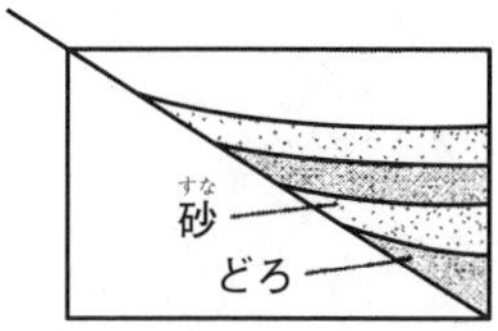

イ

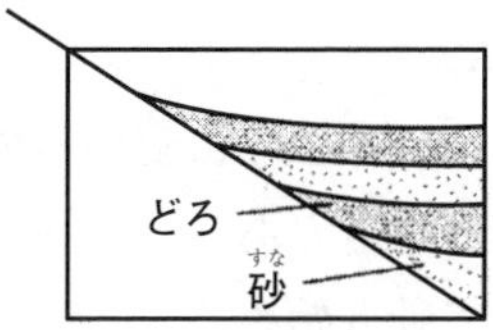

ウ

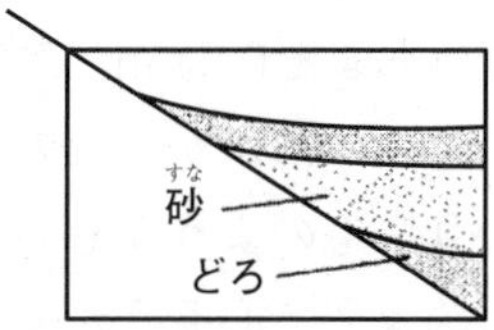

エ

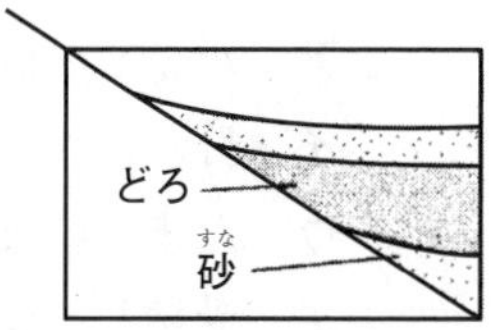

2 同じ形，同じ重さの２つのコップに，液体①と液体②を同じ量ずつ入れました。これらの液体①と液体②はどちらかが食塩水でどちらかが水であることがわかっています。これらを味を調べずに，どちらが食塩水か調べることにしました。これについて，次の各問いに答えなさい。

問１　液体①と液体②を同じ量ずつコップにはかり取るときに，メスシリンダーを用いました。液体の目もりが**図１**のとき，液体の体積は何 mL ですか。その値《あたい》を書きなさい。

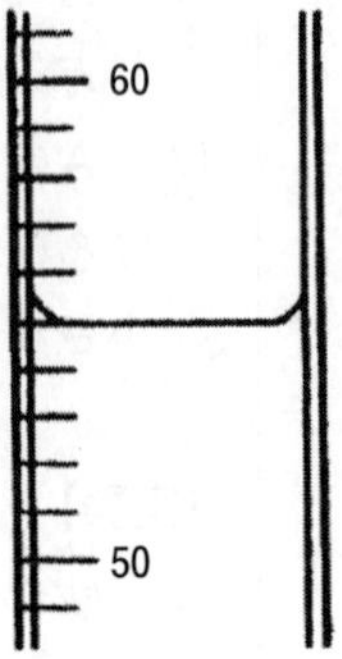

図１

問２　どちらが食塩水であるかについて，「それぞれの液を少しだけ蒸《じょう》はつ皿にとって，熱すればいい」と考えたとき，どのような結果になったものが食塩水であるといえますか。簡単《かんたん》に書きなさい。

問３　水と食塩水を熱する方法のほかに，どちらが食塩水か調べる方法を１つあげ，簡単《かんたん》に書きなさい。

問４　日本でつくられている食塩は，いっぱん的に何からつくられていますか。その名前を書きなさい。

3 メダカを水そうで飼い，からだやたまごのようすを観察することにしました。次の各問いに答えなさい。

問１　メダカを飼うために水そうを用意しました。メダカの飼い方としてまちがっていることはどれですか。次の**ア**～**エ**の中から１つ選び，その記号を書きなさい。

ア　水そうの底によくあらった小石をしく。　**イ**　日光がよく当たる場所に水そうをおく。

ウ　水そうに入れる水はくみおきの水を使う。　**エ**　オオカナダモなどの水草を植える。

問２　メダカを観察していると，たまごがメスのからだについていることに気づきました。そのようすとして正しいものはどれですか。次の**ア**～**エ**の中から１つ選び，その記号を書きなさい。

ア

イ

ウ

エ

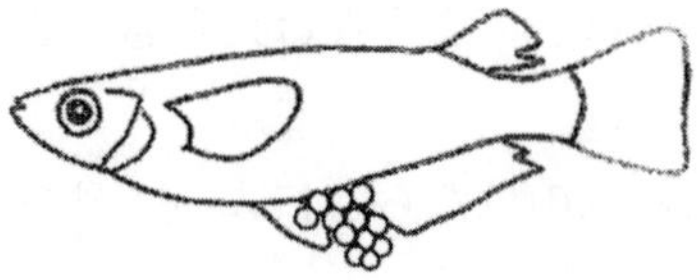

問３　メダカのたまごを解ぼうけんび鏡などを用いて観察していくと，いろいろな特ちょうがみられました。みられたたまごのようすとして正しいものはどれですか。次の**ア**～**エ**の中から１つ選び，その記号を書きなさい。

ア　たまごの直径はおよそ0.1mm である。

イ　日がたつとたまごの形がからだの形になるように変わってくる。

ウ　たまごのまわりに毛のようなものがたくさんある。

エ　受精してから約４週で心ぞうができて動き始める。

問4　たまごからメダカのこどもがかえりましたが，しばらくの間えさを食べませんでした。たまごからかえったばかりのメダカはどのように養分を得て育ちますか。簡単《かんたん》に書きなさい。

4　**図1**のようなつりざおと魚を作り，魚つりゲームをすることにしました。つりざおは電磁石《でんじしゃく》を利用しており，**A**側を魚のつり上げ部分に近づけて，魚をつり上げて遊びます。なお，魚のつり上げ部分には金属や磁石《じしゃく》がつけてあります。これについて，次の各問いに答えなさい。

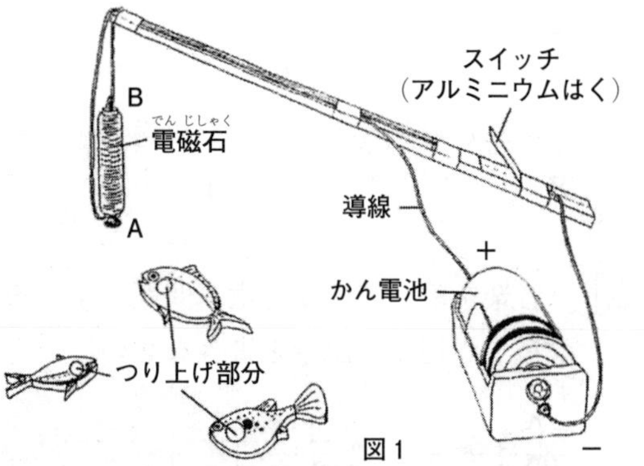

図1

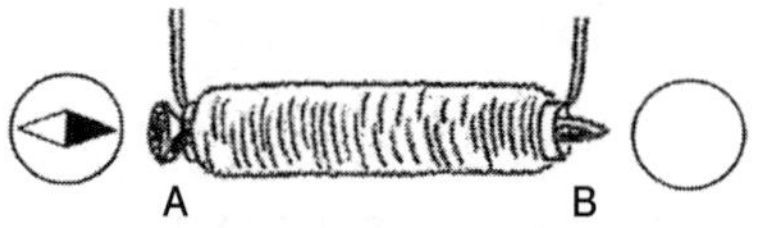

図2

問1　電磁石《でんじしゃく》の横に方位磁針《ほういじしん》を置きスイッチを入れたところ，**A**側の方位磁針《ほういじしん》は**図2**のようになりました。このとき**B**側の方位磁針《ほういじしん》はどのようになりますか。次の**ア**～**エ**の中から１つ選び，その記号を書きなさい。ただし，磁針《じしん》の黒い針《はり》がＮ極を示すものとします。

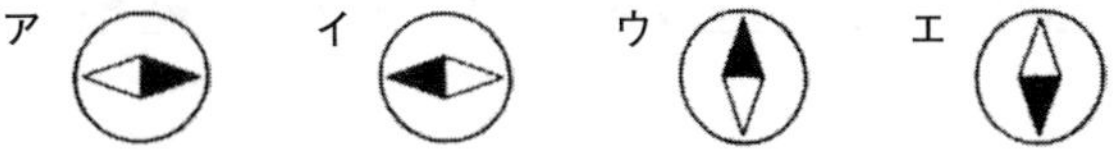

問2　つりざおでより大きく重いものをつり上げることができるように，かん電池の数を２こにすることにしました。どのように導線をつなげばよいですか。解答らんの図に書き入れなさい。ただし，流れる電流の向きは変えないこととします。

問3　かん電池を変えないで，つりざおでより大きく重いものをつり上げることができるようにするためには，電磁石《でんじしゃく》にどのような工夫《くふう》をすればよいですか。簡単《かんたん》に書きなさい。

問4　完成したつりざおを使って遊んだところ，次のような結果でした。

操作《そうさ》 / ねらった魚	スイッチを入れて つりざおを近づけたとき	スイッチを切って つりざおを近づけたとき
イワシ	つり上げることができた	魚は動かず，つり上げることができなかった
タ　イ	魚がにげて，つり上げることができなかった	つり上げることができた
フ　グ	つり上げることができた	つり上げることができた

魚のつり上げ部分は，それぞれどのようになっていますか。次の**ア**～**エ**の中から１つずつ選び，その記号を書きなさい。ただし，**A**側の極は問１のときと変わらないこととします。

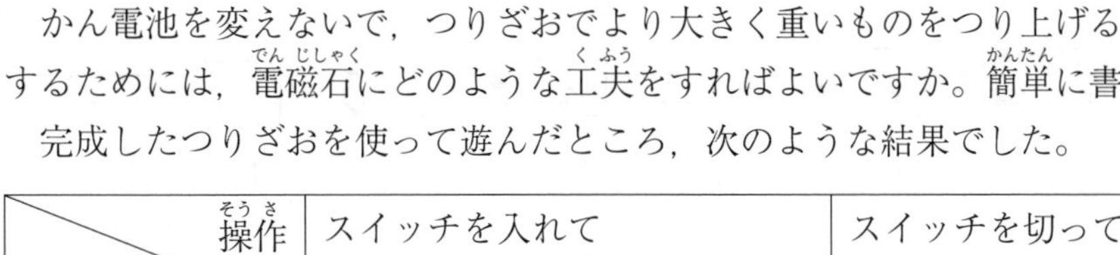

【音　楽】

1～4は放送を聴《き》いて答えなさい。

1　これから演奏《えんそう》する曲は長調，短調のどちらですか。長調なら「長」，短調なら「短」と書きなさい。

2　これから**ア**～**エ**の4曲を放送します。その中から2曲を選び，記号と曲名を書きなさい。

ア　　**イ**　　**ウ**　　**エ**

3　音楽を聴《き》いて楽譜《がくふ》を選ぶ問題です。※印で示された小節にあてはまるものを次の**ア**～**エ**の中から1つ選び，記号を書きなさい。

ア

イ

ウ

エ

4　次の楽譜《がくふ》には，旋律《せんりつ》の伴奏《ばんそう》にふさわしいⅠ，Ⅳ，Ⅴの和音が書かれています。これから，この旋律《せんりつ》に和音の伴奏《ばんそう》をつけた**ア**～**ウ**の3通りの演奏《えんそう》を放送します。Ⅰ，Ⅳ，Ⅴの和音が楽譜《がくふ》に示されているとおりに演奏《えんそう》されているものを**ア**～**ウ**の中から1つ選び，記号を書きなさい。

ア　　**イ**　　**ウ**

5　次の楽譜《がくふ》は4分の3拍子《びょうし》，4小節のリズムの楽譜《がくふ》で，一部分に音符《おんぷ》や休符《きゅうふ》がすでに書かれています。6種類以上の音符《おんぷ》や休符《きゅうふ》を使い，楽譜《がくふ》を完成させなさい。ただし，すでに書かれている音符《おんぷ》や休符《きゅうふ》を使用してもかまいません。

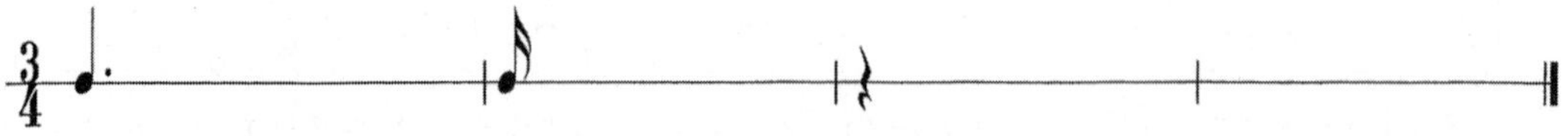

6　次の楽譜《がくふ》について，下の各問いに答えなさい。

問１　①の音の階名を書きなさい。また，この音をへ音記号の楽譜《がくふ》に表すとき，どのように表しますか。次の**ア**～**エ**の中から１つ選び，記号を書きなさい。

ア

イ

ウ

エ

問２　上の楽譜《がくふ》の旋律《せんりつ》を演奏《えんそう》するとき，３小節目に半音高くした方がよい音があります。半音高くする記号を楽譜《がくふ》の正しい場所に書きなさい。

7　次の４つの強弱記号を「強いもの」から「弱いもの」へと順に並《なら》べると，どのようになりますか。正しいものを次の**ア**～**エ**の中から１つ選び，記号を書きなさい。

ア　***mf*** → ***f*** → ***p*** → ***mp***　　**イ**　***mf*** → ***f*** → ***mp*** → ***p***

ウ　***f*** → ***mf*** → ***p*** → ***mp***　　**エ**　***f*** → ***mf*** → ***mp*** → ***p***

【図　工】

1　次の問題をよく読んで，解答用紙に絵とその絵についての説明をかきなさい。

なお，問題用紙のあいているところに下がきをしてもかまいません。

〈問題〉

６年生最後の図画工作の授業で「自分がこの一年間で成長した姿《すがた》」というテーマで，自分の成長した姿《すがた》を自分の手の形に見立てて表現し，発表することになりました。

こめた思いを相手に伝えられるように，自分の手の形を写し，その線を利用して，考えた色をつけたいと思います。

下の**《条件》**に従《したが》い，《注意》をよく読んで，〈解答らん〉の中にかきなさい。

また，絵にこめた思いを，写した手の形とつけた色でどのように工夫《くふう》して表したのかについて，説明をかきなさい。

《条件》

○絵にどのような思いをこめるのかをよく考え，美しく仕上げること。

○クレヨンの特ちょうを生かし，工夫《くふう》して色をつけること。

○写した手の形だとわかるような形を必ず一つ取り入れること。

《注意》

○２Ｂ以上のこさのえんぴつを使ってもかまいません。

○コンパスと定規を使ってもかまいません。

○色は何色《なんしょく》使ってもかまいません。

○手の形は，手だとわかればどのような形でもかまいません。

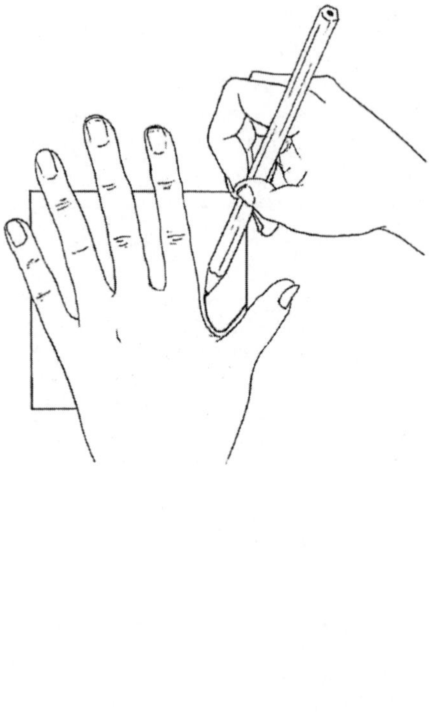

【家　庭】

1　**図1**のような「マイバッグ」をつくりたいと思います。
<つくり方>を読み，各問いに答えなさい。

図1

> <つくり方>
> **1**　大きさを決めて布をたつ。
> **2**　布のうらに，できあがりの大きさのしるしをつける。
> **3**　布を中表にして，わきをぬう。
> **4**　出し入れ口をぬう。

問1　<つくり方>の**1**について，できあがりの大きさにぬいしろを加えてから，布をたちます。そのため，出し入れ口(上下)を5cmずつ，わき(左右)を2cmずつのぬいしろを加えたいと思います。布の大きさをたてと横を何cmに決めて布をたてばよいですか。それぞれ，たてと横の寸法《すんぽう》を書きなさい。

問2　<つくり方>の**2**と**3**について，ミシンぬいをするために，しつけぬいを行いたいと思います。しつけぬいをする際のまち針《ばり》の止め方について，正しいものを**図2**の**ア**～**エ**の中から選び，その記号を書きなさい。

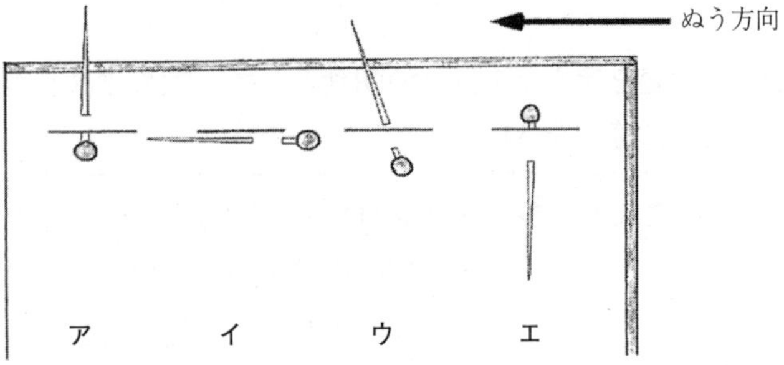

図2

問3　ミシンを使って布をぬうときは，**ボビンに下糸を巻《ま》き，下糸を準備すること**から始め，**おさえを下ろしてぬい始め**ます。この2つの手順の間には4つの手順が入ります。その手順を示した**ア**～**エ**を正しい順序に並《なら》べ替《か》え，その記号を書きなさい。

ア　はずみ車を回して，上糸を引き，上がってきた下糸を引き上げる。
イ　上糸を糸立て棒《ぼう》から順番にかける。
ウ　下糸を入れる。
エ　布をおさえの下に置き，ぬい始めの位置に針《はり》をさす。

問4　ミシンに下糸を入れるときの，ボビンに巻《ま》き付いている下糸の向きについて，**ア**と**イ**のどちらが正しいですか。ふさわしいものを選び，その記号を書きなさい。

ア
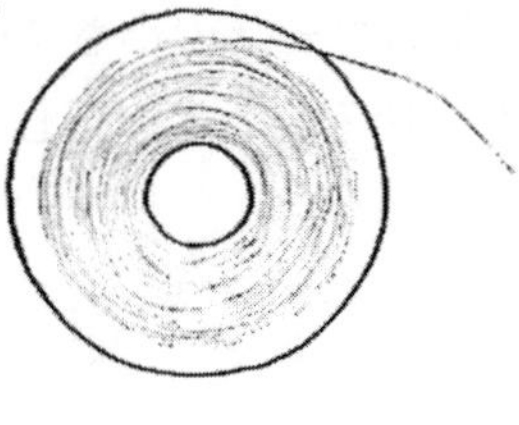

イ
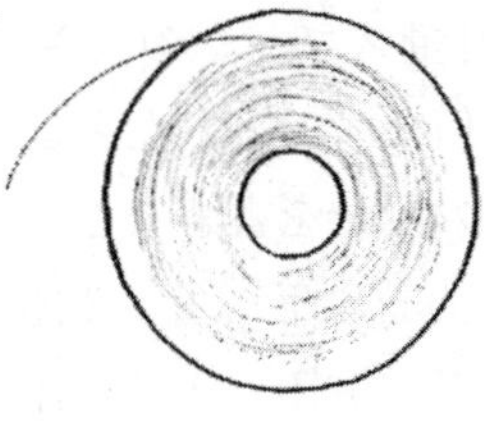

問5　ミシンの下糸を出すための操作《そうさ》として，**図3**のミシンのはずみ車を**ア**と**イ**のどちらの方向に回すのが正しいですか。正しいものを選び，その記号を書きなさい。

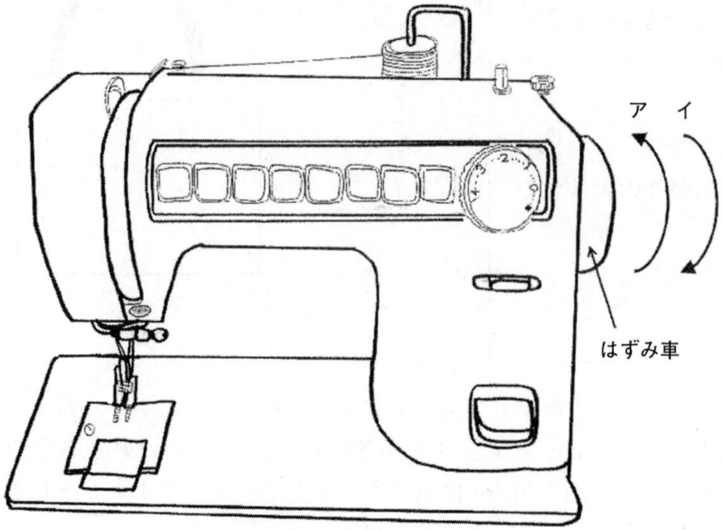

図3

2　栄養を考えた1食分の朝食として，次の4品を調理することにしました。これについて，各問いに答えなさい。

＜こんだて＞	・パン(ロールパン)　　・コーンスープ(コーン，牛乳《ぎゅうにゅう》) ・さけのホイルバター焼き(さけ，バター，玉ねぎ，しめじ) ・ゆで野菜サラダ(カリフラワー，にんじん，さやいんげん)

問1　(　　)内の材料は，体内でおもなはたらきをする3つの食品グループに分けられます。このうち，「おもにエネルギーになる食品」に当たるものをすべて書きなさい。

問2　ゆで野菜サラダをつくるには，水からゆでる野菜と，ふっとうした湯でゆでる野菜とを分けて調理をします。①カリフラワー，②にんじん，③さやいんげんの野菜のゆで方について，組み合わせの正しいものを次の**ア**～**エ**の中から1つ選び，その記号を書きなさい。

ア　①　水から　②　水から　③　ふっとうした湯で
イ　①　水から　②　ふっとうした湯で　③　ふっとうした湯で
ウ　①　ふっとうした湯で　②　ふっとうした湯で　③　水から
エ　①　ふっとうした湯で　②　水から　③　ふっとうした湯で

問3　ゆで野菜サラダにソース(ドレッシング)をかけるため，酢《す》，ごま油，しょうゆをそれぞれ25mlずつ混ぜてつくります。①計量スプーンの大さじ，②計量スプーンの小さじの両方をかならず使ってはかるとしたら，何杯《はい》ずつ入れたらよいですか。組み合わせの正しいものを次の**ア**～**エ**の中から1つ選び，その記号を書きなさい。

ア　①　2杯《はい》　②　1杯《ぱい》　**イ**　①　2杯《はい》　②　2杯《はい》
ウ　①　1杯《ぱい》　②　1杯《ぱい》　**エ**　①　1杯《ぱい》　②　2杯《はい》

3　昨年の12月より，衣服の手入れに必要な取り扱《あつか》い絵表示が，国際的に使われている表示へと変わりました。その新しい表示について**図 4** の表示の意味を正しく説明しているものを次の**ア**～**エ**の中から１つ選び，その記号を書きなさい。

図 4

ア　手洗《あら》いをする。洗《せん》たく機は使用しない。洗《せん》たく温度は40度以下とする。

イ　手洗《あら》いをする。洗《せん》たく機は使用しない。

ウ　手洗《あら》いをする。洗《せん》たく機の弱水流で洗《あら》うこともできる。洗《せん》たく温度は40度以下とする。

エ　手洗《あら》いをする。洗《せん》たく機の弱水流で洗《あら》うこともできる。

4　夏の住まいをすずしく快適に過ごすために，冷房《れいぼう》器具を使用することがあります。しかし，冷やすためには多くの電気エネルギーが必要となるため，必要なときだけ使用し，使い方を工《く》夫《ふう》する必要があります。冷房《れいぼう》器具を使う際，省エネルギーにつながるよう，むだなく活用するためにはどのような工夫《くふう》をすればよいですか。自分でできる効果的な方法を１つ書きなさい。

条件1・二つの段落《だんらく》に分けて書くこと。
条件2・はじめに、どちらの機種を選んだのかを書くこと。
条件3・その機種を選んだ理由を〈おばあさんの話〉をふまえて具体的に書くこと。

問3　次の故事成語と意味の組み合わせとして合っているものは、**ア**～**エ**のどれですか。一つ選び、その記号を書きなさい。

【故事成語】

①　推敲《すいこう》　②　矛盾《むじゅん》　③　蛇足《だそく》

【意味】

A　十分完成しているもののあとに付け加えるよけいなもの。
B　詩文の字句や文章を十分に練《ね》り、書きなおしていくこと。
C　二つの物事がくいちがっていて、つじつまが合わないこと。

ア　①―A　②―C　③―B
イ　①―B　②―A　③―C
ウ　①―C　②―B　③―A
エ　①―B　②―C　③―A

問4　次の漢字の画数を書きなさい。（数字・漢数字どちらでも構いません。）

適

問5　次の文章は、総合的な学習の時間に講師としてきてくれた方への、お礼の言葉の一部です。この中から、敬語《けいご》が正しく使われていない部分を一か所探《さが》し、その部分を正しく直して書きなさい。

本日は私《わたし》たちのためにお越《こ》しくださり、ありがとうございました。私《わたし》は先生の話をお聞きになり、学び続けることの大切さを知ることができました。また、貴重《きちょう》な資料を拝見《はいけん》し、これまで自分たちで進めてきた学びを深めることができました。……

問6　次の文の――線部のかなづかいについて、合っていれば○を、間違《まちが》っている場合にはその部分を正しく直し、――線部を改めて書きなさい。

わたしはいつもどうりに家を出て、学校に行った。

問7　次の①～⑤の――線部の漢字には読みがなを書き、カナは漢字で書きなさい。また、⑥の＝線部は、送りがなもふくめて書きなさい。

①　改札を通る。
②　砂糖《さとう》に虫が群がる。
③　赤い布を織る。
④　温暖《おんだん》なキコウ。
⑤　えんぴつをカす。
⑥　小説家をココロザス。

もった仲間が集まって、みんなで決めた目標のもとで活動をしています。（**イ**）また、活動の計画や運営も自分たちで考えて行い、三月には一年の成果を発表します。これが、去年の発表会の様子を写した写真です。（**ウ**）
　次に、どのようなクラブがあるのかを紹介《しょうかい》します。運動クラブが八つ、文化クラブが七つで、合計十五のクラブがあります。これが一らん表です。どのクラブも上級生が下級生にていねいに教えてくれるので安心です。（**エ**）去年の四年生に対して行ったアンケートでは、ほぼ全員がクラブ活動に満足しているという結果も出ています。みなさんにも楽しいクラブ活動を経験してほしいと思います。

(1)　この説明の中で、間を取った方がよいところとして適切なものを（**ア**）～（**エ**）の中から一つ選び、その記号を書きなさい。

(2)　たかし君の話し方の工夫《くふう》として適切なものを、次の**ア**～**エ**の中から一つ選び、その記号を書きなさい。

ア　聞き手の質問に答えて、理解しやすい説明をしている。
イ　例を挙げることで、より説得力のある説明をしている。
ウ　時間の流れに沿《そ》って、物事を順序立てて説明している。
エ　自分の立場を明確にし、反論《はんろん》を予想して説明している。

問2　花子さんは、花子さんのおばあさんからデジタルカメラを買うための相談を受けています。次の〈おばあさんの話〉を読んで、あとの問いに答えなさい。

〈おばあさんの話〉

　今度、友達とハイキングに行くのに、デジタルカメラを買おうと思っているの。でも種類がたくさんあって、どれを買っていいのか分からないから、教えてちょうだい。
　とりたい写真は、まずは友達との記念写真ね。あとは、ハイキングをしながら風景もとりたいわ。

　花子さんは店に行き、候補《こうほ》を二つまでしぼりました。あなたなら、おばあさんに**【機種A】**と**【機種B】**のどちらをすすめますか。あとの条件にしたがって書きなさい。なお、グラフの**5**～**0**の数字は、大きいほど性能がよいことを示します。

【機種A】

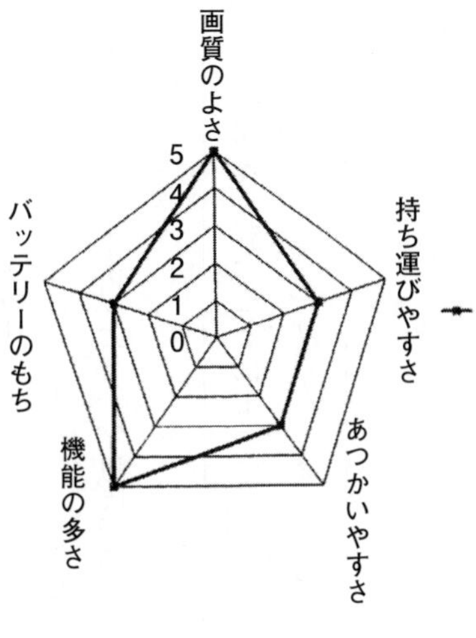

【機種B】

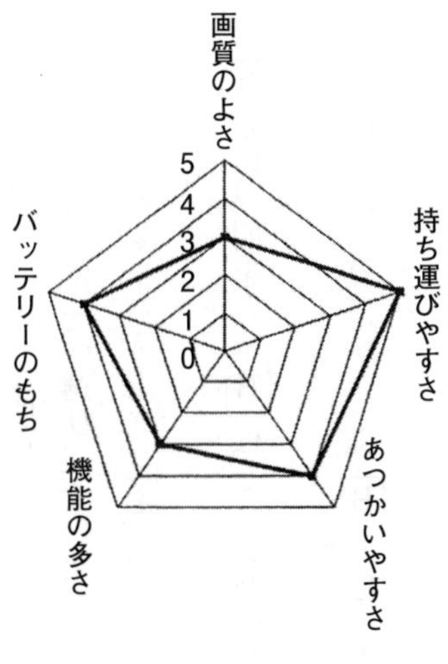

生活のなかから、偶然《ぐうぜん》に人間が発見した食品だったのでしょう。⑤すばらしい発見です。

（齋藤忠夫《さいとうただお》『チーズの科学』による）

※1　搾乳《さくにゅう》…牛ややぎなどの乳《ちち》をしぼりとること。
※2　発酵《はっこう》…微生物《びせいぶつ》が糖分《とうぶん》などを分解して他の物質に変えること。
※3　酵素《こうそ》…ここでは、発酵《はっこう》に影響《えいきょう》を及《およ》ぼす物質のこと。

問1　①チーズ　とありますが、これに関わる次の問いに答えなさい。

(1)　チーズは何を原料としていますか。本文中から書き抜《ぬ》きなさい。

(2)　筆者の挙げているチーズの食品としての特長を、本文中の言葉を使って二つ挙げなさい。

問2　②それ　とありますが、「それ」は何を指しますか。本文中から十四字で書き抜《ぬ》きなさい。句読点や記号も字数にふくみます。

問3　③その起源《きげん》　とありますが、チーズづくりがはじまったのはいつ頃《ごろ》ですか。次の**ア**～**エ**の中から適切なものを一つ選び、その記号を書きなさい。

ア　人類が野生動物を狩《か》りはじめた時期。
イ　人類が家畜《かちく》の肉を食べはじめた時期。
ウ　人類が家畜《かちく》の搾乳《さくにゅう》をしはじめた時期。
エ　人類が微生物《びせいぶつ》を発見しはじめた時期。

問4　④次の逸話《いつわ》　とありますが、逸話《いつわ》の一部を次のように変えた場合、逸話《いつわ》と同じようにチーズができるのはどれですか。次の**ア**～**エ**の中から適切なものを一つ選び、その記号を書きなさい。

ア　旅商人はロバに乗って砂漠《さばく》を旅した。
イ　麻《あさ》で作った布袋《ぬのぶくろ》を水筒《すいとう》にしていた。
ウ　水筒《すいとう》に川からくんだ水を入れていた。
エ　日没《にちぼつ》後に出発して夜明け前に旅を終えた。

問5　段落《だんらく》[A]と[B]はどのような関係になっていますか。次の**ア**～**エ**の中から適切なものを一つ選び、その記号を書きなさい。

ア　[A]は新たな話題を提示して、[B]はそれを詳《くわ》しく説明している。
イ　[A]は詳《くわ》しい説明をし、[B]はそれをわかりやすくまとめている。
ウ　[A]で説明した内容について、[B]ではその問題点を述べている。
エ　[A]で説明した内容に対して、[B]では異《こと》なる意見を述べている。

問6　筆者が　⑤すばらしい発見です　と述べた理由を次のようにまとめました。空らん部分に合うように、「人類」「生活」という二つの言葉を使って三十字以上五十字以内で説明しなさい。言葉を使う順序は問いません。

> チーズが発見されたことによって［　　　　　　　　］きっかけができたから。

二

次の各問いに答えなさい。

問1　次は、児童会長のたかし君が、四年生に対してクラブ活動の説明をしている場面です。これを読んであとの問いに答えなさい。

> これから、クラブ活動について説明します。（**ア**）クラブ活動の全体的なことと、クラブの紹介《しょうかい》に分けて話すのでよく聞いてください。
> まず、クラブ活動の全体について説明します。クラブ活動は、毎週木曜日の六時間目に行われます。同じ興味や関心を

二〇一七年度
埼玉大学附属中学校

【国　語】

一　次の文章を読んで、あとの各問いに答えなさい。

まず、そもそも①チーズとはどのように生まれ、進化してきたのかを少したどってみることにします。歴史的な側面から見ても、チーズという食べものはじつにユニークです。

乳《ちち》を原料とするチーズの歴史を知ることは、「乳《ちち》と人間の歴史」を知ることです。そして②それは、人と野生動物の関係を考えることでもあります。乳《ちち》は哺乳《ほにゅう》動物の子にとって、生存《せいぞん》に欠かせない重要な栄養です。その一部を利用して、おいしくて保存性《ほぞんせい》にも優《すぐ》れた食品をつくるという仕事は、やはり人類にしかできなかったことでしょう。家畜《かちく》は肉を食べてしまうとそれで終わりですが、※1搾乳《さくにゅう》した乳《ちち》をうまく利用することで、人類が家畜《かちく》と長期間にわたって共存《きょうぞん》する新しいしくみが生まれたのです。

そして人類はさらに、微生物《びせいぶつ》による※2発酵《はっこう》と熟成《じゅくせい》という作用によって、乳《ちち》をより質の高いものに変えていくことを可能にしました。チーズの歴史はまさに、人類と家畜《かちく》や微生物《びせいぶつ》とのつきあい方の歴史でもあり、将来《しょうらい》にわたって人類が、安定した生活を獲得《かくとく》するための歴史でもありました。

チーズは加工食品の中で最も歴史の古い食べものの一つと考えられています。③その起源《きげん》は、人類が野生動物を飼《か》い馴《な》らして「家畜《かちく》」として飼いはじめたあと、搾乳《さくにゅう》が開始された時期であろうと考えられています。帯広畜産《おびひろちくさん》大学の平田昌弘《ひらたまさひろ》准教授《じゅんきょうじゅ》によりますと、野生動物の家畜化《かちくか》の時期については諸説《しょせつ》があり、紀元前８５００年ごろという非常に古い時代にまでさかのぼると考えられるそうです。また同様に、野生動物を家畜化《かちくか》して以降《いこう》に搾乳《さくにゅう》が開始された時期についても諸説《しょせつ》あり、少なくとも紀元前７０００年紀にまでさかのぼると考えられているそうです（『ユーラシア乳文化論《にゅうぶんかろん》』より）。これらから、チーズづくりはおよそ８０００年前には始まっていたのではないかと推定《すいてい》することができます。

原料となる乳《ちち》を安定的に得るためには、哺乳《ほにゅう》動物（ヒツジやウシなど）の「家畜化《かちくか》」が必要です。それを実現して最初に安定的な乳搾《ちちしぼ》りをスタートさせたのは西アジア（中東）と推定《すいてい》されていて、チーズづくりもここが発祥《はっしょう》の地と考えられています。

最初につくられたチーズについては諸説《しょせつ》ありますが、いちばん有名なのが④次の逸話《いつわ》です。

〝アラビアの旅商人が、ラクダに乗って砂漠《さばく》を横断する旅に出た。彼《かれ》は乾燥《かんそう》したヒツジの胃袋《いぶくろ》でつくった水筒《すいとう》に、乳《ちち》を入れていた。一日の旅を終え、喉《のど》を潤《うるお》そうと水筒《すいとう》を開けると、乳《ちち》は透明《とうめい》な液体と白く柔《やわ》らかい固まりに分かれていた。彼《かれ》は透明《とうめい》な液体によって喉《のど》の渇《かわ》きが癒《いや》され、白く柔《やわ》らかい塊《かたまり》によって飢《う》えが満たされた〟

A　この話の真偽《しんぎ》はわかりませんが、その情景は目に浮《う》かぶようです。チーズづくりが日常生活の中の偶然《ぐうぜん》の発見と驚《おどろ》きからスタートしたというのは、おそらく間違《まちが》いではないでしょう。ちょっと科学的に、水筒《すいとう》として使ったヒツジの胃袋《いぶくろ》の中で何が起こったのかを考えてみます。

B　まず胃の組織から、乳《ちち》を固める特別な※3酵素《こうそ》（のちに凝乳酵素《ぎょうにゅうこうそ》「キモシン」と呼《よ》ばれるタンパク質分解酵素《こうそ》）が溶《と》けだしてきます。太陽熱によって乳《ちち》と酵素《こうそ》が適温に温められると、酵素《こうそ》反応が徐々《じょじょ》に進むことで、乳《ちち》が凝固《ぎょうこ》します。さらに、ラクダの歩行による振動《しんどう》が、乳《ちち》を液体と固体に分離《ぶんり》したと考えられます。チーズの起源《きげん》は正確にわかっているわけではありませんが、おそらくはこのような庶民《しょみん》の日常の

2017年度 埼玉大学附属中学校 ▶解説と解答

算 数 ※試験時間・満点…非公表

解 答

1 **問1** (例) (4＋4＋4)÷4＝3 **問2** エ **問3** (例) 解説の図⑤を参照のこと。 **問4** (例) 解説を参照のこと。 2 **問1** **ア**…兄，**イ**…4 **問2** 180m
3 (例) 解説の図を参照のこと。 4 5つ

解 説

1 四則計算，割合と比，展開図，グラフ

問1 (4＋4＋4)÷4＝3，(4×4－4)÷4＝3などとすればよい。

問2 赤いテープの長さを□cmとすると，$□\times\frac{4}{3}=120$(cm)と表すことができるから，$□=120\div\frac{4}{3}=90$(cm)と求められる。つまり，白いテープと赤いテープの長さは右の図のようにまとめることができるので，ア，イは誤りである。また，120：90＝4：3より，ウも誤りである。さらに，$90\div120=\frac{90}{120}=\frac{3}{4}=0.75$より，エは正しい。よって，正しく述べられているのはエである。

白いテープ…120cm
赤いテープ…90cm

問3 はじめに，下の図①のように立方体の頂点に記号をつける。次に，下の図②のように面ABCDだけをかいたとき，辺DCだけは切り開かれていないから，この辺には面がつながり，下の図③のようになる。さらに，辺HDと辺GCは切り開かれていないので，これらの辺には面がつながり，下の図④のようになる。同様に，辺EHと辺FBは切り開かれていないから，これらの辺には面がつながり，下の図⑤のようになる(解答用紙に頂点の記号はかかなくてよい)。

図① 図② 図③ 図④ 図⑤

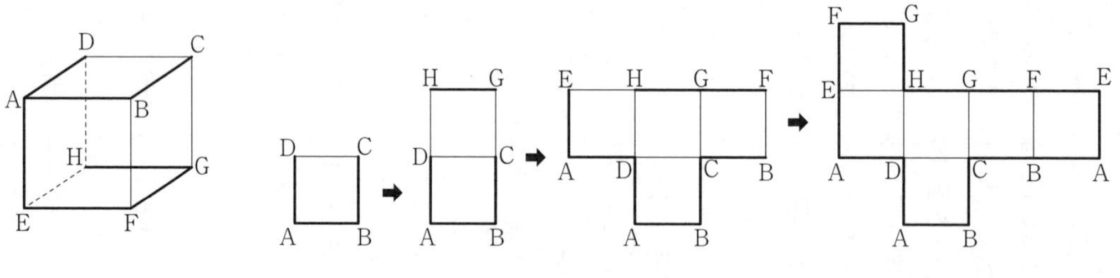

問4 帯グラフは，円グラフと比べて，「1985年から2015年にかけて，それぞれの農産物の生産額の割合がどのように変化したのか」を読み取りやすいというよさがある。

2 グラフ—速さ

問1 問題文中のグラフより，兄は家を出発してから16分後に学校に着き，妹は家を出発してから20分後に学校に着いたことがわかる。よって，兄の方が，20－16＝4(分)早く学校に着いたから，アには「兄」，イには「4」が入る。

問2 (速さ)＝(道のり)÷(時間)より，兄の速さは分速，1200÷16＝75(m)，妹の速さは分速，

1200÷20＝60(m)とわかる。また，(道のり)＝(速さ)×(時間)より，兄が12分で進む道のりは，75×12＝900(m)，妹が12分で進む道のりは，60×12＝720(m)と求められる。よって，家を出発してから12分後に，兄と妹は，900－720＝180(m)はなれている。

〔ほかの解き方〕 兄は妹よりも1分あたり，75－60＝15(m)多く歩くので，12分では，15×12＝180(m)多く歩く。よって，家を出発してから12分後に，兄と妹は180mはなれている。

3 平面図形─辺の比と面積の比

3つの図形はすべて高さが等しい台形と考えることができる(ただし，平行四辺形や長方形も台形のなかまと考え，三角形は上底または下底の長さが0cmの台形と考える)。すると，3つの台形の面積の比を3：6：7にするためには，3つの台形の{(上底)＋(下底)}の比を3：6：7にすればよいことになる。また，3つの台形の{(上底)＋(下底)}の和は，8＋8＝16(cm)だから，3つの台形の{(上底)＋(下底)}をそれぞれ，$16\times\frac{3}{3+6+7}=3$(cm)，$16\times\frac{6}{3+6+7}=6$(cm)，$16\times\frac{7}{3+6+7}=7$(cm)にすればよい。よって，たとえば下の図のような分け方が考えられる。

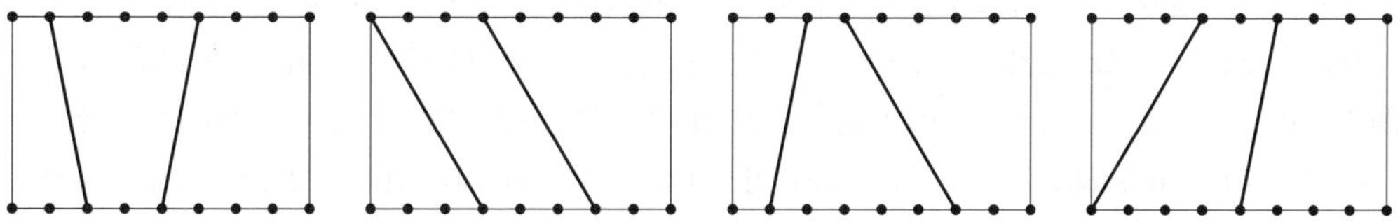

4 立体図形─面積

巻かれた状態のテープを正面から見ると右の図1のようになり，これをはがしてまっすぐに伸《の》ばした状態のテープを正面から見ると右の図2のようになる。このとき，テープの体積は変わらないから，図1と図2のかげをつけた部分の面積も変わらない。また，図1のかげをつけた部分の面積は，4×4×3－2×2×3＝36(cm^2)なので，図2のかげをつけた部分の面積も36cm^2であり，□の長さは，36÷0.04＝900(cm)とわかる。次に，テープのはばは5cmだから，立方体の1つの面にはるには，長さ30cmのテープが，30÷5＝6(本)必要である。よって，1つの面に必要なテープの長さは全部で，30×6＝180(cm)と求められる。したがって，900÷180＝5より，ちょうど5つの面にはれることがわかる。

図1

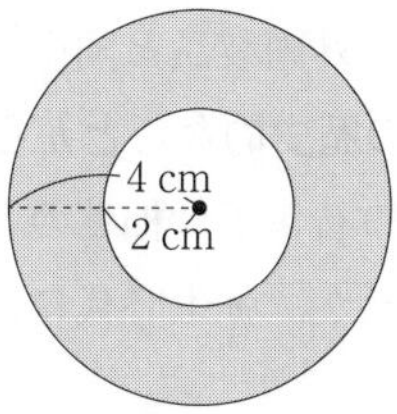

図2

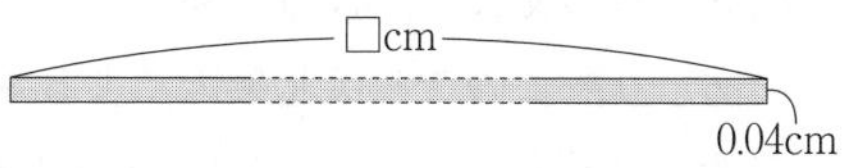

社会 ※試験時間・満点…非公表

解答

1 **問1** エ　**問2** イ→ア→ウ　**問3** 大西洋　**問4** ア　**問5** イ　**問6** 関税　**2** **問1** ウ　**問2** イ　**問3** エ　**問4** (例) 花火を見物すること。　**問5** 高度経済成長　**3** **問1** ア　**問2** ウ　**問3** **改正前**…20(歳)　**改正後**…18(歳)

問4　基本的人権

解説

1 世界一周旅行を題材にした地理の問題

問1　米作りでは，かわいた土を掘《ほ》り起こす田おこしののち，田植えのために田に水を入れて土をくだく代《しろ》かきを行う。そして，おおむね初夏に田植えをし，田の水をぬく中干《なかぼ》しをして稲を生長させたあと，稲かりをする。稲かりは一般的に秋に行われるので，エが選べる。

問2　世界地図に記された矢印は，アメリカ(合衆国)の東海岸から島国のイギリスへ向かい，アフリカ大陸の北東に位置するエジプトを経たのち，ユーラシア大陸北部の大部分を占《し》めるロシアへと向かっているので，イ→ア→ウとなる。アのスケッチはピラミッドとスフィンクスをえがいたもので，いずれもユネスコ(国連教育科学文化機関)の世界文化遺産に登録されている。

問3　大西洋は南北アメリカ大陸とヨーロッパ・アフリカの間に横たわる，地球上で２番目に面積の広い海である。

問4　鳥取県は中国地方の北東部に位置し，日本で最も人口の少ない都道府県(約57万人)である。福井県は中部地方の北西部に位置し，県西部の若狭湾《わかさわん》は，海岸線の入り組んだリアス海岸として知られる。なお，Ａは島根県，Ｄは石川県。統計資料は『日本国勢図会』2017／18年版による。

問5　1960年の北アメリカへの輸出額は，14596(億円)×0.3＝4378.8(億円)，2012年の北アメリカへの輸出額は，637480(億円)×0.19＝121121.2(億円)で，1960年に比べて2012年の北アメリカへの輸出額は増加しているので，イが誤っている。

問6　関税は貿易にかかる税金のこと。一般的には輸入品にかけられるものをいい，国内産業を保護したり，外国製品と国産品の価格の差を調整したりするために課せられる。

2 各時代の歴史的なことがらについての問題

問1　アの石包丁は稲穂の収穫，イの土器は食べ物の保管や煮炊《にた》きなど，エは農作業などに用いられたものだが，弥生時代につくられた青銅器であるウの銅鐸《どうたく》は，祭りごとに用いられたと考えられている。

問2　Ｂの文より，板石塔婆《とうば》は「1309年につくられたもの」だとわかる。1309年は鎌倉時代の後半にあたり，このころは北条氏による執権政治が行われていた。北条時宗は，1274年と1281年の元軍の襲来《しゅうらい》(元寇《げんこう》)のさいに御家人をまとめて戦い，これをしりぞけた鎌倉幕府の第８代執権である。

問3　Ｃの図から，●で示された外様大名は東北地方や中国・四国地方，九州地方など，江戸(東京)からはなれたところにおかれたとわかるので，エがふさわしい。

問4　1733年，江戸幕府の第８代将軍徳川吉宗は，前年の享保の飢饉《ききん》による死者をとむらうため，隅田川で水神祭を行った。このとき隅田川にかかる両国橋付近で花火が上げられたのをきっかけに，花火は夏の風物詩として庶民《しょみん》の間に広まった。左の浮世絵《うきよえ》は歌川豊国・広重《ひろしげ》の「江戸自慢《じまん》三十六興　両こく大花火」，右の浮世絵は豊原国周《くにちか》の「隅田川開化花火」で，いずれも花火を楽しむ庶民のようすをえがいたものである。

問5　高度経済成長の前半にあたる1950年代後半から1960年代にかけて家庭電化製品が急速に普《ふ》及《きゅう》し，白黒テレビ，電気洗たく機，電気冷蔵庫は「三種の神器」としてもてはやされた。

3 日本国憲法についての問題

問1　1945年に太平洋戦争が終わると，日本を占領した連合国軍の指示にもとづいて民主的な憲法がつくられ，1946年11月３日に日本国憲法として公布，翌47年５月３日に施行された。

問2　国民主権とは，国の政治のあり方を最終的に決める力が国民にあることを意味する。裁判を受けることは個人または団体の権利であって，国民主権とは特に関係がない。

問3　2015(平成27)年６月，それまで20歳以上としていた選挙権年齢を18歳以上に引き下げる改正公職選挙法が公布され，翌16年６月に施行された。

問4　資料には自由権や教育を受ける権利(社会権)，参政権などを表す内容が書かれている。これらは基本的人権，またはそれを守る権利として日本国憲法で保障され，第11条では「侵《おか》すことのできない永久の権利として，現在及《およ》び将来の国民に与えられる」と述べられている。基本的人権の尊重は，国民主権，平和主義とともに日本国憲法の三大原則となっている。

理　科　※試験時間・満点…非公表

解　答

1　**問1**　エ　**問2**　(例)　火山のはたらきによって，ふん火で放出された火山灰が積もってできた。　**問3**　運ぱん(作用)　**問4**　イ　2　**問1**　55.0mL　**問2**　(例)　白いつぶが残ったものが食塩水である。　**問3**　(例)　同じ体積あたりの重さを比べて，重い方が食塩水であると調べる。　**問4**　海水　3　**問1**　イ　**問2**　イ　**問3**　ウ　**問4**　(例)　はらの下にあるふくろの中の養分を使う。　4　**問1**　ア　**問2**　解説の図を参照のこと。　**問3**　(例)　コイルの巻き数を増やす。　**問4**　**イワシ**…ア　**タイ**…エ　**フグ**…ウ

解　説

1　地層のでき方についての問題

問1　けんび鏡は，解ぼうけんび鏡やそう眼実体けんび鏡に比べて高い倍率にすることができ，より細かい部分まで観察することができる。しかし，けんび鏡は，プレパラートをつくって観察しなければならず，立体的なものを観察するには向かない。解ぼうけんび鏡は，レンズと観察したいものの間に空間があるので，観察したいものをそのままのせることができ，解ぼうしたり，土のつぶなどの立体的なものを観察したりするのに適している。さらに，そう眼実体けんび鏡では，接眼レンズが２個あるため，土のつぶなどを立体的に見ることができる。

問2　図２のように角ばったつぶは，流れる水のはたらきを受けていないことを示している。Aの層は，火山のはたらきによって，火山のふん火で放出された火山灰などが積もってできた層と考えられる。

問3　流れる水が砂やどろなどの土砂を運ぶはたらきを，運ぱん(作用)という。水の流れが速く，水量が多いと，このはたらきはさかんになる。なお，流れる水が地面をけずるはたらきはしん食(作用)，川底や海底などに土砂を積もらせるはたらきをたい積(作用)という。

問4　砂とどろを混ぜた土を水で流すと，プラスチック板の上では，つぶの大きな砂が下の方に積もって層をつくり，その上につぶの小さなどろが積もって層をつくる。土を２度に分けて流すと，

砂とどろが交互《こうご》に積もった重なりの層ができる。

2 食塩水と水の判別についての問題

問1　メスシリンダーで食塩水や水の体積を読み取るときは，液面の中央部(もっとも低い部分)を，１目もりの10分の１の位まで読む。図１のメスシリンダーでは，50と60の目もりの間が10等分されているので，１目もりは１mLである。したがって，図１は55.0mLと読み取れる。

問2　液を少しだけ蒸《じょう》はつ皿にとって熱すると，食塩水の場合は水分が蒸はつしたあと，食塩の白いつぶが残る。一方，水の場合は，水が蒸はつするとあとには何も残らない。

問3　水に食塩をとかすと，食塩をとかした分だけ重さは重くなるが，体積はほとんど変わらない。そのため，同じ体積どうしの重さを比べたとき，食塩水の方が水よりも重くなる。このことを利用して，２種類の液から同じ体積ずつとってその重さをはかると，重い方が食塩水であるとわかる。

問4　日本は海に囲まれた国土であるという特ちょうがあり，昔から塩はおもに海水から取っている。

3 メダカについての問題

問1　メダカを入れた水そうは，直射日光の当たらない明るいところに置く。直射日光が当たって水温が上がりすぎると，メダカが死んでしまうおそれがある。また，水温が高いと，水に酸素がとけにくくなり，メダカが呼吸しにくくなる。

問2　メダカのオスはウ，エのように背びれに切れこみがあり，メスはア，イのように背びれに切れこみがない。たまごはメスのはらびれとしりびれの間にあるこう門から放出されるので，イが選べる。

問3　メダカのたまごのまわりには，毛のようなものがたくさんある。そのうちとくに長いものを付着毛といい，たまごを水草にからみつかせるはたらきをする。メダカのたまごの直径は約１mmである。産卵後，成長するにつれてたまごの中に変化が現れ，水温25℃くらいの場合は11日前後でふ化して，子メダカがたまごから出てくる。このとき，産卵から５日目くらいに，たまごの中で心ぞうが動くようすが見られるようになる。

問4　ふ化直後の子メダカは，はらの下に養分の入ったふくろがある。ふ化して２～３日は，このふくろの中の養分を使って育つ。自分でえさを取るようになるのはそのあとである。

4 磁石と電磁石についての問題

問1　図２の電磁石のＡ側のはしは，方位磁針のＮ極を引きつけているので，Ｓ極になっているとわかる。したがって，電磁石のＢ側のはしはＮ極であり，Ｂ側に置いた方位磁針は電磁石側にＳ極が引きつけられてＡ側の方位磁針と同じ向きになる。

問2　より大きく重いものをつり上げることができるようにするためには，電磁石の強さを強くすればよい。かん電池を直列つなぎでつなぐ数を増やしていくと流れる電流が強くなり，電磁石の強さが強くなるので，ここでは２個のかん電池が直列つなぎになるように導線をつなぐ。このとき，図１と同じ向きに電流が流れるようにする。

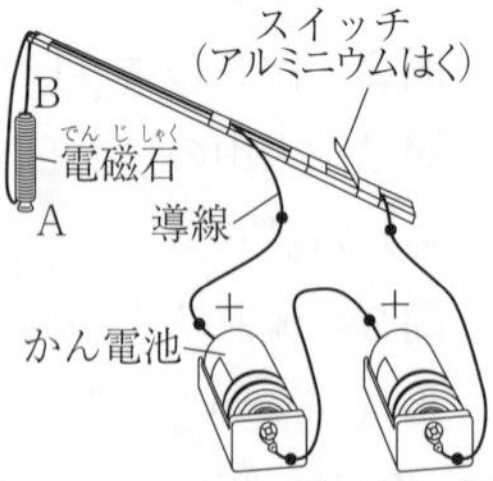

問3　かん電池の数を変えずに電磁石を強くするには，電磁石のコイルの巻き数を増やす，鉄心を太いものに取りかえるなどの方法がある。

問4　イワシの場合は，スイッチを入れて電磁石が磁石のはたらきをするときにだけつり上げることができる。このことから，つり上げ部分は鉄とわかる。タイの場合は，スイッチを入れて電磁石が磁石としてはたらくときに反発している。問１でのべたように電磁石はＡ側がＳ極であることから，このＳ極を近づけると反発するタイのつり上げ部分は，上側をＳ極にした磁石となる。また，つり上げ部分が磁石の場合，スイッチを切って電磁石が磁石としてはたらかないときは，つり上げ部分の磁石が電磁石の鉄心と引き合って魚はつり上がる。このことから，フグの場合も，スイッチを切って電磁石が磁石としてはたらかないときにつり上げることができているので，つり上げ部分が磁石とわかる。電磁石が磁石としてはたらくときにもつり上げられているため，フグのつり上げ部分の磁石は，上側が，電磁石のＡ側のＳ極と引き合うＮ極である。

音　楽　※試験時間・満点…非公表

解　答

1～4　省略。　5　下の図１　6　**問１**　ミ，ウ　**問２**　下の図２　7　エ

図１

図２

解　説

1～4　放送問題につき省略。

5　音符《おんぷ》と休符の意味

４分の３拍子《びょうし》は，４分音符を１拍《ぱく》として，１小節に３拍ある拍子である。すでに書かれている付点４分音符は1.5拍，16分音符は0.25拍，４分休符は１拍になる。このほか，0.5拍ぶんの８分音符や８分休符，２拍ぶんの２分音符や２分休符，0.25拍ぶんの16分休符などを用いて楽譜《がくふ》を完成させればよい。解答にあるのは一例である。

6　楽譜の知識

問１　ト音記号の楽譜に示された①の音は中央のドより２音高いミで，ウが同じ音を表している。ト音記号の楽譜では，アが中央のド，イがレ，エがファに対応する。

問２　示された楽譜は，♯や♭のような調音記号がなく，ラの音を中心に旋律《せんりつ》が構成されていることから，イ短調のものとわかる。短調の音階にはいくつかの種類があるが，音階の中のある１音だけを半音高くするのは，“ラドレミファソ(♯)ラ”という和声的短音階である。よって，３小節目の最後にあるソの音符の左側に，半音高くする記号である♯をつければよい。

7　強弱記号の意味

強く演奏するものから弱く演奏するものへと順に，ｆ(フォルテ・強く)→mf(メゾフォルテ・やや強く)→mp(メゾピアノ・やや弱く)→ｐ(ピアノ・弱く)となる。

図工　※試験時間・満点…非公表

解答

1 省略

解説

1 クレヨンの使い方

成長した姿を表現するには，手の甲《こう》や手の平からのびた指に，のびゆく自分のイメージを重ねることなどが考えられる。上を指さした手の形や，小指・薬指・中指の長さのちがいを生かした形など，指を上手に利用すると，条件を満たせる。指先には成長する力を感じさせるように，赤や黄といった主張の強い色を使う，同じ色でも線の太さを変えるなどの工夫をするとよい。クレヨンは線をかくのに適した画材で，重ねぬりには向いていないので，色が混ざってきたなくならないように注意する。

家庭　試験時間・満点…非公表

解答

1 **問1**　たて…70(cm)　横…44(cm)　**問2**　ア　**問3**　ウ→イ→ア→エ　**問4**　イ　**問5**　イ　2 **問1**　ロールパン，バター　**問2**　エ　**問3**　エ　3 ア
4 (例)　窓の外に緑のカーテンをつくる。

解説

1 ぬいものの仕方，ミシンの使い方

問1　バッグの底の部分は布を折って使うので，バッグのできあがりのたてはばを2倍した長さと，上下2か所のぬいしろを合わせた長さが，布のたての寸法になる。よって，(30×2)+(5×2)=70(cm)と求められる。横の寸法は，バッグのできあがりの横はばに左右のわきのぬいしろを加えればよいので，40+(2×2)=44(cm)となる。

問2　まち針はぬう方向に対して直角に，針の先を外向きになるように止める。エのように内向きにしてしまうと，針が布をおさえる手にささるおそれがある。

問3　下糸の準備ができたら，ボビンの向きに注意し，下糸がミシンのかまのみぞにはまるように入れる。次に上糸の準備をする。糸立て棒からミシンの各場所に糸を通し，最後に針穴に糸を通す。そして左手に上糸を持ち，右手ではずみ車を回して針を下ろし，針がまた上がってきたら上糸を引き，上がってきた下糸を引き上げる。最後に布をおさえの下に置き，ぬい始めの位置に針をさす。

問4　ボビンは下糸が時計回りに巻かれるようにセットするのが正しいので，イがふさわしい。

問5　下糸を出すさいには，左手で上糸を持ち，右手ではずみ車を手前に回すようにする。

2 栄養，ゆで野菜サラダの調理，調理器具の知識

問1　「おもにエネルギーになる食品」とは，栄養素として炭水化物と脂質をふくむものをさすので，示された材料のうち，ロールパンとバターが選べる。

問2　一般的に，火の通りにくい根菜は水からゆで，葉もの野菜や豆類は色が悪くなったり，食感

が残らなくなったりするのを防ぐためにふっとうした湯でゆでる。よって，花野菜といわれるカリフラワーと，豆であるさやいんげんはふっとうした湯で，根菜であるにんじんは水からゆでるとよい。

問３　計量スプーンの大さじ１杯は15mL，小さじ１杯は５mLなので，大さじ１杯と小さじ２杯で25mLになる。

3 洗たく表示記号の知識

図４の表示は，液温40度を限度に手洗いができるという意味である。弱水流で洗える衣服には，液温の限度が書かれた洗いおけの下に線が引かれた表示がついている。なお，手洗いの表示がついたものを洗える洗たく機もあるが，手洗いに比べて衣類がいたみやすい。

4 冷房《れいぼう》器具の効果的な使い方

窓の外に植物を植えて緑のカーテンをつくったり，よしずをつけたりすれば，直射日光がさえぎられて室温を下げることができる。また，冷房器具をつける前に窓や戸を開けて風を通したり，ベランダなどに打ち水をしたりすることも，温度を下げるのに有効である。

国　語　※試験時間・満点…非公表

解　答

一 **問１** (1) 乳　(2) (例) おいしくて栄養がある／保存性に優れている　**問２** 「乳と人間の歴史」を知ること　**問３** ウ　**問４** ア　**問５** ア　**問６** (例) 家畜と長期間にわたって共存することのできる，乳利用というしくみが生まれ，人類が安定した生活を獲得する　**二** **問１** (1) (ウ)　(2) イ　**問２** (／は段落を変える印です。) (例) 「画質のよさ」「機能の多さ」が最高の「５」と評価されている【機種Ａ】をすすめたい。高画質・多機能は，ハイキング先で記念写真や風景をとる目的に合うと思うからだ。／天気や時刻，対象の遠近，対象の動きなどで適切な機能を使い分ければ，いい写真がとれる。また，友達との記念写真なら，とった後に加工できる機能でおもしろい写真やきれいな写真に仕上げられるので，それを友達と共有する楽しさも得られるだろう。「持ち運びやすさ」「あつかいやすさ」「バッテリーのもち」が「３」というのは標準と考えられるし，いい写真がとれることを優先したい。(ハイキングに出かけて写真をとるという目的には，【機種Ｂ】が合うと思います。【機種Ｂ】は「持ち運びやすさ」が「５」，「あつかいやすさ」「バッテリーのもち」が「４」で，年配のおばあさんにとって，外出先で荷物にならず使いやすいこと，バッテリー切れを気にしないでたくさんとれることは大きな長所です。／「画質のよさ」「機能の多さ」は「３」ですが，逆に機能が多すぎて使い方がわからなかったり，荷物になって持ち運ぶのに負担になったりしては，ハイキングを楽しむことができず，本末転倒です。)　**問３** エ　**問４** 14(画)　**問５** お聞きになり→(例) うかがって(お聞きして)　**問６** いつもどおり　**問７** ① かいさつ　② むら(がる)　③ お(る)　④～⑥ 下記を参照のこと。

●**漢字の書き取り**

二 **問7** ④ 気候　⑤ 貸(す)　⑥ 志す

解説

一　出典は齋藤忠夫《さいとうただお》の『チーズの科学―ミルクの力，発酵《はっこう》・熟成の神秘』による。チーズはどのようにして生まれたのか，発祥《はっしょう》にさかのぼって妥当《だとう》な説を紹介《しょうかい》し，乳利用が人類にとってどのような意義があったのかを説明している。

問1　次の段落で，その原料と特長を説明している。　⑴　次の段落の最初に，「乳を原料とするチーズ」とある。　⑵　チーズは，哺乳《ほにゅう》動物の子にとって「生存に欠かせない重要な栄養」をふくむ「乳」を使い，「おいしくて保存性にも優《すぐ》れた食品」に加工したものである。「栄養」があって「おいしく」，「保存性に優れ」ているという三つの特長があげられているので，これらを組み合わせて，あるいは，単独で二つ答えればよい。

問2　直前の一文の最後にある，「『乳と人間の歴史』を知ること」を指す。チーズの歴史，つまり「乳と人間の歴史」を知ることは，人と野生動物の関係を考えることに通じるというのである。

問3　同じ文の内容から，「家畜《かちく》」を飼いはじめて「搾乳《さくにゅう》が開始された時期」が「起源」だと読み取れる。

問4　チーズの原料は「乳」だから，「水筒《すいとう》」に「水」を入れたウは不適切。「水筒」の中の「乳」がチーズになった経過は，段落Bに説明されている。「水筒」として使った「ヒツジの胃袋《いぶくろ》」から「乳を固める特別な酵素《こうそ》」が溶《と》け出し，「太陽熱」で温められることで「酵素反応」が進み，ラクダの歩行による「震動《しんどう》」が「乳を液体と固体に分離《ぶんり》した」のである。イの「布袋」では「酵素」がなく，エの「日没《にちぼつ》後」の旅では温められないため「酵素反応」が進まないと考えられる。

問5　チーズの発見を表す逸話《いつわ》について，段落Aでは，「科学的に」考えてみるという新しい展開を提示している。その「科学的」な内容を，段落Bで詳《くわ》しく説明しているので，アがふさわしい。

問6　第二，第三段落で，チーズの発見の意義を説明している。家畜は肉を食べたらそれで終わってしまうが，「乳をうまく利用する」ことで，「人類が家畜と長期間にわたって共存する新しいしくみ」が生まれ，人類は「安定した生活を獲得《かくとく》」できたのである。これをふまえ，「肉を食べて終わりではなく，家畜と長期間にわたって共存するしくみが生まれ，人類が安定した生活を獲得する(きっかけができたから)」のようにまとめる。

二　話し方の工夫《くふう》に関する問題，条件作文，故事成語の意味，漢字の画数，敬語の使い方，かなづかいの知識，漢字の読みと書き取り

問1　児童会長が四年生に向かって，クラブ活動について説明する内容である。　⑴「写真」を見せるときは，聞き手の反応を見る必要があるので，(ウ)で間を取るのがよい。　⑵「発表会」や「アンケート」の具体例をあげているので，イが選べる。　ア　質問は受けていないので，あてはまらない。　ウ　前半で「クラブ活動の全体」を，後半で「どのようなクラブがあるのか」を説明しており，「時間の流れ」に沿う内容ではない。　エ「反論を予想して」いるような様子は読み取れない。

問2　【機種A】…「画質のよさ」「機能の多さ」が最高の「5」で，「持ち運びやすさ」「あつかいやすさ」「バッテリーのもち」が「3」である。高画質・多機能という特長は，「ハイキング」しながら「友達との記念写真」や「風景」をとる目的に合う。天気や時刻によって明暗を調節し，遠近によってズームやクローズアップを使い分け，静止しているか動いているかでシャッタースピードを選ぶなど，多くの機能を使ってきれいな写真がとれるだろう。また，「友達との記念写真」なら，とった後の写真も，加工できる機能でおもしろい写真やきれいな写真に仕上げられ，みんなと共有する楽しさも期待できると考えられる。　【機種B】…「持ち運びやすさ」が「5」，「あつかいやすさ」「バッテリーのもち」が「4」，「画質のよさ」「機能の多さ」は「3」である。こちらを選ぶ理由としては，年配のおばあさんにとって「あつかい」やすい点，「ハイキング」で持ち歩くのに「持ち運び」やすく，「バッテリーのもち」がよい点があげられるだろう。

問3　①「推敲《すいこう》」は，詩や文章の表現を十分に練り上げること。唐の詩人が自作の詩で，「敲《たた》く」と「推す」のどちらの言葉を使うかなやんだ末，ほかの詩人の助言で「敲く」に決めたという故事による。　②「矛盾《むじゅん》」は，つじつまが合わないこと。楚《そ》の国の商人が「どんな盾《たて》もつき通す矛《ほこ》」と「どんな矛も防ぐ盾」を売っていたが，「その矛でその盾をついたらどうなる」と問われ，返答できなかったという故事にもとづく。　③「蛇足《だそく》」は，余計な付け足し。最初に蛇《へび》の絵をかきあげた者が酒を飲めるという競争で，最初にできた男が余裕《よゆう》で足をかき足したところ，次にできた男が「蛇に足はない」と指摘《してき》し，酒を飲んでしまったという故事による。

問4　「しんにょう(しんにゅう)」は三画で書く。

問5　「私」の動作に尊敬表現の「お聞きになり」を使うのはおかしい。謙譲《けんじょう》表現の「お聞きする」や，「聞く」の謙譲語「うかがう」などを用いるのがよい。

問6　オ列の長音は，「う」で表記するのが基本ルール。例外にあたる，「とおり(通り)」「こおり(氷)」「おおきい(大きい)」「とおい(遠い)」「とお(十)」「おおかみ」「こおろぎ」などは覚える。

問7　①　乗客のきっぷを調べるために設けられた出入り口。　②　音読みは「グン」で，「大群」などの熟語がある。訓読みにはほかに「む(れる)」「むら」などがある。　③　音読みは「ショク」「シキ」で，「織布」「組織」などの熟語がある。　④　一年を周期としてくり返される大気の総合的な状態。　⑤　音読みは「タイ」で，「貸借」などの熟語がある。　⑥　音読みは「シ」で，「意志」などの熟語がある。訓読みにはほかに「こころざし」がある。

Dr.福井の

入試に勝つ！脳とからだのウルトラ科学

入試当日の朝食で，脳力をアップ！

朝食を食べない学生は，朝食をきちんと食べる学生に比べて成績が悪かった──という研究発表がある。まあ，ちょっと考えればわかると思うけど，朝食を食べないということは，車にガソリンを入れないで走らせようとするようなものだ。体がガス欠になった状態では，頭が十分に働くわけがない。入試当日の朝食はちゃんと食べよう！　朝食を食べた効果があらわれるように，試験開始の２時間以上前に食べるようにするとよい。

では，入試当日の朝食にふさわしいものは何か？

まず，脳の直接のエネルギー源はブドウ糖だけであるから，それを補給するためのご飯やパン，これは絶対に必要だ。また，砂糖や果物の糖分は吸収されやすく，効果が速くあらわれやすいので，パンにジャムをぬったり果物を食べたりするのもよいだろう。

次に，タンパク質。これは脳の温度を上げる作用がある。温度が低いままでは十分に働かないからね。タンパク質を多くふくむのは肉や魚，牛乳，卵，大豆などだが，ここでは大豆でできたとうふのみそ汁や納豆をオススメする。そして，記憶力がアップするDHAを多くふくんでいる青魚，つまりサバやイワシなども食べておきたい。

生野菜も忘れてはならない。その中にふくまれるビタミンBは，ブドウ糖を脳に吸収しやすくする働きを持つので，結果的に脳力アップにつながるんだ。

コーヒーや紅茶，緑茶は，カフェインという成分の作用で目覚めをうながすが，トイレが近くなってしまうので，飲みすぎに注意！　試験当日はひかえたほうがよいだろう。眠気を覚ましたいときはガムをかむといい。脳が刺激《しげき》されて活性化し，目が覚めるんだ。

Dr.福井(福井《ふくい》一成《かずしげ》)…医学博士。開成中・高から東大・文Ⅱに入学後，再受験して翌年東大・理Ⅲに合格。同大医学部卒。さまざまな勉強法や脳科学に関する著書多数。

Memo

Memo

出題ベスト10シリーズ

①国語読解ベスト10

②漢字合格の2790題

③計算合格の820題

④図形問題ベスト10

■過去の入試問題から出題例の多い問題を選んで編集・構成。受験関係者の間でも好評です！

有名中学入試問題集

●男子校編

●女子校編

■中学入試の全容をさぐる!!
■首都圏の中学を中心に、全国有名中学の最新入試問題を収録!!

※表紙は昨年度のものです。

算数の過去問25年分

■筑波大学附属駒場
■麻布
■開成

○名門３校に絶対合格したいという気持ちに応えるため過去問実績No.1の声の教育社が出した答えです。

都立中高一貫校 適性検査問題集

■都立一貫校と同じ検査形式で学べる！

●自己採点のしにくい作文には「採点ガイド」を掲載。
●保護者向けのページも充実。
●私立中学の適性検査型・思考力試験対策にもおすすめ！

2025年度用
中学スーパー過去問

■編集人 声の教育社・編集部
■発行所 株式会社 声の教育社

〒162-0814 東京都新宿区新小川町8-15
☎03-5261-5061㈹ FAX03-5261-5062
https://www.koenokyoikusha.co.jp

※本書の内容についての一切の責任は当社にあります。内容・解説・解答・その他は当社ホームページよりお問い合わせ下さい。

よくある解答用紙のご質問

01
実物のサイズにできない

拡大率にしたがってコピーすると，「解答欄」が実物大になります。配点などを含むため，用紙は実物よりも大きくなることがあります。

02
A3用紙に収まらない

拡大率164％以上の解答用紙は実物のサイズ（「出題傾向＆対策」をご覧ください）が大きいために，A 3に収まらない場合があります。

03
拡大率が書かれていない

複数ページにわたる解答用紙は，いずれかのページに拡大率を記載しています。どこにも表記がない場合は，正確な拡大率が不明です。

04
1ページに2つある

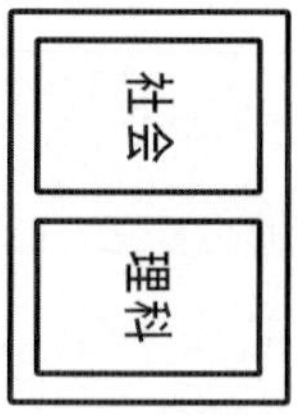

1ページに2つ解答用紙が掲載されている場合は，正確な拡大率が不明です。ほかの試験回の同じ教科をご参考になさってください。

埼玉大学附属中学校

つかいやすい書きこみ式
入試問題解答用紙編

7年間収録

＊解答用紙は本体と一緒にとじてありますから、ていねいに抜きとってご使用ください。

■注意

●本校の解答用紙は非公表のため小社で作成しましたので、無断で転載することを禁じます。

●配点については、採点しやすいように小社が推定して作成したものです。

声の教育社

2023年度　　埼玉大学附属中学校

算数解答用紙

番号		氏名		評点	／30

1

問1

問2

問3

問4　分後

問5　cm^2

問6

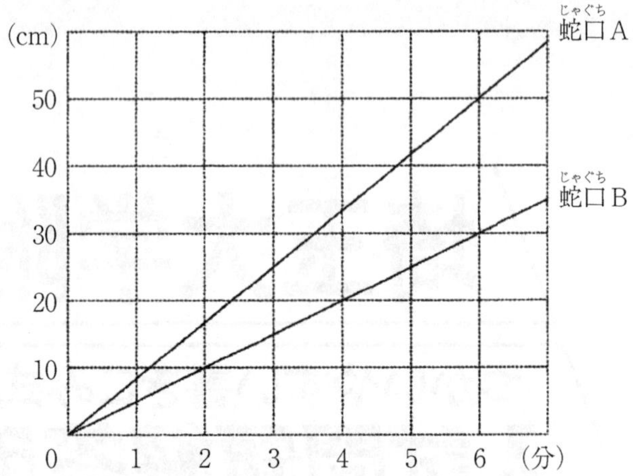

2

ア	イ	ウ	エ

3

文章

4

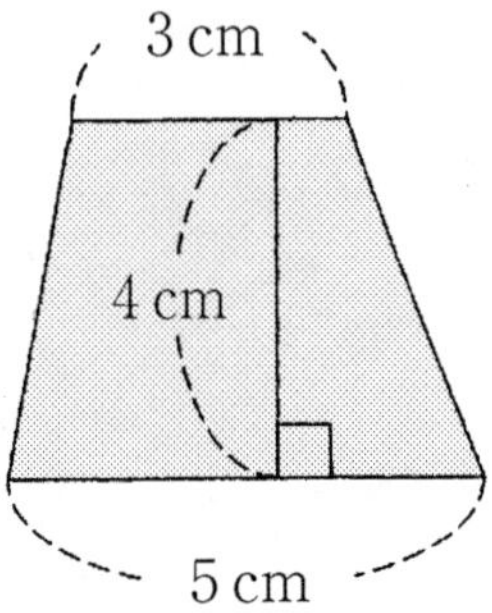

（注）この解答用紙は小社で作成いたしました。

〔算　数〕30点（推定配点）

1　問1～問5　各2点×5　問6　4点　2　各2点×4　3，4　各4点×2

２０２３年度　埼玉大学附属中学校

国語解答用紙

番号		氏名		評点	／30

一

問1	
問2	
問3	［25マス］に弱いから。
問4	
問5	［60マス］
問6	

二

問1	(1)	
	(2)	
	(3)	
問2		
問3		画目
問4	①	
	②	
問5		さくいん

問6

① 容易	② 築く	③ 気配
④ オウフク	⑤ キテキ	⑥ ムラガル

（注）この解答用紙は小社で作成いたしました。

〔国　語〕30点(推定配点)

一　問1～問4　各２点×４　問５　３点　問６　２点　二　問１　各２点×３　問２～問６　各１点×11

２０２２年度　埼玉大学附属中学校

算数解答用紙

番号		氏名		評点	／30

1

問１

問２

問３ 記号	面積 cm^2

問４ cm^2

問５ 人以上 人未満

問６ 通り

2

ア	イ	ウ	エ

3

4

（注）この解答用紙は小社で作成いたしました。

〔算　数〕30点（推定配点）

1　問１～問４　各２点×５　問５　４点　問６　２点　2，3　各２点×５　4　４点

２０２２年度　埼玉大学附属中学校

社会解答用紙

番号		氏名		評点	／20

1

問1		問2			
問3		問4		問5	
問6					

2

問1		問2	
問3			
問4		問5	

3

問1					
問2		問3			問4	

（注）この解答用紙は小社で作成いたしました。

〔社　会〕20点(推定配点)

1　問1～問5　各1点×5　問6　2点　2　問1　2点　問2　1点　問3　2点　問4，問5　各1点×2　3　問1　2点　問2　1点　問3　2点　問4　1点

２０２２年度　　埼玉大学附属中学校

理科解答用紙

番号		氏名		評点	／20

1

問1	
問2	
問3	
問4	①
	② 

2

問1	
問2	
問3	
問4	

3

問1	
問2	
問3	
問4	午前か午後か
	理由

4

問1	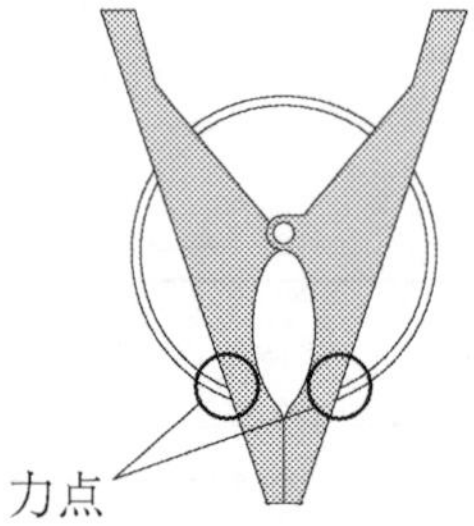
問2	
問3	通り

（注）この解答用紙は小社で作成いたしました。

〔理　科〕20点(推定配点)

1, 2　各１点×９　3　問１，問２　各１点×２　問３，問４　各２点×２<問４は完答>　4　問１　２点　問２　１点　問３　２点

二〇二二年度　埼玉大学附属中学校

国語解答用紙

番号　　氏名　　評点 ／30

一

問1　　問2

問3　15　25　こと

問4　　問5

問6　30　45

二

問1　(1)　(2)　(3)

問2　　問3

問4　　問5

問6

① 半	② 店員	③ 素質
ば		
④ ユダ	⑤ セイセキ	⑥ ミジカイ
ねる		

（注）この解答用紙は小社で作成いたしました。

〔国　語〕30点(推定配点)

一　問1～問5　各2点×5　問6　3点　二　問1　(1)，(2)　各2点×2　(3)　3点　問2～問6　各1点×10

２０２１年度　　埼玉大学附属中学校

算数解答用紙

番号		氏名		評点	／30

1

問１

問２　通り

問３　まい

問４　m

問５　cm

問６　度

2

3

4

問１

問２

正しい　・　正しくない

理由：

（注）この解答用紙は小社で作成いたしました。

〔算　数〕30点(推定配点)

1　問１，問２　各２点×２　問３～問６　各３点×４　2，3　各４点×２　4　各３点×２＜各々完答＞

2021年度　埼玉大学附属中学校

社会解答用紙

番号		氏名		評点	／20

1

問1	A		B			
問2	C					
	D					
問3		問4		問5		
問6						

2

問1		問2		問3	
問4					
問5					

3

問1		問2		問3	
問4	B				
	C				

（注）この解答用紙は小社で作成いたしました。

〔社　会〕20点(推定配点)

1　問1～問5　各1点×6＜問1は完答＞　問6　2点　2　問1～問3　各1点×3　問4　2点　問5　1点　3　問1～問3　各1点×3　問4　B　1点　C　2点

２０２１年度　埼玉大学附属中学校

理科解答用紙

番号		氏名	

評点	／20

1

問1	
問2	
問3	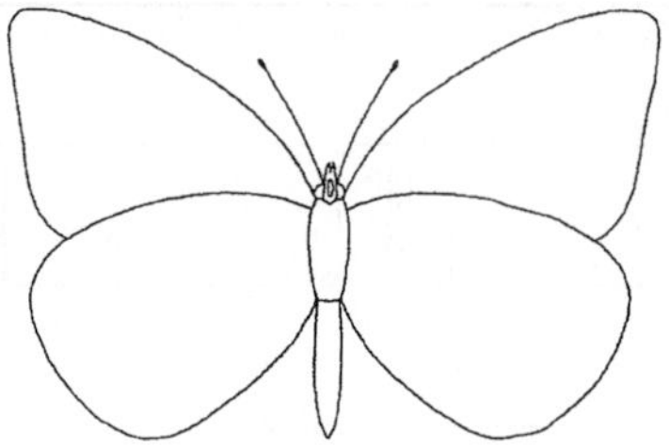
問4	記号
	名前

2

問1	
問2	
問3	
問4	

3

問1	
問2	AとB
	AとC
	AとD
問3	

4

問1	
問2	
問3	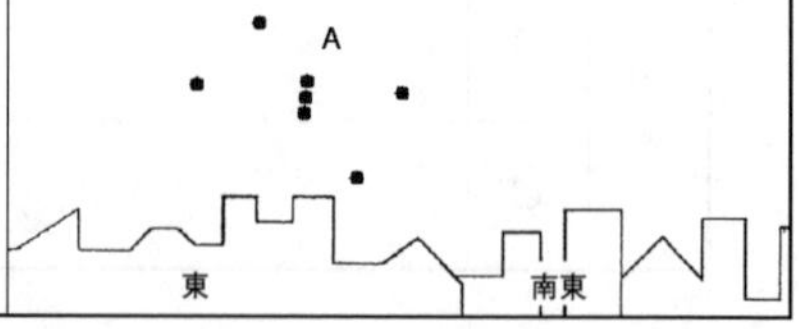

（注）この解答用紙は小社で作成いたしました。

〔理　科〕20点(推定配点)

1, 2　各１点×9　3　問１　２点　問２　各１点×３　問３　２点　4　問１，問２　各１点×２　問３　２点

二〇二二年度　埼玉大学附属中学校

国語解答用紙

番号		氏名		評点	/30

一

問1

問2

問3　問4

問5

問6

二

問1　(1)　(2)

問2

問3　問4　問5

問6　↓

問7

① 自ら　② 原因　③ 大家

④ タダちに　⑤ レンメン　⑥ イサン

（注）この解答用紙は小社で作成いたしました。

〔国　語〕30点(推定配点)

一　問1～問5　各2点×5　問6　3点　二　問1　(1)　2点　(2)　1点　問2　4点　問3～問7　各1点×10＜問5，問6は完答＞

２０２０年度　　　埼玉大学附属中学校

算数解答用紙

番号		氏名		評点	／30

1

問１

問２　①　②　③　④

問３

問４　円　　問５　　問６　cm

2

cm^2

3

問１　kg　　問２　分

4

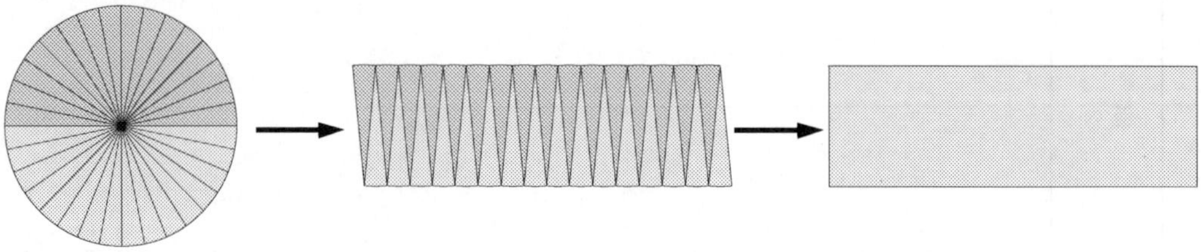

（注）この解答用紙は小社で作成いたしました。

〔算　数〕30点(推定配点)

1　問１　２点　問２　各１点×４　問３～問６　各３点×４　2～4　各３点×４

２０２０年度　埼玉大学附属中学校

社会解答用紙

番号		氏名		評点	／20

1

問1		問2		問3	
問4		問5		問6	

2

問1		問2		問3	
問4					
問5					

3

問1		問2	
問3		問4	

（注）この解答用紙は小社で作成いたしました。

〔社　会〕20点(推定配点)

1　問1，問2　各1点×2　問3　2点　問4，問5　各1点×2　問6　2点　2　問1～問3　各1点×3　問4，問5　各2点×2　3　問1～問3　各1点×3　問4　2点

２０２０年度　　埼玉大学附属中学校

理科解答用紙

番号		氏名		評点	／20

1

問1	
問2	
問3	
問4	

2

問1		
問2		
問3	A	
	B	
問4		

3

問1	
問2	
問3	
問4	

4

問1		
問2	①	
	②	
問3	A	
	B	
	C	
	D	

（注）この解答用紙は小社で作成いたしました。

〔理　科〕20点(推定配点)

1　問1～問3　各1点×3＜問1は完答＞　問4　2点　2　問1～問3　各1点×3＜問3は完答＞　問4　2点　3　問1　1点　問2　2点　問3，問4　各1点×2　4　問1　2点　問2，問3　各1点×3＜問2は各々完答，問3は完答＞

二〇二〇年度　埼玉大学附属中学校

国語解答用紙

番号　氏名　評点 ／30

一

問1　問2　問3

問4　こと

問5　〜

問6　45　60

二

問1　(1)　(2)　(3)

問2　問3

問4

問5

問6

① 応《こた》える	② 預《あず》かる	③ 有益
④ ア む	⑤ ショウタイ	⑥ サイワイ

（注）この解答用紙は小社で作成いたしました。

〔国　語〕30点(推定配点)

一　問1〜問5　各2点×5　問6　3点　二　問1　(1)　1点　(2)　2点　(3)　4点　問2〜問6　各1点×10

２０１９年度　　埼玉大学附属中学校

算数解答用紙

番号		氏名	

評点	／30

1

問１

問２

問３

	点対称《てんたいしょう》である	点対称《てんたいしょう》ではない
線対称《せんたいしょう》である		
線対称《せんたいしょう》ではない		

問４　　m

問５　　cm

問６

三角コーン　個	バー　個

2

問１

問２

3

いえる　・　いえない

理由

（注）この解答用紙は小社で作成いたしました。

〔算　数〕30点(推定配点)

1　各３点×6<問２，問３，問６は完答>　2，3　各４点×3<3は完答>

２０１９年度　　埼玉大学附属中学校

社会解答用紙

番号		氏名		評点	／20

1

問1		問2		問3	
問4	・				
	・				
問5		問6			

2

問1		問2	（１）		（２）	
問3		問4				
問5						

3

問1		問2		問3	
問4					

（注）この解答用紙は小社で作成いたしました。

〔社　会〕20点（推定配点）

1　問１　２点　問２〜問６　各１点×６　2　問１　１点　問２　(1)　１点　(2)　２点　問３　１点　問４　２点　問５　１点　3　各１点×４

2019年度　埼玉大学附属中学校

理科解答用紙

番号		氏名		評点	／20

1

問1		
問2	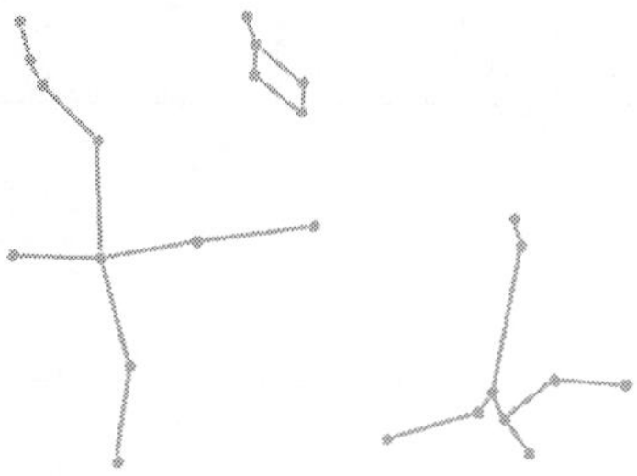	
問3	名前	
	色	
問4		

2

問1	
問2	→　→　→
問3	
問4	

3

問1		
問2		
問3		
問4	X	
	Y	

4

問1	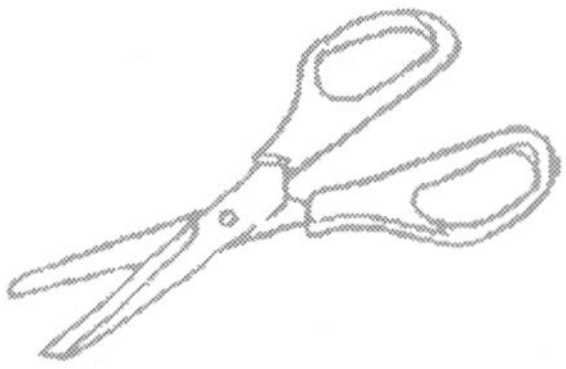
問2	
問3	
問4	

（注）この解答用紙は小社で作成いたしました。

〔理　科〕20点(推定配点)

1 各1点×4<問3は完答> 2 問1　1点　問2　2点<完答>　問3　1点　問4　2点 3 問1　1点　問2　2点　問3，問4　各1点×2<問4は完答> 4 問1～問3　各1点×3<問1は完答>　問4　2点<完答>

2019年度　　埼玉大学附属中学校

解答用紙

番号		氏名	

評点	／30

〈音　楽〉

1

2　記号　曲名　記号　曲名

3　　4

5

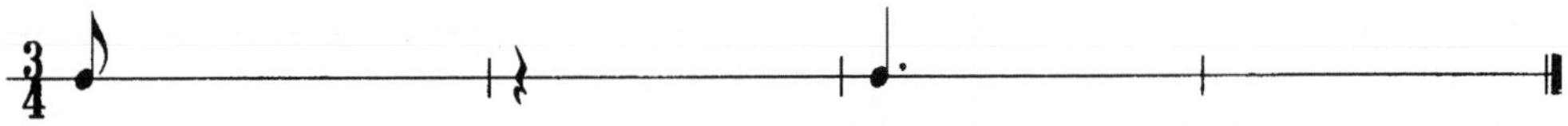

6　問1　階名　個数　　問2

7

〈図　工〉

1　省略

〈家　庭〉

1　問1　(1)　　(2)

問2

問3　ア　→　　→　　→　　→　　→　カ

2

3　問1　　問2

問3

4　①

②

(注)　この解答用紙は小社で作成いたしました。

〔音楽，図工，家庭〕各10点　計30点(推定配点)

音楽　1～4　各１点×5　5　２点　6，7　各１点×3＜6の問１は完答＞　図工　1　10点　家庭　1～4　各１点×10＜1の問３は完答＞

二〇一九年度　埼玉大学附属中学校

国語解答用紙

番号		氏名		評点	/30

一

問1	
問2	
問3	している。
問4	
問5	
問6	50

二

問1	(1)	
	(2)	
問2		
問3	面目	
問4		
問5		
問6		

問7

① 試	② 類	③ 一直線
みる	い	
④ モット	⑤ ヒョウテンカ	⑥ アラタメル
も		

(注)この解答用紙は小社で作成いたしました。

〔国　語〕30点(推定配点)

一　問1　2点　問2　4点　問3　2点　問4，問5　各1点×2　問6　5点　二　問1　(1)　1点　(2)　2点　問2　2点　問3〜問7　各1点×10

2018年度　　埼玉大学附属中学校

算数解答用紙

番号		氏名		評点	／30

1

問1		問2	記号	正しい値

問3	→ → →

問4	個

問5	→ →

問6	

2

問1

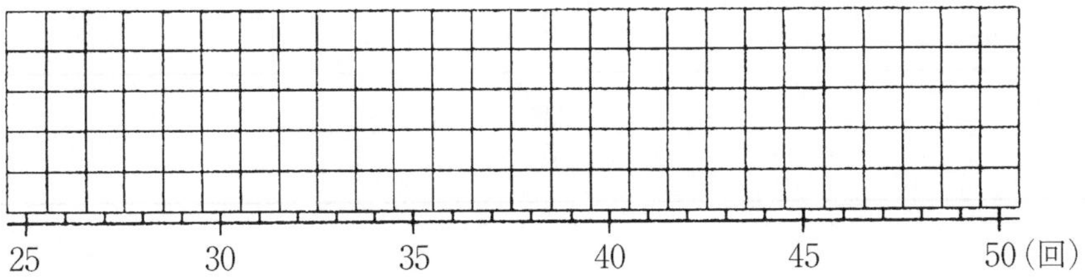

＜2組の女子の記録＞

問2	

3

か所

4

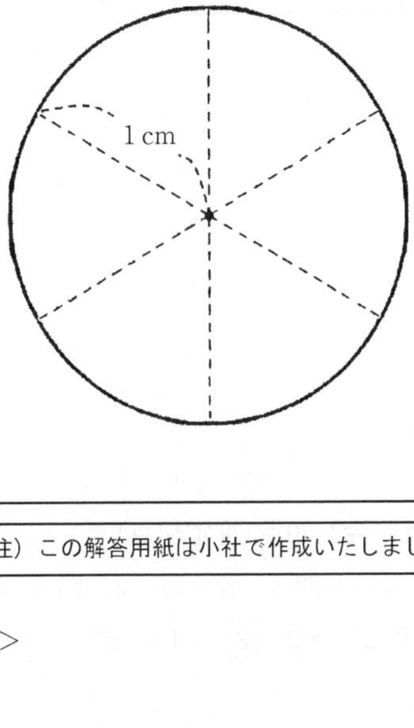

(注) この解答用紙は小社で作成いたしました。

〔算　数〕30点(推定配点)

1～4　各3点×10＜1の問2，問3，問5，問6，2の問2は完答＞

２０１８年度　　埼玉大学附属中学校

社会解答用紙

番号		氏名	

評点	／20

1

問1		問2		問3	
問4					
問5		問6			

2

問1		問2		問3	
問4				問5	

3

問1		問2				
問3	①		②		③	
問4						

（注）この解答用紙は小社で作成いたしました。

〔社　会〕20点(推定配点)

1　問1～問3　各1点×3　問4　2点　問5　1点　問6　2点　2　問1～問3　各1点×3　問4，問5　各2点×2　3　問1，問2　各1点×2　問3　2点<完答>　問4　1点

2018年度　埼玉大学附属中学校

理科解答用紙

番号		氏名		評点	／20

1

問1	
問2	
問3	
問4	

2

問1	
問2	
問3	
問4	

3

問1	秒
問2	
問3	
問4	

4

問1	
問2	
問3	
問4	

（注）この解答用紙は小社で作成いたしました。

〔理　科〕20点（推定配点）

1　問1～問3　各1点×3　問4　2点　2　問1，問2　各1点×2　問3　2点＜完答＞　問4　1点　3　問1，問2　各1点×2　問3　2点＜完答＞　問4　1点　4　問1　1点　問2　2点　問3，問4　各1点×2

2018年度　　埼玉大学附属中学校

解答用紙

番号		氏名	

評点	／30

〈音　楽〉

1 記号　曲名　記号　曲名

2

3 問1　問2

4

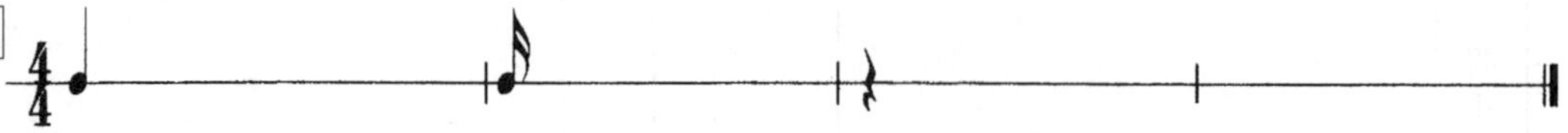

5 問1 問2

6

〈図　工〉

1 省略

〈家　庭〉

1 問1　問2

問3 (1) → → → → → →

(2)　(3)

2 問1 ①　②

問2

3

4

(注) この解答用紙は小社で作成いたしました。

〔音楽，図工，家庭〕各10点　計30点(推定配点)

音楽　1～3　各1点×5　4　2点　5，6　各1点×3　　図工　1　10点　　家庭　1～4　各1点×10＜1の問3の(1)，2の問1は完答＞

二〇一八年度　埼玉大学附属中学校

国語解答用紙

番号		氏名		評点	/30

一

問1

問2　という考え

問3

問4　A　B

問5

問6

二

問1　(1)　(2)

問2

問3　問4

問5　問6

問7

① 育む	② 正す	③ 百人力
④ アタり	⑤ ノウコウ	⑥ ハタラク

（注）この解答用紙は小社で作成いたしました。

〔国　語〕30点(推定配点)

一　問1　1点　問2　2点　問3～問5　各1点×5　問6　4点　二　問1　(1)　2点　(2)　1点　問2　4点　問3～問5　各1点×3　問6　2点＜完答＞　問7　各1点×6

２０１７年度　　埼玉大学附属中学校

算数解答用紙

番号		氏名	

評点	／30

1

問1		問2	

問3

問4	

2

問1	ア		イ		問2	m

3

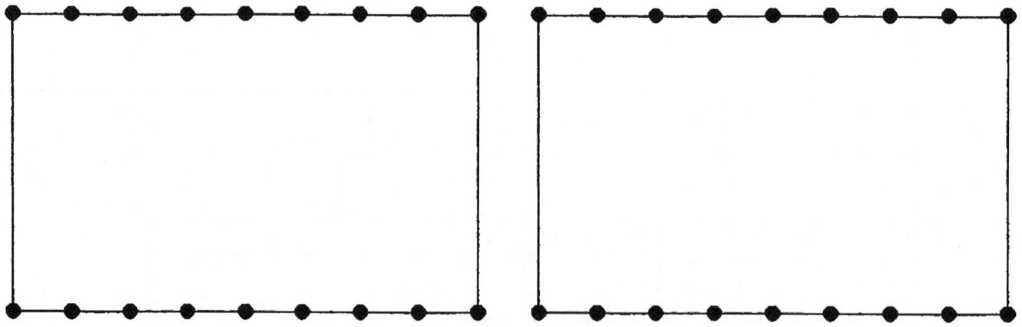

4

つ

（注）この解答用紙は小社で作成いたしました。

〔算　数〕30点（推定配点）

1～4　各３点×10

２０１７年度　　埼玉大学附属中学校

社会解答用紙

番号		氏名	

評点	／20

1

問1		問2	→ →

問3		問4		問5	

問6	

2

問1		問2		問3	

問4	

問5						

3

問1		問2		問3	改正前	歳	改正後	歳

問4	

（注）この解答用紙は小社で作成いたしました。

〔社　会〕20点(推定配点)

1　問1　1点　問2　2点＜完答＞　問3～問5　各1点×3　問6　2点　2　問1～問3　各1点×3　問4，問5　各2点×2　3　問1～問3　各1点×3＜問3は完答＞　問4　2点

２０１７年度　　埼玉大学附属中学校

理科解答用紙

番号		氏名		評点	／20

1

問1	
問2	
問3	
問4	

2

問1	mL
問2	
問3	
問4	

3

問1	
問2	
問3	
問4	

4

問1	
問2	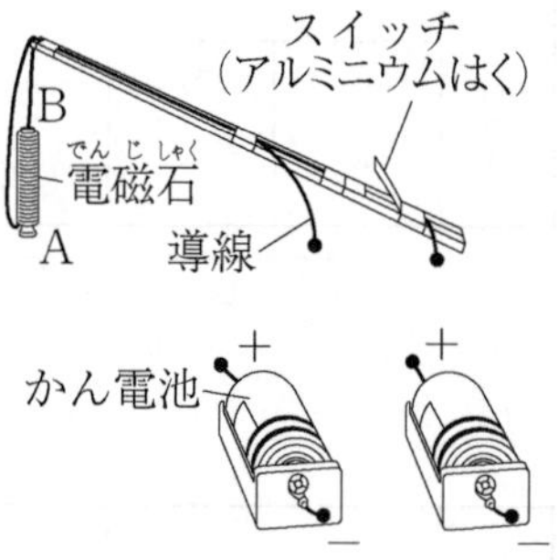
問3	
問4	イワシ
	タイ
	フグ

（注）この解答用紙は小社で作成いたしました。

〔理　科〕20点（推定配点）

1　問1　1点　問2　2点　問3，問4　各1点×2　2　問1，問2　各1点×2　問3　2点　問4　1点　3，4　各1点×10

２０１７年度　　埼玉大学附属中学校

解答用紙

番号		氏名			評点	／30

〈音　楽〉

1

2　記号　曲名　記号　曲名

3　　4

5

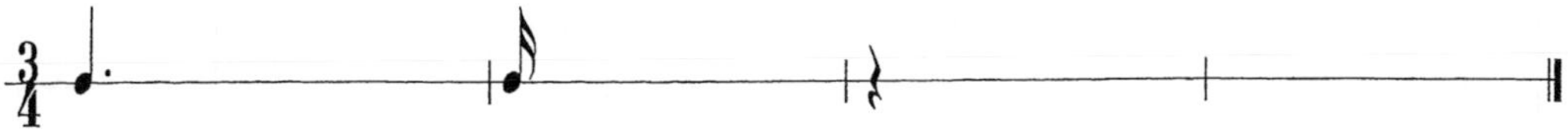

6　問1　階名　記号

問2

7

〈図　工〉

1　省略

〈家　庭〉

1　問1　たて　cm　横　cm　　問2

問3　→　→　→　　問4　　問5

2　問1

問2　　問3

3

4

（注）この解答用紙は小社で作成いたしました。

〔音楽，図工，家庭〕各10点　計30点(推定配点)

音楽　1～7　各１点×10　　図工　1　10点　　家庭　1～4　各１点×10＜1の問１，問３，2の問１は完答＞

二〇一七年度　埼玉大学附属中学校

国語解答用紙

番号		氏名		評点	/30

一

問1 (1) (2) ・ ・

問2

問3　問4　問5

問6 30

二

問1 (1) (2)

問2

問3　問4 画

問5 ↓

問6

問7

① 改札	② 群がる	③ 織る
④ キコウ	⑤ カす	⑥ ココロザス

（注）この解答用紙は小社で作成いたしました。

〔国　語〕30点(推定配点)

一 問1　各1点×2＜(2)は完答＞　問2～問5　各2点×4　問6　4点　二 問1　各1点×2　問2　4点　問3～問7　各1点×10

Memo

Memo